应用型院校经济管理类核心基础课程规划教材
"互联网+"融媒体系列教材

国际贸易单证理论与实训

主　编　孙相云
副主编　孙少叶　王　媛

图书在版编目(CIP)数据

国际贸易单证理论与实训 / 孙相云主编. —上海：立信会计出版社，2023.12

ISBN 978-7-5429-7486-0

Ⅰ. ①国… Ⅱ. ①孙… Ⅲ. ①国际贸易-原始凭证-教材 Ⅳ. ①F740.44

中国国家版本馆 CIP 数据核字(2024)第 005373 号

策划编辑	郭　光	张忠秀
责任编辑	郭　光	
助理编辑	郑文婧	
美术编辑	吴博闻	

国际贸易单证理论与实训
GUOJI MAOYI DANZHENG LILUN YU SHIXUN

出版发行	立信会计出版社
地　　址	上海市中山西路 2230 号　　邮政编码　200235
电　　话	(021)64411389　　传　真　(021)64411325
网　　址	www.lixinaph.com　　电子邮箱　lixinaph2019@126.com
网上书店	http://lixin.jd.com　　http://lxkjcbs.tmall.com
经　　销	各地新华书店
印　　刷	常熟市华顺印刷有限公司
开　　本	787 毫米×1092 毫米　　1/16
印　　张	15.75
字　　数	345 千字
版　　次	2023 年 12 月第 1 版
印　　次	2023 年 12 月第 1 次
书　　号	ISBN 978-7-5429-7486-0/F
定　　价	49.00 元

如有印订差错，请与本社联系调换

前　言

习近平总书记在党的二十大报告中明确要求"加快建设贸易强国"。这是以习近平同志为核心的党中央在全面建设社会主义现代化国家开局起步的关键时期作出的战略部署，为新形势下高质量发展我国贸易、高水平推进对外开放指明了前进方向。加快建设贸易强国，需要建设一支熟悉国际经贸规则、业务精干、德才兼备的外贸单证人才队伍作为支撑。

本教材以外向型企业为对象、以外贸业务流程为主线，旨在展现与国际贸易单证有关的国际贸易法律与惯例的新变化、国际贸易政策与制度的新发展，在阐述国际贸易单证基本原理的基础上，系统地介绍国际货物买卖合同、信用证、结汇单据、报关单据等外贸业务各环节涉及单据的填制。本教材以国际贸易单证工作的流程与环节设计教学项目与任务，结合案例教学和项目实训，帮助学生由浅入深地掌握外贸单证的基本知识与填制技巧，锻炼学生分析和解决问题的能力，培养学生职业胜任力。

本教材可以作为应用型或应用技术型院校国际经济与贸易、国际商务、跨境电子商务、报关与国际货运、商务英语等专业的教科书，也可以作为对国际贸易有兴趣的读者的学习参考书。

本教材的主要特点如下：

(1) 体现国家对外贸易政策、有关国际贸易惯例的最新变化。《区域全面经济伙伴关系协定》(RCEP)的生效实施、我国口岸营商环境的持续优化等对国际贸易单证工作的影响，在有关章节有所体现。

(2) 突出应用性，配以项目实训。项目实训能够更好地帮助学生掌握国际贸易业务各环节单据的填制，实现理论与实训一体化。

(3) 与课程思政相融合。依据《高等学校课程思政建设指导纲要》，结合课程特点，引导学生深入领会党的二十大精神，引导学生深入贸易实践、关注实际问题，培育学生经世济民、诚信服务、德法兼修的职业素养。

(4) 教辅资源配备齐全，含修读指导意见、课程教案、教学日历、课件、测试答案等。

本教材由孙相云担任主编，孙少叶、王媛担任副主编。本教材在编写过程中参阅了大量的文献资料和相关教材，还得到李晓光教授、吴丽颖女士等多位专家的指点帮助，在此表示诚挚的谢意。本教材在编写和出版过程中，得到立信会计出版社郭光编辑和郑文婧编辑的大力支持，在此一并致谢。由于编者水平有限，书中可能存在疏漏和不当之处，敬请广大读者批评指正，以使本教材能够得到充实和完善。

编者
2023 年 12 月

目 录

项目一 国际贸易单证概述 ······ 1
  任务一 国际贸易单证的概念及分类 ······ 1
  任务二 国际贸易单证岗位认知 ······ 3
  任务三 与国际贸易单证有关的国际法规与惯例 ······ 8
  项目实训 ······ 12
  课堂测试 ······ 13

项目二 进出口业务操作及单据流转 ······ 15
  任务一 出口业务操作及单据流转 ······ 16
  任务二 进口业务操作及单据流转 ······ 22
  项目实训 ······ 27
  课堂测试 ······ 29

项目三 国际货物买卖合同的填制 ······ 31
  任务一 国际货物买卖合同认知 ······ 32
  任务二 品名及规格条款 ······ 36
  任务三 数量条款 ······ 38
  任务四 价格条款 ······ 40
  任务五 包装条款 ······ 43
  任务六 装运条款 ······ 46
  任务七 保险条款 ······ 50
  任务八 支付条款 ······ 52
  任务九 其他条款 ······ 55
  项目实训 ······ 60
  课堂测试 ······ 63

项目四 信用证业务操作 ······ 67
  任务一 信用证业务认知 ······ 68
  任务二 信用证的开立 ······ 72

    任务三　信用证的审阅 ··· 77
    任务四　信用证的修改 ··· 80
    项目实训 ·· 85
    课堂测试 ·· 91

项目五　常用外贸单据的填制 ·· 95
    任务一　发票 ·· 96
    任务二　装箱单 ··· 103
    任务三　原产地证明书 ·· 108
    任务四　检验证书 ··· 124
    任务五　运输单据 ··· 131
    任务六　保险单据 ··· 144
    任务七　装运通知 ··· 151
    任务八　受益人证明 ·· 154
    任务九　汇票 ·· 156
    项目实训 ·· 163
    课堂测试 ·· 171

项目六　结汇单据的审核 ·· 177
    任务一　结汇单据审核的作用与方法 ··· 178
    任务二　常用结汇单据审核的要点 ··· 182
    任务三　不符单据的处理 ·· 185
    项目实训 ·· 188
    课堂测试 ·· 197

项目七　报关单据 ··· 199
    任务一　国际贸易单一窗口认知 ··· 200
    任务二　报关单据种类与要求 ·· 202
    任务三　进出口货物报关单的填制 ··· 203
    任务四　进出口货物报关单的审核 ··· 234
    项目实训 ·· 239
    课堂测试 ·· 243

项目一　国际贸易单证概述

知识导航

国际贸易单证概述
- 国际贸易单证的概念及分类
  - 国际贸易单证的定义与作用
  - 国际贸易单证的分类
- 国际贸易单证岗位认知
  - 国际贸易单证工作的基本环节
  - 国际贸易单证工作的基本要求
  - 与国际贸易单证工作有关的国内部门
- 与国际贸易单证有关的国际法规与惯例
  - 与合同有关的国际法规与惯例
  - 与结汇单据有关的国际法规与惯例

学习目标

1. 了解国际贸易单证的定义、作用及分类
2. 熟悉与国际贸易单证工作有关的国际法规与惯例
3. 掌握国际贸易单证工作的基本环节
4. 掌握国际贸易单证工作的基本要求

导入案例

2023年,烟台蓝星进出口公司出口美国一批男式衬衫,信用证中规定的商品名称及规格为"MEN'S T-SHIRT,65％ COTTON 35％ POLYESTER",实际出运的货物与信用证和合同的描述完全相符。但是在制单时,由于单证员的疏忽,误将商品规格填写为"35％ COTTON 65％ POLYESTER",事先没有发现,单证到了国外后,因市场行情不好,无利可图,进口商抓住烟台蓝星进出口公司在发票上的错误,拒付货款。经过磋商,烟台蓝星进出口公司在权衡货物退运的成本及预计的损失后,同意降价20％才收回了货款,造成巨大经济损失。

思考:国际贸易中,单证员应具备哪些基本素质?

任务一　国际贸易单证的概念及分类

一、国际贸易单证的定义与作用

国际贸易单证的定义有广义和狭义之分。广义的国际贸易单证是指进出口业务过程中

涉及的各种单据与证书，包括交易、运输、保险、检验检疫、报关、结汇等各环节涉及的单据。狭义的国际贸易单证主要是指结汇单据，包括商业发票、装箱单、海运提单、保险单、原产地证明书等。

可见，国际贸易单证工作至关重要，贯穿于进出口业务的整个流程，涉及面广、工作量大，与企业的经营管理和经济效益密切相关。国际贸易单证工作的主要作用体现在以下几个方面。

1. 出口企业履行合同的重要手段

根据《联合国国际货物销售合同公约》的规定，卖方必须按照合同以及公约的规定，交付货物，移交一切与货物有关的单据并转移货物所有权。《国际贸易术语解释通则》中各贸易术语项下卖方的一般义务中也有类似的规定，即卖方必须提供符合销售合同规定的货物和商业发票，以及合同可能要求的其他与合同相符的单据。因此，按时、按质、按量完成交货义务并提交符合合同规定的单据都是出口企业的核心义务，国际贸易单证工作是出口企业履行合同的重要手段之一。

2. 明确有关当事人责任义务的重要依据

进出口交易各个业务环节都离不开单证工作。相关单据可以明确有关当事人的责任义务，是解决争议纠纷的重要依据。例如，国际货物买卖合同明确了进出口商的权利和义务，出口商应按照合同的规定交付货物，进口商应按照合同的规定及时支付货款；运输单据明确了承运人应承担的义务，承运人应按照运输单据的规定将货物运往指定的目的地，交给指定的收货人；保险单据明确了保险公司的责任范围，当发生了投保险别保障范围内的风险，造成被保险人损失时，保险公司应根据保险单据中的保险金额以及损失的程度给予被保险人相应的赔付。

3. 实现买卖双方经济利益的重要工具

国际贸易单证工作与企业的经济利益密切相关。单证管理工作的加强、单证质量的提高，可以加快企业资金的回笼，提高企业的经济效益。例如，在信用证结算方式下，出口企业只要加强单据工作的跟踪与管理，保证提交的单据符合信用证及有关国际贸易惯例的规定与要求，就可以顺利从开证行处获得信用证项下的款项；反之，如果出口企业单证员填制单证时粗心大意，提交的单据错误百出，与信用证的规定不符，开证行则可以免除付款责任，出口企业能否结汇则要取决于进口商，加大了收汇的风险。对于进口企业而言，单证工作同样至关重要。在跟单托收及跟单信用证结算方式下，进口商往往凭单付款，选择能够反映出口商是否按时、按质、按量完成交货义务的结汇单据，能够有效防范欺诈，保障企业的经济利益。

二、国际贸易单证的分类

（一）根据单证用途进行分类

根据单证用途的不同，国际贸易单证可以分为结汇单据和非结汇单据。结汇单据是指货物出运后,出口商依据合同或信用证填制或准备的、送交进口商或银行凭以结汇的各种单据。常见的结汇单据包括商业发票、装箱单、海运提单、保险单、原产地证明书、品质检验证书、受益人证明、汇票等。非结汇单据是指在国际贸易流程中,为了使货物能够顺利出口,在办理相关出口手续时所要使用的各种单据,如进出口许可证、进出口报关单、托运单和投保单等。

(二) 根据单证功能和性质进行分类

根据单证功能和性质的不同,《跟单信用证统一惯例》将国际贸易单证分为商业发票、运输单据、保险单据和其他单据。

(1) 商业发票(commercial invoice)是进出口业务中最重要的单据之一,是缮制其他结汇单据的重要依据。

(2) 运输单据(transport documents)包括海运提单、不可转让海运单、租船合约提单、多式联运单据、航空运单、公路运单、铁路运单或内陆水运单据和快递收据、邮政收据或投邮证明等。不同的运输方式下,结汇单据中的运输单据名称有所不同。

(3) 保险单据(insurance documents)包括保险单、保险凭证、承保证明等,是 CIF 或 CIP 贸易术语下的常见结汇单据之一,是被保险人凭以向保险公司索赔的重要单据。

(4) 其他单据(other documents)主要包括装箱单、原产地证明书、品质检验证书、受益人证明等。

(三) 根据单证形式进行分类

按照单证形式的不同,国际贸易单证可以分为纸质单据(paper documents)和电子单据(electronic documents)。根据《国际贸易术语解释通则 2020》,纸质单据和电子单据具有同等效力,出口商按照约定既可以提供纸质单据,也可以提供电子单据,如果没有约定,则按照惯常做法提供相关单据。

(四) 根据单证出具地点进行分类

根据单证出具地点的不同,国际贸易单证可以分为出口单据和进口单据。出口单据(export documents)是指出口地的企业及有关部门涉及的单据,包括贸易合同、商业发票、出口许可证、出口报关单、出口货运单、装箱单、保险单、汇票、原产地证明书和品质检验证书等。进口单据(import documents)是指进口地的企业及有关部门涉及的单据,包括贸易合同、进口许可证、进口报关单、开证申请书、信用证、保险单等。部分单据在进出口业务环节都有所涉及。

任务二 国际贸易单证岗位认知

一、国际贸易单证工作的基本环节

国际贸易单证工作主要有制单、审单、交单、归档四个基本环节。在信用证结算方式下,制单工作之前还会增加审证环节。

(一) 审证

审证是指受益人在收到进口商通过开证行申请开立的信用证后,依据买卖双方签订的合同、进出口业务各环节的习惯做法审核信用证条款,针对发现的问题,结合可能对受益人造成的成本和风险情况,作出是否修改信用证的决定。出口企业审核信用证的主要依据是销售合同,目的是保证出口企业能按照信用证的条款做到相符交单、顺利结汇。如果信用证条款存在较大缺陷,如前后矛盾、与合同条款严重不符、设有"欺诈"条款等,出口企业无法依据合同的规定保质保量完成交货义务、顺利结汇。因此,审核信用证对于保障出口企业利益至关重要。

(二) 制单

制单是指依据买卖合同、信用证、国际贸易惯例、进出口国有关管理规定、有关商品的原始资料、国外客户的具体要求等缮制单据。在非信用证结算方式下,合同是缮制单据的首要依据,有关交易双方当事人的信息、商品名称及规格、价格、数量、金额、包装、装运、保险、支付等内容均应符合合同的规定。因信用证的独立性特点(即信用证是独立于合同的自足法律文件),银行只审核单据与信用证是否相符,不审核单据与合同的相符性,所以,在信用证结算方式下,制单的首要依据是信用证,而非合同。

(三) 审单

审单是指在单据缮制结束后、办理有关业务或者向银行或进口企业交单前,根据合同或信用证或其他单据仔细核对单据的内容填写是否正确、齐全、规范,从而保证业务的顺利办理及货款的及时收付。在信用证结算方式下,开证行付款的前提条件是受益人做到相符交单,因此,出口企业交单前认真审核单据,力求做到"单单一致、单证相符",是出口企业安全收汇的保障。

(四) 交单

交单是指出口企业按照合同或信用证或有关法律法规规定的时间和方式,将单据提交正确的当事人或部门。例如,根据《中华人民共和国海关法》的规定,进口货物的收货人应当自运输工具申报进境之日起 14 日内,出口货物的发货人除海关特准的外应当在货物运抵海关监管区后、装货的 24 小时以前,向海关申报,同时,需要提交进出口货物报关单以及海关监管或作业需要的其他单据。在信用证结算方式下,受益人应按照信用证规定的交单期、有效期以及国际贸易惯例的时间要求,向指定的银行提交符合信用证规定的单据以兑付信用证项下的款项。

(五) 归档

归档是指在进出口业务进行过程中将企业自身填制或出具的单据(如合同、商业发票、装箱单、投保单、托运单等)以及其他企业或部门出具的单据(如海运提单、保险单、原产地证明书、品质检验证书等)留底、存档,必要时进行复印备份,以备有关部门核查,或者在出现争议纠纷时作为重要证据。根据《中华人民共和国海关稽查条例》的规定,自进出口货物放行之日起 3 年内或者在保税货物、减免税进口货物的海关监管期限内及其后的 3 年内,海关可对与进出口货物直接有关的企业、单位的会计账簿、会计凭证、报关单证以及其他有关资料和有关进出口货物进行核查，监督其进出口活动的真实性和合法性。因此，与进出口货物直接有关的企业、单位应当依照有关法律、行政法规规定的保管期限，保管报关单证、进出口单证、合同以及与进出口业务直接有关的其他资料。

二、国际贸易单证工作的基本要求

(一) 正确

正确制单是国际贸易单证工作的前提，是保证单证工作质量的关键。正确制单应做到以下几个基本要求。

1. 单约相符

在非信用证结算方式下，单据制作的首要依据是合同，提交符合合同规定的单据是出口商应尽的义务之一。因此，单证员在填制单据时，应首先保证单据内容与合同相符。

2. 单证相符

在信用证结算方式下，开证行付款的前提条件是受益人提交符合信用证以及有关国际贸易惯例规定的单据，因此，出口商填制单据的首要依据是信用证，单证员必须保证单据的内容与信用证规定相符。

3. 单单相符

常见的结汇单据包括商业发票、装箱单、海运提单、保险单、原产地证明书等，这些单据之间有部分栏目内容一致，但是其中部分单据由出口商出具，部分单据由其他部门出具。因此，单证员收到其他部门的有关单据时，应认真审核，发现问题及时与其他部门沟通并对单据进行修改，保证不同单据之间内容的相符性。

4. 单货相符

单货相符是指单据记载的内容与实际出运货物的情况相符。例如，单据所列商品的名称、规格、数量、价格等应与实际出运货物的名称、规格、数量、价格等一致。单货相符是进出口货物顺利通关的前提条件。

5. 单据与有关法律法规、国际贸易惯例规定相符

单证员在缮制有关单据时，应严格遵守有关法律法规、国际贸易惯例的规定。例如，因票据的要式性特点，出口商在缮制汇票时应遵守《中华人民共和国票据法》的规定，必须在汇票中体现汇票的字样、出票日期、无条件支付命令、确定金额、收款人名称、付款人名称以及出票人的签章等法律规定的必备内容。又如，在信用证结算方式下，信用证中所规定的有关单据的要求主要包括单据的名称、份数、出具人以及需要显示的部分内容，并不涵盖全部要求。单证员在制单时还要参考《跟单信用证统一惯例》等有关国际贸易惯例，保证单据内容与国际贸易惯例的规定相符。

(二) 完整

国际贸易单证填制的完整性主要体现在单据种类的完整性、单据份数的完整性以及单

据内容的完整性三个方面。在合同或信用证的单据条款中,通常会规定出口商提交的单据的种类以及每项单据的份数、出具人以及有关内容等,单证员应严格按照相关要求准备单据。此外,单证员还应注意合同或信用证中有无特殊规定,避免遗漏。

(三) 及时

国际贸易单证工作的及时性主要包括出单及时和交单及时两个方面。出单及时主要是指在办理进出口业务各环节时,单证员应及时填制有关单据。出单及时有利于相关业务环节的及时办理以及整笔进出口业务的顺利开展,最终有利于及时交单。交单及时主要是指出口商应按照合同或信用证中有关交单时间的规定及时将结汇单据交与进口商或开证行。在信用证结算方式下,单证员应注意务必在信用证规定的交单期内交单,且不能超过信用证的有效期。此外,根据《跟单信用证统一惯例》的规定,银行不接受运输单据签发后21天以上的交单。因此,及时交单是信用证结算方式下出口商顺利结汇的重要前提之一。

(四) 简明

简明是指单证员在填制单据时,应力求简明,力戒繁琐。简化单证不但可以减少工作量和提高工作效率,而且有利于提高单证质量。为简化单证,根据《跟单信用证统一惯例》的规定,除商业发票外,其他单据中的货物、服务或行为描述若须规定,可使用统称,但不得与信用证规定的描述相矛盾。

(五) 整洁

整洁是指单据的布局及格式要美观、大方,单据的填制应力求标准化和规范化。国际贸易单证是否整洁在一定程度上反映了一个国家的科技水平和一个企业的业务水平。单据一旦出具,应避免多次改动,如果单据出具人为出口企业,应尽量重新缮打;如果单据出具人为其他企业或单位,单证人员应在办理有关业务时准确填写有关单据(例如,租船订舱时准确填写托运单,办理保险时准确填写投保单),从而提高最终单据的质量,避免后期的更改。如果改动单据不可避免,单证员务必在更改处加盖更正章。

三、与国际贸易单证工作有关的国内部门

进出口业务通常包括交易前准备、交易磋商与合同签订、合同履行、争议处理四个阶段,线长面广,中间环节多,每个环节都离不开单据工作。以下为与国际贸易单证工作有关的主要国内部门。

(一) 中华人民共和国商务部

中华人民共和国商务部主要负责当地货物进出口相关管理工作:拟订促进外贸发展规划,提出促进外贸稳增长调结构的政策措施并组织实施;监测分析外贸运行情况;贯彻落实国家相关支持政策措施;负责进出口企业经营资格备案、进出口许可证签发等行政管理工作;监督和协调本市机电产品的国际招标投标活动;负责海关特殊监管区域、保税监管场所的相关行业指导工作;指导开发区外贸、外商投资和对外经济合作工作;负责当地技术贸易工作,执行国家对外技术贸易、进出口管制以及鼓励技术和成套设备进出口的贸易政策,推

进进出口贸易标准化工作,依法监督技术引进、设备进口、国家限制出口技术的工作,依法颁发两用物项和技术进出口许可证。

(二) 生产厂商

在进出口业务中,进出口企业的类型有很多,有单纯从事贸易的进出口企业,也有工贸一体的进出口企业。贸易型进出口企业,一旦与境外进口商签订国际货物买卖合同,就需要从产品质量、成本等各方面考虑选择合适的生产厂商,签订国内采购合同,组织货物的生产。

(三) 运输公司

运输公司主要负责进出口货物的运输,负责将货物运往运输单据中指定的目的地。在实际业务中,进出口企业主要联系的是国际货运代理公司(以下简称货代公司),主要原因在于中小型进出口企业的货运量较少,货代公司可以提供集装箱拼箱、保险、通关等多项的服务。

(四) 保险公司

在进出口业务中,货物一般都需要通过长途运输,在运输过程中,可能遇到各种自然灾害、意外事故及其他风险而使货物中途遭受损失,货物所有者为了转嫁运输途中的风险损失,通过办理货物运输保险,将在途货物可能发生的损失变为固定的费用,一旦在途货物发生承保范围内的损失,即可从保险公司及时得到经济上的补偿,这不仅有利于进出口企业加强经济核算,而且也有利于进出口企业保持正常营业,从而有效地促进国际贸易的发展。在 CIF 或 CIP 贸易术语下,出口商有办理货运保险的义务。作为投保人,出口商需要依据合同中的条款填写投保单,保险公司则根据投保单的内容决定是否提供保险服务。如果保险公司接受投保人的投保申请,会依据投保单出具保险单,作为其承担相关保险责任的重要凭证。

(五) 中华人民共和国海关总署

中华人民共和国海关总署(以下简称海关)是国家的进出关境(以下简称进出境)监督管理机关。海关依照《中华人民共和国海关法》和其他有关法律、行政法规,监管进出境的运输工具、货物、行李物品、邮递物品和其他物品(以下简称进出境运输工具、货物、物品),征收关税和其他税费,查缉走私,并编制海关统计和办理其他海关业务。进口货物的收货人应当自运输工具申报进境之日起 14 日内,出口货物的发货人除海关特准的外应当在货物运抵海关监管区后、装货的 24 小时以前,向海关申报,交验进出口许可证件和有关单证,缴纳有关税费,海关予以放行之后货物方可进境或出境。此外,海关还负责出入境货物的检验检疫以及原产地证明书的签发与管理。

(六) 中国国际贸易促进委员会

中国国际贸易促进委员会(China Council for the Promotion of International Trade, CCPIT)成立于 1952 年,是全国性对外贸易投资促进机构。该机构主要负责促进对外贸易、双向投资和经济技术合作;推进与境外对口机构机制化合作;接待境外高层次经贸代表团来访,组织国内经贸代表团出访;负责参加国际展览局和世界博览会事务;举办和组织企业参加经贸展览会、论坛、洽谈会及有关国际会议；开展法律顾问、商事调解、经贸和海事仲裁等工作；签发和出具出口商品原产地证明书、对外贸易有关文件和单证；提供专利申请、商标注册、诉讼维权等知识产权服务；组织产业和企业应对经贸摩擦；提供经贸信息、经贸培训等服务。

（七）银行

在进出口业务中，银行承担着非常重要的角色。在汇款方式下，进口地银行应汇款人（进口商）的委托，负责以约定汇款方式委托出口地联行或代理行将一定金额的款项付给指定收款人（出口商）。在托收方式下，出口地银行受出口商委托，凭其提交的出口商业单据和金融票据通过进口地代收行向进口商收取款项。在信用证结算方式下，进口地银行应国内进口商的申请，向国外出口商开立信用证，承诺在出口商提交符合信用证规定的单据时，向出口商履行付款责任；出口地银行主要负责将信用证或修改通知出口商，并就条款中的潜在风险作出提示，为出口商提供集单据审核、寄单索汇等服务。

（八）国家税务总局

国家税务总局是主管税收工作的政府机构，承担所辖区域内各项税收、非税收入征管等职责。在进出口业务中，该机构主要负责进出口商品的税收及出口退税业务。为进一步落实党的二十大精神，税务总局会同各相关部门，齐心协力采取一系列务实有效举措，优化服务供给，强化信息支撑，精准打击骗税，外贸出口竞争力、出口退税便利度、退税申报智能化、税收环境公平性均得以提升。

（九）国家外汇管理局

国家外汇管理局（State Administration of Foreign Exchange，SAFE）是中国人民银行管理的国家局，组建于1979年3月，总局设在北京，内设综合司（政策法规司）、国际收支司、经常项目管理司、资本项目管理司、管理检查司、储备管理司、人事司（内审）、科技司八个职能司（室）和机关党委，设置中央外汇业务中心、外汇业务数据监测中心、机关服务中心、外汇研究中心四个事业单位。国家外汇管理局的基本职能负责国际收支的统计和监测，依法监督检查经常项目外汇收支的真实性、合法性等。发生涉外收入的出口企业，应在解付银行解付之日（T）或结汇中转行结汇之日（T）后五个工作日（T＋5）内通过银行或者国家外汇管理局数字外管平台进行国际收支统计申报。发生涉外付款的进口企业，应在提交境外汇款申请书或对外付款/承兑通知书的同时进行款项的申报。

任务三 与国际贸易单证有关的国际法规与惯例

一、与合同有关的国际法规与惯例

（一）《联合国国际货物销售合同公约》

《联合国国际货物销售合同公约》（以下简称《公约》）是由联合国国际贸易法委员会主持

制定的,1980年在维也纳举行的外交会议上获得通过。《公约》于1988年1月1日正式生效。1986年12月11日中国交存核准书,在提交核准书时,提出了两项保留意见:不同意扩大《公约》的适用范围,只同意《公约》适用于缔约国的当事人之间签订的合同;不同意用书面以外的其他形式订立、修改和终止合同。2013年1月中国政府正式通知联合国秘书长,撤回第二项保留意见,即涉外商事合同不再仅限于书面形式。《公约》的主要内容包括以下几个方面。

1. 《公约》的基本原则

建立国际经济新秩序的原则、平等互利原则与兼顾不同社会、经济和法律制度的原则,是《公约》的基本原则,是执行、解释和修订公约的依据,也是处理国际货物买卖关系和发展国际贸易关系的准绳。

2. 《公约》的适用范围

《公约》的适用范围如下:

(1)《公约》只适用于国际货物买卖合同,即营业地在不同国家的双方当事人之间所订立的货物买卖合同,但未对某些货物国际买卖不能适用《公约》的作明确规定。

(2)《公约》适用于当事人在缔约国内有营业地的合同。如果根据适用于合同的冲突规范,该合同应适用某一缔约国的法律,在这种情况下也应适用《公约》,而不管合同当事人在该缔约国有无营业地。对此规定,缔约国在批准或者加入时可以声明保留。

(3) 双方当事人可以在合同中明确规定不适用《公约》。

3. 合同的订立

《公约》规定了合同的形式以及发盘(要约)与接受(承诺)的法律效力。

4. 买方和卖方的权利义务

(1) 卖方责任主要表现为三项义务:交付货物,移交一切与货物有关的单据,转移货物的所有权。

(2) 买方的责任主要表现为两项义务:支付货物价款,收取货物。

(3) 详细规定卖方和买方违反合同时的补救办法。

(4) 规定风险转移的几种情况。

(5) 明确根本违反合同和预期违反合同的含义以及当这种情况发生时,当事人双方所应履行的义务。

(6) 对免责依据的条件作了明确的规定。

(二)《国际贸易术语解释通则》

国际贸易术语(trade terms)是在长期的国际贸易实践中产生的,说明在货物交接过程中有关的责任、费用及风险划分问题的专门用语。贸易术语一般为合同价格条款的一部分,体现了进出口商品价格的构成,因此,又称价格术语(price terms)。

国际商会自20世纪20年代初开始对重要的贸易术语做统一解释的研究,1936年《国际贸易术语解释通则》(International Rules for the Interpretation of Trade Terms, INCOTERMS)首

次出版。随后,为适应国际贸易实践发展的需要,国际商会对其进行了多次修订和补充。目前最新版本为《国际贸易术语解释通则 2020》(INCOTERMS® 2020)。《国际贸易术语解释通则》是当今世界对国际贸易影响最大、使用范围最广、包括的内容最多的有关贸易术语国际惯例。

《国际贸易术语解释通则 2020》根据运输方式将贸易术语分为两组:一组是适用于任何运输方式的术语,包括 EXW(工厂交货)、FCA(货交承运人)、CPT(运费付至)、CIP(运费和保险付至)、DAP(目的地交货)、DPU(目的地卸货后交货)、DDP(完税后交货);一组是仅适用于水上运输的术语,包括 FAS(船边交货)、FOB(船上交货)、CFR(成本加运费)、CIF(成本、保险费加运费)。国际货物买卖合同采用的贸易术语不同,买卖双方的责任、费用、风险负担会有所不同,国际贸易单证工作也会存在一定的差异。

二、与结汇单据有关的国际法规与惯例

(一)《托收统一规则》

国际商会为统一托收业务、减少托收业务各有关当事人可能产生的矛盾和纠纷,曾于 1958 年草拟《商业单据托收统一规则》。为了适应国际贸易发展的需要,国际商会先后于 1978 年、1995 年对其进行修订,并更名为《托收统一规则》(The Uniform Rules for Collection,URC)。现在正在使用的《托收统一规则》是 1996 年生效的版本,即国际商会第 522 号出版物,简称为 URC 522。自公布实施以来,该惯例被各国银行所采用,已成为托收业务的国际惯例。

(二)《跟单信用证统一惯例》

《跟单信用证统一惯例》(Uniform Customs and Practice for Documentary Credits,UCP)是由国际商会制订的、旨在统一各国对跟单信用证条款的解释而供银行界自愿采用的条例。该惯例于 1930 年 5 月 15 日公布,先后于 1951 年、1962 年、1967 年、1974 年、1983 年、1993 年、2007 年多次修改。现在使用的《跟单信用证统一惯例》是 2007 年 7 月 1 日生效的修订本,即国际商会第 600 号出版物,简称为 UCP 600。该惯例目前已被许多国家和地区的银行界所采用,是信用证领域最权威、影响最广泛的国际商业惯例,包括了 39 个条款。

(三)《关于审核跟单信用证项下单据的国际标准银行实务》

《关于审核跟单信用证项下单据的国际标准银行实务》(International Standard Banking Practice for the Examination of Documents under Documentary Credits,ISBP)是国际商会在信用证领域编纂的国际惯例。该惯例不仅是各国银行、进出口公司信用证业务单据处理人员在工作中的必备工具,也是法院、仲裁机构、律师事务所在处理信用证纠纷案件时的重要依据,它的生效在各国的金融界、企业界、法律界产生重大影响。该惯例于 2003 年 1 月首次出版,先后于 2007 年、2013 年、2023 年三次修改。最新的版本为国际商会第 821 号出版物,简称为 ISBP 821。

思政课堂

国际贸易单证员的基本素养

一、具备完备的专业知识

国际贸易单证工作覆盖进出口业务的整个流程,因此,单证员必须具备完备的专业知识,具体如下:

(1)熟悉主要的贸易术语,了解不同贸易术语下买卖双方的基本义务,以便审核合同条款、信用证条款的合理性。

(2)熟悉各种结算方式,了解各种结算方式的特点和业务流程,以便准确填写汇款申请书、托收申请书、信用证申请书,准确审核信用证,保证有关工作的顺利推进。

(3)熟悉国际货物运输有关知识,如航线、港口、运输方式、运费计算等,以便合理规定装运条款、核算成本、计算价格、准确填写托运单据等。

(4)熟悉国际货物运输保险有关知识,了解"中国保险条款"(CIC)及国际保险市场通用的伦敦保险协会制定的"协会货物条款"(ICC)的条款及保险险别,以便准确填写投保单据。

二、熟悉有关国际贸易惯例与规则

国际贸易惯例是指国际贸易中被买卖双方广泛认可和接受的规则和做法,目前涉及单证工作方面的国际惯例主要是国际商会的出版物,如 UCP 600、ISBP 821、URC 522 等。为保证准确制单,单证员除了要熟悉合同或信用证的有关条款,必须了解有关惯例中对于单据的缮制、填写、提交的要求。

三、了解国家有关外贸政策和管理制度

国际贸易单证员需要密切关注对外贸易政策和管理制度的变化,以确保填写或准备的单据符合国家政策或法律法规的要求。此外,及时掌握国家的政策变化,合理利用政策红利,也可以为企业降低成本、提高收益。例如,国际贸易单证员必须了解国家的自由贸易区战略,充分发挥好国家与其他国家或地区签订的自由贸易协定的作用,掌握不同协定下原产地证明书的填写和办理要求,使企业或国外客户享受更低更优惠的关税待遇,从中受益。

四、具备严谨的工作态度和踏实细致的工作作风

在进出口业务中,出口商的核心义务之一是提交符合合同或信用证规定的单据,且在多数业务中,进口商或者银行是凭单付款,因此单证工作任务重、责任大,单证工作的准确性会直接影响出口商能否顺利结汇,与企业利益直接挂钩。此外,单证工作的质量还侧面反映了企业的实力,影响企业甚或国家在国际商务中的形象。为此,单证员必须具备认真严谨的工作态度和踏实细致的工作作风,认真填制或审核各项单据,提高单证工作的准确性,以免因工作失误,导致企业利益受损。

五、具备良好的沟通协调能力

国际贸易单证工作涉及的单位或部门很多,如银行、货运公司、保险公司、海关等。在与各部门的工作联系中,会遇到各种问题。例如,在信用证结算方式下,运输单据已经签发,但却发现与信用证规定不符,就需要单证员与货运公司有关人员沟通修改单据。因此,国际贸易单证员必须具备一定的沟通协调能力,以便及时发现问题、解决问题。

项 目 实 训

党的十八大以来,我国贸易高质量发展取得历史性成就,贸易大国地位不断巩固。我国于2013年成为货物贸易第一大国,2020年货物与服务贸易总额跃居全球第一位,2021年出口国际市场份额达15.1%。2022年,习近平总书记在党的二十大报告中明确要求"加快建设贸易强国"。这是以习近平同志为核心的党中央在全面建设社会主义现代化国家开局起步的关键时期作出的战略部署,为新形势下高质量发展我国贸易、高水平推进对外开放指明了前进方向。我国对外贸易高质量发展的同时也为相关领域带来大量的就业岗位和机会,如外贸业务员、外贸单证员、外贸跟单员、外贸报关员等,这些岗位之间相互关联又有所区别。请采用网络调研的方法,了解应聘这些岗位都需满足哪些要求,将调研结果填入图表1-1中。

图表1-1 外贸行业专业性岗位情况一览表

岗位名称	岗位要求
外贸业务员	
外贸单证员	
外贸跟单员	
外贸报关员	
……	

课 堂 测 试

班级_____ 姓名_____ 学号_____ 日期_____ 得分_____

一、单项选择题(每小题 5 分,共 30 分)

1. 按照单证形式,国际贸易单证分为( )。
   A. 金融单据和商业单据　　　　　B. 纸质单据和电子单据
   C. 基本单据和附属单据　　　　　D. 保险单据和包装单据

2. 在信用证结算方式下,国际贸易单证工作除基本环节外还有( )环节。
   A. 制单　　　　B. 审单　　　　C. 交单　　　　D. 审证

3. 在信用证结算方式下,制单和审单的首要依据是( )。
   A. 信用证　　　　　　　　　　　B. 买卖合同
   C. 相关国际惯例　　　　　　　　D. 有关商品的原始资料

4. 在非信用证支付方式下,制单和审单的首要依据是( )。
   A. 信用证　　　　　　　　　　　B. 买卖合同
   C. 相关国际惯例　　　　　　　　D. 有关商品的原始资料

5. 下列国内部门中,( )负责签发进出口许可证。
   A. 中华人民共和国商务部　　　　B. 中华人民共和国海关总署
   C. 中国国际贸易促进委员会　　　D. 国家税务总局

6. ( )目前已被许多国家和地区的银行界所采用,是信用证领域最权威、影响最广泛的国际商业惯例。
   A. 《联合国国际货物销售合同公约》　B. 《跟单信用证统一惯例》
   C. 《托收统一规则》　　　　　　　　D. 《国际贸易术语解释通则》

二、多项选择题(每小题 8 分,共 40 分)

1. 国际贸易单证通常用于处理进出口货物的( )。
   A. 交付　　　　　　　　　　　　B. 运输与保险
   C. 检验检疫　　　　　　　　　　D. 报关
   E. 结汇

2. 国际贸易单证工作可能涉及的部门包括( )。
   A. 银行　　　　　　　　　　　　B. 海关

C. 交通运输部门和保险公司　　　　　D. 进出口企业内部各部门

E. 检验检疫机构和有关的行政管理机关

3. UCP 600 将信用证项下的单据分为(　　)。

　　A. 运输单据　　　　　　　　　　B. 保险单据

　　C. 包装单据　　　　　　　　　　D. 商业发票

　　E. 其他单据

4. 根据 UCP 600 将信用证项下的单据所作的分类,(　　)属于运输单据。

　　A. 快邮和邮包收据　　　　　　　B. 不可转让海运单

　　C. 空运单据　　　　　　　　　　D. 租船合约提单

　　E. 多式联运单据

5. 国际贸易单证工作的基本环节包括(　　)。

　　A. 归档　　　B. 审单　　　C. 审证　　　D. 交单

　　E. 制单

三、判断题(每小题 5 分,共 30 分)

1. 商业发票、装箱单、海运提单、保险单、报关单等是常见的结汇单据。　　(　　)
2. 根据有关国际贸易惯例,纸质单据和电子单据的效力是等同的。　　(　　)
3. 正确制单是国际贸易单证工作的前提。　　(　　)
4. 根据《跟单信用证统一惯例》的规定,银行不接受运输单据签发后 21 天以上的交单,因此,只要保证不超过这一时间规定,受益人就能顺利结汇。　　(　　)
5. 商务部负责原产地证明书的签发与管理。　　(　　)
6. 信用证结算方式下制单和审单的首要依据是合同。　　(　　)

项目二　进出口业务操作及单据流转

知识导航

进出口业务操作及单据流转
- 出口业务操作及单据流转
  - 交易磋商
  - 签订合同
  - 催证、审证和改证
  - 备货
  - 租船订舱
  - 办理保险
  - 报检通关
  - 装运
  - 制单结汇
  - 国际收支申报与退税
- 进口业务操作及单据流转
  - 申请开立信用证
  - 租船订舱
  - 办理保险
  - 审单付款
  - 报关、报验与检验
  - 提取与拨交货物
  - 办理索赔

学习目标

1. 了解进出口业务的基本流程
2. 熟悉不同贸易术语、结算方式下进出口业务操作的不同
3. 掌握进出口业务各环节涉及的主要单据

导入案例

烟台蓝星进出口公司于中国进出口商品交易会上结识一家境外企业,会后双方就某机电产品按CIF术语达成一笔交易,由于双方初次合作,遂采用即期信用证付款。合同规定11月装运,但未规定具体开证日期,外商后因该商品市场价格趋降拖延开证。烟台蓝星进出口公司为防止延误装运期,从10月中旬起多次通过电子邮件等各种方式催促对方开立信用证,外商于11月8日开来了信用证。但由于开证太晚,使烟台

蓝星进出口公司安排装运发生困难,遂要求外商对信用证的装运期和议付有效期进行修改,分别推迟一个月。在征得外商同意后,烟台蓝星进出口公司立即安排货物出运,但交单结汇时,仍未收到信用证修改通知书。后经多次协商,烟台蓝星进出口公司同意降价20%才最终完成结汇。

思考:烟台蓝星进出口公司应从中吸取哪些教训?

任务一 出口业务操作及单据流转

出口货物的基本流程主要包括交易前准备、交易磋商、合同订立和合同履行四个阶段,而买卖双方选择不同的贸易术语和结算方式,具体的交易环节会存在差异。信用证结算方式下CIF出口合同业务流程如图表2-1所示,具体包括交易磋商、签订合同、催证、审证和改证、备货、租船订舱、办理保险、报检通关、装船、制单结汇、国际收支申报、出口退税等环节。

图表2-1　信用证结算方式下CIF出口合同业务流程

```
出口前准备
    ↓
交易磋商
    ↓
询盘 → 发盘 → 还盘 → 接受
    ↓
签订合同
    ↓
合同履行
    ↓
备货             催证、审证、
制作有关单据      改证
    ↓
向海关报检    租船订舱 → 办理保险
    ↓           ↓          ↓
取得检验证书  发运货物   取得保险单
              办理报关
                ↓
              海关检验放行
                ↓
         货物装船    向买方发
         取得提单    装船通知
                ↓
              汇集有关单证
                ↓
              交单议付
                ↓
              国际收支申报
              出口退税
```

一、交易磋商

交易磋商是买卖双方以买卖某种商品为目的,通过一定程序就交易的各项条件进行洽商并最终达成协议的全过程。交易磋商的主要内容包括产品的质量等级、产品的规格型号、产品是否有特殊包装要求、所购产品数量、交货期、产品的运输方式、产品的价格及货款的结算方式等。

交易磋商的形式有口头形式和书面形式两种,其中书面磋商通常包括询盘、发盘、还盘和接受四个环节。交易磋商是签订国际货物买卖合同的基础,交易磋商成功与否直接关系到合同能否签订以及合同本身的质量,而合同的质量又与国家和企业的利益息息相关。

交易磋商环节涉及的主要单据为进出口预算表和报价单。商品定价对交易双方至关重要,直接影响双方的经济利益。因此,在交易达成前,交易双方务必利用预算表核算既定价格下的盈利情况。在实际进出口业务中,许多出口企业通过向进口企业提供形式发票(proforma invoice)作为报价方式,进口企业同意报价条件后回签形式发票,从而达成交易。此外,形式发票还可用于进口企业向其本国金融机构或外汇管理机构申领许可证或核批外汇。

二、签订合同

交易双方通过磋商就交易条款达成一致意见后,通常还要制作书面合同将各自的权利和义务用书面方式加以明确,也就是签订合同。国际货物买卖合同主要包括商品名称、规格型号、数量、价格、包装、产地、装运期、付款条件、结算方式、索赔、仲裁等内容,在买卖双方签字确认后正式生效。通常情况下,国际货物买卖合同一式两份,交易双方各执一份。国际货物买卖合同是进出口双方履行合同的依据,当双方当事人在合同履行过程中发生争议纠纷时,合同也是仲裁员或法官进行裁决的有力证据。交易双方必须明确签订的合同条款,以便合同的顺利履行。

三、催证、审证和改证

在出口交易中,如果买卖双方约定采用信用证结算方式,一般会有催证、审证、改证等环节,目的是催促进口商及时开立符合合同规定的信用证,确保收汇安全和合同顺利执行。

(一) 催证

催证是指催促买方按照合同规定及时开立信用证,并送达卖方,使卖方按时将出口货物装船出运。在信用证结算方式下,买方按约定时间开立信用证是卖方履行合同的前提条件,否则卖方无法安排生产和组织货源。在实际进出口业务中,由于市场行情发生变化或买方资金短缺等原因,买方往往会拖延,这时卖方应及时催促对方迅速开立信用证。如果催证后对方仍不履行,卖方应向买方提出保留索赔权的声明。

（二）审证

当买方开出信用证后，卖方应根据买卖合同内容审查信用证，称为审证。一般而言，信用证依据合同开立，因而信用证内容应与合同条款保持一致。但在实际进出口业务中，由于种种原因，如电文传递错误、工作疏忽、贸易习惯不同、市场行情发生变化或买方有意利用开证的主动权加列一些对其有利的条款等，导致信用证内容与合同不符，有的严重影响卖方的利益，甚至致使卖方无法做到相符交单、顺利结汇。为了确保安全收汇，避免不必要的损失，卖方应对信用证的内容进行审核。审证的内容主要包括：

(1) 信用证的类别。

(2) 信用证中注明的基础交易中买方和卖方的名称、地址。

(3) 信用证的金额。

(4) 信用证所规定的汇票。

(5) 有关货物的描述和单价。

(6) 装运地点和交货地点。

(7) 有关分批装运和转运的规定。

(8) 信用证的到期日、到期地点。

(9) 信用证付款银行的所在地址。

(10) 信用证要求受益人提交的单据。

（三）改证

在审证过程中如发现信用证内容与合同规定不符，应区别问题的性质，分别同有关部门研究，妥善予以处理。一般来说，如果发现信用证中有不能接受的条款，应及时提请开证申请人修改。如果信用证中有多处内容需要修改，卖方应当一次性提出，尽量避免多次提出，否则不仅增加双方的手续和费用，而且会对外造成不良影响。对不可撤销信用证中任何条款的修改，都必须在有关当事人全部同意后才能生效，这是各国银行的惯例。此外，对来证不符合合同规定的各种情况，还要进行具体分析，不一定坚持全部办理改证手续，只要来证内容不违反政策原则、不影响安全顺利收汇、不影响企业经济利益，即可酌情灵活处理。

四、备货

为了保证按时、按质、按量交付约定的货物，在订立合同之后，卖方必须及时落实货源，备妥应交的货物，并做好出口货物的报验工作。

备货工作主要包括出口部门及时与生产加工单位或供应部门沟通安排货物的生产、加工、收购和催交，认真核对应交货物的品质、规格、数量和包装、刷唛等工作。在备货工作中，应注意以下几个方面的问题：

(1) 货物的品质、规格必须与出口合同的规定一致。凡是凭规格等文字说明达成的合同，交付货物的品质必须与合同规定的规格等文字说明相符；凡是凭样品达成的合同，则交付货物的品质必须与样品相符。若既凭文字说明，又凭样品达成的合同，则两者均须相符。

（2）货物的数量必须符合出口合同和信用证的规定。货物的数量是国际货物买卖合同中的主要交货条件之一。按约定数量交货是卖方的重要义务。备货的数量应适当留有余地，以备装运时可能发生的调换和适应舱容之用。此外，还要注意合同规定采用何种度量衡制度和计量方法，如按重量计量而合同中未写明采用何种方法计算重量的，则按惯例以净重计量。

（3）货物的包装必须符合出口合同的规定和运输的要求。在备货过程中，卖方对货物的内、外包装和装潢，必须认真核对，一方面使之符合合同的规定，另一方面达到保护商品和适应运输的要求。如果发现存在包装不良或破损的情况，应及时进行修整或换装，以免在装运时无法获取清洁提单，造成收汇困难。在货物备齐以后，还应视需要和合同或信用证规定刷写包装上的标志。

（4）货物备妥的时间应严格按照出口合同以及信用证上规定的装运期限，同时结合船期进行安排，以便船货衔接。为防止意外，一般应适当留有余地。

（5）凡合同规定收到买方信用证后若干天内装运货物的，为保证按时履约，卖方应督促买方按照合同规定期限开出信用证。同时，卖方收到信用证后必须立即审证，确认后及时安排生产。

货物备妥之后，卖方即可根据实际备货的数量和包装情况缮制商业发票和装箱单。商业发票是实际出运货物的价目清单，装箱单则是对实际出运货物包装情况的说明，是后期办理租船订舱、办理保险、报检通关等业务的常用单据。

五、租船订舱

按 CIF 或 CFR 条件成交时，租船、订舱由卖方负责，而卖方可将此项工作委托给对外贸易运输公司（以下简称外运公司）办理。出口货物数量较多，需要整船载运的，可由外运公司办理租船手续；如出口货物数量不多，不需整船装运的，可由外运公司代为洽订班轮或租订部分舱位运输。租船订舱的程序如下：

（1）外运公司每月编印出口船期表分发各进出口公司。在表内列明航线、船名、国籍、抵港日期、截止收单期、预计装运日期和停靠港口的名称等内容，供各进出口公司委托订舱时参考。

（2）各进出口公司货证齐全即可办理托运手续。根据信用证和合同的有关运输条款，将货物名称、件数、装运港、装运日期等填至托运单上作为订舱的依据，在截止收单前送交外运公司。

（3）外运公司在收到托运单后，会同外轮代理公司，根据配载原则，结合货物性质、数量、装运港和目的港等情况安排船只和舱位，由外轮代理公司签发装货单，作为通知船方收货装船的凭证。

（4）船到港后，外运公司从仓库提取货物送到码头，经海关查验放行后，凭装货单装船。

（5）装船完毕，由船长或大副签发大副收据，载明收到货物的详细情况，托运人则凭大副收据向外轮代理公司交付运费换取正式提单。

六、办理保险

按照 CIF 或 CIP 贸易术语成交的出口合同,在装运前须由卖方及时向保险公司办理投保手续,填制投保单。出口商品的投保手续一般都是逐笔办理的。投保人投保时,应根据合同或信用证的规定将货物名称、保险金额、运输路线、运输工具、开航日期、投保险别等在投保单中一一列明。保险公司接受投保后,即依据卖方填写的投保单签发保险单或保险凭证。卖方要确保保险单签发的时间早于提单签发的时间,否则根据有关国际贸易惯例的规定,银行将拒绝接受交单。

七、报检通关

报检通关手续极为繁琐又极其重要,如不能顺利通关,货物将无法出境,交易也无法完成。

(一)报检

凡属法定检验的出口货物,卖方必须根据国家有关进出口商品检验检疫方面的法规,在规定的时间和地点向海关报验。检验检疫合格后,由海关签发检验证书,予以放行,否则不得出口。

申请报检须提供合同和信用证副本等有关资料,检验合格取得检验证书后,卖方务必在有效期内运出货物。通常情况下,一般货物的检验证书自发证日期起 2 个月内有效;鲜果、鲜蛋类检验证书 2~3 个星期内有效;动植物检疫证书 20 天内有效;鲜活商品证书 14 天内有效。如果超过有效期装运出口,应向海关申请展期,由海关复验合格后,方能出口。

(二)申领原产地证明书

依据合同或者具体业务,需要卖方提供原产地证明书的,卖方应当于货物出运前向卖方所在地、货物生产地或者出境口岸的签证机构申请办理原产地证明书。目前,我国可以签发原产地证明书的机构是海关和中国国际贸易促进委员会,我国海关对原产地证明书的申请和签发已基本实现电子化,企业可以在中国国际贸易单一窗口网站(http://www.singlewindow.cn)申领。

(三)报关

报关是指货物装运前向海关办理申报手续。各出口公司须填写出口货物报关单,连同其他必要的单证,如装货单、合同副本或信用证副本、发票、装箱单、出口许可证等交海关申报。货物经海关检验货、证、单相符无误,并在装货单上加盖放行章后,即可放行装船。目前,我国的出口企业在办理报关时,可以自行办理,也可以通过专业的报关企业或国际货运代理公司来办理。

八、装运

凭海关放行的装货单装船完毕后,卖方可到船公司换取正式已装船海运提单,并在信用证规定的时间内及时向买方发出装船通知。若按 FOB 或 CFR 贸易术语成交，卖方应向买方发出装船通知，以便买方及时办理进口投保手续及做好接货准备。如果由于卖方未及时或未发出装船通知，对方未能办理保险，一旦货物遭受损失，卖方将承担责任。若按 CIF 贸易术语成交，卖方在装完船并取得提单后，也应及时向买方发出装船通知，以便买方了解装运情况和进行接货前的准备。

九、制单结汇

（一）出口结汇常用的方法

货物发运后，出口公司即按照双方签订的合同规定的结汇方式进行结汇。比较常用的国际结汇方式有三种，即信用证、汇款和托收，也有个别的选择直接付款。如果选择信用证，则按信用证的要求整理和缮制各种单据，并在信用证规定的交单有效期内送交银行议付和结汇。

（二）出口结汇需要提交的单据

出口公司在结汇的时候需要提供的单据通常有汇票、商业发票、海运提单、保险单、装箱单和重量单、检验证书、原产地证明书、装船通知副本、船公司证明等，具体提交何种单据要根据信用证的规定做到单据种类齐全、内容正确完整，单单一致、单证相符，才能保证顺利结汇。

（三）单据的审核

在信用证结算方式下，出口公司审核单据时，首先，应对照信用证条款，逐条、逐句、逐字地审核各种单据，查看单据的种类是否缺少，查看每种单据的份数是否短少，查看各种单据的内容是否相符。其次，仔细检查各种单据之间的内容是否相符、是否矛盾，如商业发票、汇票、保险单之间的金额，装箱单与提单之间的货物体积和重量，商业发票与原产地证明书之间的发票号码和日期，原产地证明书与提单之间的运输路线等，做到单证一致、单单一致。

（四）提交单据的时间

所有单据必须在信用证规定的交单期、有效期内及时送交议付银行。根据有关国际贸易惯例，信用证结算方式下受益人交单时间最迟不得超过提单签发日后 21 天。

十、国际收支申报与退税

（一）国际收支申报

国家外汇管理局、海关总署、国家税务总局决定，自 2012 年 8 月 1 日起在全国范围实施货物贸易外汇管理制度改革，取消出口收汇核销制度，企业不再需要办理出口收汇核销手续，只需进行网上申报。国家外汇管理局分支局对企业的贸易外汇管理方式由现场逐笔核销变为非现场总量核查。国家外汇管理局通过货物贸易外汇监测系统，全面采集企业货物进出口和贸易外汇收支数据，定期比对、评估企业货物流与资金流总体匹配情况，对存在异常的企业进行重点监测，必要时实施现场核查。

(二) 出口退税

出口退税是指在国际贸易业务中,对我国报关出口的货物退还在国内各生产环节和流转环节按规定缴纳的增值税和消费税,即出口环节免税且退还以前纳税环节的已纳税税款。国际收支网上申报完成后,出口商可凭增值税发票、商业发票等单据前往国家税务总局办理出口退税。

任务二 进口业务操作及单据流转

进口业务中,根据不同类型的合同,其流程也不尽相同。信用证结算方式下FOB进口合同业务流程如图表2-2所示,包括进口前准备、交易磋商、签订合同、合同履行、申请开证、租船订舱、发催装通知、办理保险、审单付款、报关、报检、提取与拨交货物、办理索赔等环节。

图表2-2 信用证结算方式下FOB进口合同业务流程

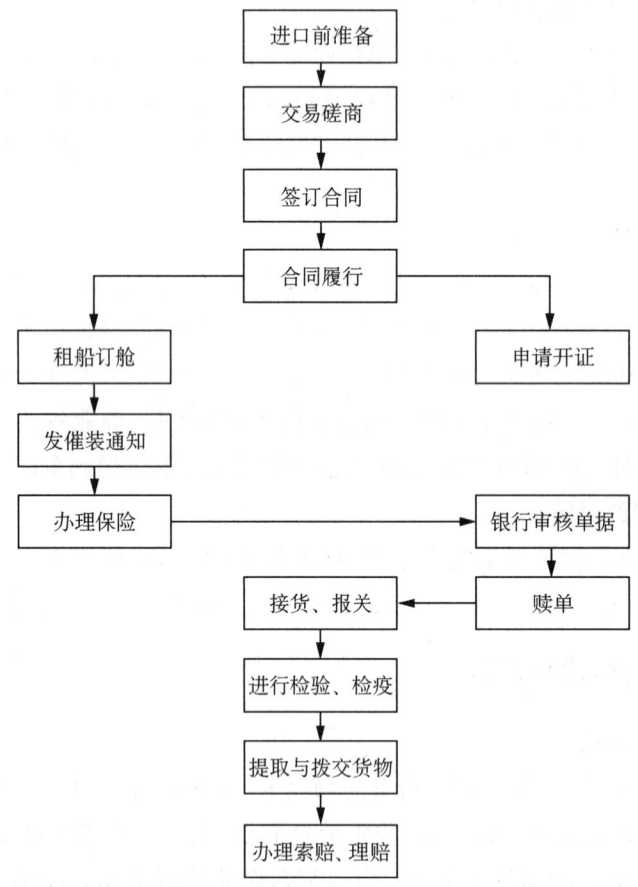

有关磋商与签订合同等环节与出口相似,本节不再赘述,下面着重介绍其他环节。

一、申请开立信用证

采用信用证结算方式,买方开立信用证是卖方履行合同的前提条件,因此签订国际货物买卖合同后,买方应按合同规定办理开证手续。如果合同规定在收到卖方货物备妥通知或在卖方确定装运期后开立信用证,买方应在接到上述通知后及时开证;如果合同规定在卖方领到出口许可证或支付履约保证金后开立信用证,买方应在收到卖方已领到出口许可证的通知或银行转知履约保证金已收讫后开证。买方向银行办理开证手续时,必须按合同内容填写开证申请书,银行将按开证申请书内容开立信用证。信用证的开立时间应按合同规定办理。

卖方收到信用证后,如要求展延装运期、信用证有效期与变更装运港口等,经买方同意,即可向开证银行办理改证手续。

二、租船订舱

进口货物按FOB贸易术语成交时,由买方安排运输和订立运输合同。目前,我国大部分进口货物是委托中国对外贸易运输公司、中国租船公司或其他运输代理机构代办运输,也可直接向中国远洋运输公司或其他办理国际货运的实际承运人办理托运手续。由于进口货物大多通过海洋运输并按FOB条件成交,做好租船订舱工作很重要。如合同规定卖方在交货前一定时间内应向买方发出货物备妥通知,买方在接到该通知后应及时办理租船订舱手续;若卖方未及时发出该项通知,买方应及时催促卖方办理;若进口货物数量不多,但批次较多,买方为了节省时间和简化手续,也可事先委托卖方代为订舱。

卖方按FOB条件装船后,按照国际贸易惯例,应及时向买方发出装船通知,以便买方办理保险和接货等手续。

按CIF和CFR条件进口的货物由卖方负责租船订舱和安排装运。在此情况下,买方也应及时与卖方联系,以掌握对方备货与装运动态。

当买方办妥租船订舱手续后,为了防止船、货脱节的情况发生,买方应及时催促卖方做好备货装船工作,特别是数量大或重要的进口货物。必要时,可请买方驻外机构就地协助了解和督促卖方履约,或派专员前往出口地点检验督促,以确保接运工作的顺利进行。

三、办理保险

按FOB或CFR价格条件成交的进口合同,货物保险由买方办理。买方接到卖方的装运通知后,应及时将船名、提单号、开航日期、装运港、目的港以及货物的名称和数量等内容通知保险公司,按预约保险合同规定对货物承担自动承保的责任。保险公司对预约保险的责任起讫,一般是从货物在装运港装上海轮起生效,到保单载明的目的地收货仓库终止。保险公司将买方送交的海运进口装船通知书或结算凭证汇总后,按季度或月份向买方收取保险费。在买方没有与保险公司签订预约保险合同的情况下,进口货物需逐笔投保。买方接到卖方的发货通知后应立即向保险公司办理投保手续;若货物在投保前的运输途中发生损失,保险公司不负赔偿责任。

四、审单付款

货物装船后,卖方即凭提单等有关单据向当地银行议付货款。开证银行收到议付行寄来的有关单据后,应按照信用证及有关国际贸易惯例的规定审核单据的内容和份数。如单据审核无误,与信用证规定相符,开证银行即通知买方付款赎单。如开证银行审单时发现单证不符或单单不符,应分不同情况进行处理。例如,拒付货款;相符部分付款,不符部分拒付;货到检验合格后再付款;凭卖方或议付行出具的担保付款;在付款的同时提出保留索赔权。审单付款是进口履约程序中的重要环节,关系到卖方提供单据的有效性,将直接影响买方能否及时、顺利收货。

五、报关、报验与检验

(一) 报关

买方付款赎单后,进口货物运抵目的港,进口货物收货人或其代理人开始进口报关。进口报关是指进口收货人或其代理人应在海关规定的期限内,向海关提交进口货物报关单及有关货物单据,办理申报手续。海关以申报单据为依据,对进口货物进行实际核对和检查,以确保货物合法进口。经海关查验无误后,进口货物的纳税人应在规定时间内缴纳关税和其他税费,以取得海关对货物的放行。

(二) 报验与检验

进口报验是指有些进口货物要向海关申请检验,以判明进口商品的规格、质量、数量、技术、性能等是否符合国家规定或采购合同的规定。进口货物的收货人在向海关申请检验时,应提供合同和有关单证与资料。买方为了在规定时效内对外提出索赔,凡属下列情况的货物,均应在卸货口岸就地报验:

(1) 合同写明须在卸货港检验的货物。
(2) 合同规定货到检验合格后付款的货物。
(3) 合同规定索赔期限很短的货物。
(4) 货物卸离海轮时已发现存在残损、短少、有异状或提货不着等情况的货物。

凡属法定检验的进口货物到达后,收货人或接运货物的单位必须向卸货口岸或到达站的检验海关登记,海关在报关单上加盖"已接受登记"的印章,海关即凭此印章验放。如合同有约定,检验在约定地点进行;如合同没有约定,则检验在卸货口岸、到达站或海关指定的地点进行。如卸货时发现货物存在残损、短少的情况,必须及时检验。凡需要结合安装调试的机电、仪器产品和成套设备,可酌情在收货人所在地进行检验。

法定检验的进口货物经登记后,收货人应在规定的时间和地点,持买卖合同、发票、装箱单和货运单等有关单证向海关报验。海关对已报验的货物,应在索赔期限内检验完毕,并出具相应的检验检疫证书。

非法定检验的进口货物,如合同规定海关检验的,收货人应按规定办理报验和检验;如合同未规定由海关检验,但卸货口岸已发现货物有残损、短缺情况,收货人应及时向口岸海关申请检验出证。其他情况下,由收货人按合同规定验收。

六、提取与拨交货物

进口货物的报关、报检等手续办完后,即可在报关口岸按规定提取与拨交货物。在进口货物卸货时,港务局也应对货物进行核对。如发现货物短少,应填制短卸报告交船方签认,并向船方提出保留索赔权声明;如发现货物残损,应将货物存放于海关指定仓库,由保险公司会同当地检验检疫机构出具检验证明,以便在有效索赔期内对外索赔。如用货单位在卸货口岸附近,则就近拨交货物;如用货单位不在卸货地区,则委托货运代理将货物转运内地,并拨交给用货单位。

七、办理索赔

在履行进口合同过程中,因卖方未按期交货,或货到后发现品质、数量和包装等方面有问题,致使买方遭受损失,需向有关责任方提出索赔。根据造成损失原因的不同,进口索赔主要有以下三种。

(一) 向卖方索赔

凡属下列情况,买方均可向卖方索赔:货物品质、规格与合同规定不符;原装数量不足;包装不良致使货物受损;未按期交货或根本不交货等。向卖方索赔时,买方通常需要制备索赔清单,随附检验机构签发的检验证书及发票、装箱单、提单副本等。

(二) 向承运人索赔

凡属下列情况,买方均可向承运人索赔:货物数量少于提单所载数量;提单为清洁提单,而货物残损且属承运人过失所致;货物所受的损失,根据租船合约有关条款应由船方负责等。向承运人索赔时,除以上提及的单据外,通常还应另附由船长及港务理货员签发的理货报告及船长签发的货物短缺或残损证明。

(三) 向保险公司索赔

凡属下列情况,买方均可向保险公司索赔:由于自然灾害、意外事故或运输中其他事故的发生致使货物遭受损失,并且属于投保险别承保责任以内的;凡承运人不予赔偿或赔偿金额不足抵补损失的部分,并且属于承保范围之内的。向保险公司索赔时,除了检验证书以及发票、装箱单、提单副本等单据,买方还应提交保险公司与买方的联合检验报告。

取消对外贸易经营者备案登记,进一步优化营商环境

2022年12月30日,十三届全国人大常委会第三十八次会议经表决,通过了关于修改对外贸易法的决定,删去《中华人民共和国对外贸易法》第九条关于对外贸易经营者备案登记的规定。根据决定,自2022年

12月30日起,各地商务主管部门停止办理对外贸易经营者备案登记。

　　商务部外贸司负责人表示,对于申请进出口环节许可证、技术进出口合同登记证书、配额、国营贸易资格等相关证件和资格的市场主体,有关部门不再要求其提供对外贸易经营者备案登记材料。这是对外贸易经营管理领域重大改革举措,是中国政府坚定推进贸易自由化、便利化的重要制度创新,将有利于进一步优化营商环境,释放对外贸易增长潜力,推进贸易高质量发展和高水平对外开放。

　　据这位负责人介绍,目前,商务部正认真落实党中央、国务院决策部署,指导各地方商务主管部门做好取消对外贸易经营者备案登记相关工作衔接,及时掌握外贸企业生产经营情况,进一步提高公共服务水平。同时,加强部门间信息共享,强化外贸形势分析研判,完善对外贸易政策措施,推动货物贸易优化升级,创新服务贸易发展机制,持续推进贸易创新,推动高质量发展。

　　资料来源:中华人民共和国商务部网站。

　　(http://perth.mofcom.gov.cn/article/jmxw/202301/20230103378117.shtml)

　　思考:取消备案登记对于对外贸易经营者有哪些影响?

项目实训

项目实训:不同结算方式下业务流程及单据流转

进出口业务中常见的结算方式有汇付、托收、信用证等,各种结算方式中又分别以电汇、跟单托收、跟单信用证为主。不同的结算方式,进出口业务流程以及单据流转会有所不同,请填写图表 2-3 至图表 2-5 中各环节涉及的外贸单据。

图表 2-3 CIF+L/C 进出口业务流程及单据流转

顺序	进出口业务环节	涉及的外贸单据
1	交易磋商	
2	签订合同	
3	信用证的申请与开立	
4	信用证的审核与修改	
5	出口商备货	
6	出口商租船订舱、办理保险	
7	出口报关	
8	货物出运	
9	出口商交单议付	
10	进口商付款赎单	
11	进口报关	
12	销货	

图表 2-4 CFR+D/P 进出口业务流程及单据流转

顺序	进出口业务环节	涉及的外贸单据
1	交易磋商	
2	签订合同	
3	出口商备货	
4	出口商租船订舱	
5	出口报关	
6	货物出运	
7	进口商办理保险	
8	出口商办理托收	
9	进口商付款后获得货运单据	

(续表)

顺序	进出口业务环节	涉及的外贸单据
10	进口报关	
11	销货	

图表 2-5　FOB＋部分前 T/T、部分后 T/T 进出口业务流程及单据流转

顺序	进出口业务环节	涉及的外贸单据
1	交易磋商	
2	签订合同	
3	进口商通过银行汇款	
4	出口商备货	
5	出口商租船订舱	
6	出口报关	
7	货物出运并通知进口商	
8	进口商办理保险	
9	进口商汇付尾款	
10	出口商寄送单据给进口商	
11	进口报关	
12	销货	

课 堂 测 试

班级_____ 姓名_____ 学号_____ 日期_____ 得分_____

一、单项选择题(每小题 4 分,共 40 分)

1. 下列贸易术语中,通常由出口商办理租船订舱的是( )。
   A. EXW   B. FAS   C. FOB   D. CFR
2. 下列贸易术语中,通常由进口商办理租船订舱的是( )。
   A. FOB   B. CFR   C. CIF   D. CPT
3. 下列贸易术语中,通常由出口商办理货运保险的是( )。
   A. FOB   B. CFR   C. CIF   D. CPT
4. 下列贸易术语中,通常由进口商办理货运保险的是( )。
   A. FOB   B. CIP   C. CIF   D. DDP
5. 签订合同后,出口商的首要义务是( )。
   A. 及时备货   B. 租船订舱
   C. 办理保险   D. 通知买方接运货物
6. 签订合同后,进口商的首要义务是( )。
   A. 办理进口许可证   B. 租船订舱
   C. 办理保险   D. 支付货款
7. 为了确保安全收汇,避免不必要的损失,出口商在收到信用证后应先( )。
   A. 及时安排货物生产,保证按时交货
   B. 按照装运期租船订舱
   C. 依据合同内容对信用证进行审核
   D. 办理保险,以便出险时可以从保险公司获得赔付
8. 下列出口业务环节顺序合理的是( )。
   A. 订立合同,备货,租船订舱,出口报关
   B. 备货,订立合同,租船订舱,货物出运
   C. 订立合同,备货,催证、审证和改证,货物出运
   D. 备货,出口报关,租船订舱,办理保险
9. 在 FOB 贸易术语下,出口业务流程中涉及的单据不包括( )。
   A. 销售合同   B. 商业发票

29

C. 投保单　　　　　　　　　　　D. 出口货物报关单
10. 在信用证结算方式下,进口业务流程中涉及的单据不包括(　　)。
　　A. 购货合同　　　　　　　　　　B. 进口货物报关单
　　C. 开证申请书　　　　　　　　　D. 汇款申请书

二、多项选择题(每小题 8 分,共 40 分)

1. 如果合同中采用的是 CIF 术语、信用证结算方式,以下环节中属于出口业务操作的有(　　)。
　　A. 备货　　　B. 租船订舱　　　C. 投保　　　D. 办理托收
　　E. 出口报关

2. 如果合同中采用的是 CIF 术语、信用证结算方式,以下环节中属于进口业务操作的有(　　)。
　　A. 申请开立信用证　　　　　　　B. 租船订舱
　　C. 付款赎单　　　　　　　　　　D. 进口报关
　　E. 提取货物

3. 下列单据中,(　　)属于信用证业务中常见的结汇单据。
　　A. 商业发票　　B. 提单　　　C. 产地证　　　D. 报关单
　　E. 投保单

4. 在 FOB 贸易术语下,常见的结汇单据包括(　　)。
　　A. 商业发票　　　　　　　　　　B. 装箱单
　　C. 保险单　　　　　　　　　　　D. 提单
　　E. 品质检验证书

5. 在 CIF 贸易术语下,常见的结汇单据包括(　　)。
　　A. 商业发票　　　　　　　　　　B. 投保单
　　C. 保险单　　　　　　　　　　　D. 提单
　　E. 品质检验证书

三、判断题(每小题 4 分,共 20 分)

1. 出口业务中,出口商履行合同的基本义务是只要向进口商提交符合合同规定的货物即可。　　　　　　　　　　　　　　　　　　　　　　　　　　　　　　(　　)
2. 在信用证结算方式下,进口商履行合同的首要义务是按时开立信用证。(　　)
3. 信用证属于银行信用,因此出口商收到信用证后无须审核即可备货。　(　　)
4. 在 CIF 贸易术语下,货物在装运港上船之后损坏或灭失的风险由买方承担,因此,办理货运保险是该术语下常见的进口业务环节。　　　　　　　　　　　　　　(　　)
5. 在 CFR 贸易术语下,租船订舱是常见的出口业务环节。　　　　　　　(　　)

项目三　国际货物买卖合同的填制

知识导航

国际货物买卖合同的填制
- 国际货物买卖合同认知
  - 国际货物买卖合同的定义与特点
  - 国际货物买卖合同的形式
  - 国际货物买卖合同的主要内容
- 品名及规格条款
  - 品名及规格条款的主要内容
  - 规定品名及规格条款的注意事项
  - 品名及规格条款示例
- 数量条款
  - 数量条款的主要内容
  - 规定数量条款的注意事项
  - 数量条款示例
- 价格条款
  - 价格条款的主要内容
  - 规定价格条款的注意事项
  - 价格条款示例
- 包装条款
  - 包装条款的主要内容
  - 规定包装条款的注意事项
  - 包装条款示例
- 装运条款
  - 装运条款的主要内容
  - 规定装运条款的注意事项
  - 装运条款示例
- 保险条款
  - 保险条款的主要内容
  - 规定保险条款的注意事项
  - 保险条款示例
- 支付条款
  - 支付条款的主要内容
  - 规定支付条款的注意事项
  - 支付条款示例
- 其他条款
  - 商品检验条款
  - 索赔条款
  - 不可抗力条款
  - 仲裁条款

学习目标

1. 了解国际货物买卖合同的特点与形式
2. 熟悉国际货物买卖合同的内容与各条款的规定方法
3. 熟悉有关国际货物买卖合同的法律规定
4. 掌握国际货物买卖合同的填制

 导入案例

西班牙EC有限公司(以下简称EC公司)与南通麦奈特医疗用品有限公司(以下简称麦奈特公司)签订国际货物买卖合同,约定EC公司向麦奈特公司购买漂白纱布,出口至EC公司在阿尔及利亚的客户。货物到达阿尔及利亚后,EC公司申请第三方机构进行检验,发现涉案货物存在质量问题,货物经纬线密度为15支线/cm^2,略小于合同约定的17支线/cm^2。EC公司的终端客户向其提出了质量异议,并要求赔偿损失。EC公司起诉主张麦奈特公司构成根本违约,请求解除涉案国际货物买卖合同,并要求麦奈特公司返还货款并赔偿预期利润损失。

南通市中级人民法院认为,涉案国际货物买卖合同的双方当事人营业地分别位于中国和西班牙,两国均为《联合国国际货物销售合同公约》的缔约国,本案应适用该公约。根据该公约的规定,麦奈特公司交付的货物与合同约定不符,构成违约,但是涉案货物的主要质量问题不属于重大质量缺陷,最终用户也没有提出产品无法使用要求退货,因此麦奈特公司不构成根本违约,涉案国际货物买卖合同不应当被解除。综合考虑当事人的过错程度、涉案货物的可利用价值等因素,南通中院判决麦奈特公司赔偿EC公司损失。判决后,双方当事人均未上诉。

思考:国际货物买卖合同中约定品质条款的重要性体现在哪些方面?约定品质条款应注意哪些问题?

任务一 国际货物买卖合同认知

一、国际货物买卖合同的定义与特点

国际货物买卖合同是指营业地处于不同国家的当事人之间所订立的,由一方提供货物并转移所有权,另一方支付价款的协议。国际货物买卖合同是国际贸易交易中最为重要的一种合同,是各国经营进出口业务的企业开展货物交易最基本的依据。

国际货物买卖合同具有以下特点。

1. 国际货物买卖合同具有国际性

国际货物买卖合同的国际性是指订立国际货物买卖合同的当事人的营业地在不同的国家,与合同当事人的国籍无关。如果当事人的营业地在不同的国家,其签订的合同即为"国际性"合同;反之,合同被称为"国内"合同。如果当事人没有营业地,则以其长期居住所在地为"营业地"。由于国际货物买卖合同具有国际性,调整国际货物买卖合同条款涉及不同国

家的法律制度、适用的国际贸易公约或国际贸易惯例。

2. 国际货物买卖合同的标的物是货物

《联合国国际货物销售合同公约》采用排除法,将以下交易排除在国际货物买卖合同范畴之外:

(1) 购供私人、家人或家庭使用的货物的销售,除非卖方在订立合同前任何时候或订立合同时不知道而且没有理由知道这些货物是购供任何这种使用。

(2) 经由拍卖的销售。

(3) 根据法律执行令状或其他令状的销售。

(4) 公债、股票、投资证券、流通票据或货币的销售。

(5) 船舶、船只、气垫船或飞机的销售。

(6) 电力的销售。

3. 合同的性质是买卖合同

买卖合同,按照《中华人民共和国民法典》的规定,是出卖人转移标的物的所有权于买受人,买受人支付价款的合同。这一特征也体现了此类合同与赠与合同、租赁合同等其他类型合同的区别。

二、国际货物买卖合同的形式

根据《中华人民共和国民法典》的规定,当事人订立合同,可以采用书面形式、口头形式或者其他形式。随着国际贸易的迅速发展和国际通信技术的不断提升,当前国际货物买卖合同一般都是通过现代化的通信方法达成的,在此情况下,很难要求交易双方一定要以书面形式订立合同。根据国际贸易的一般习惯做法,交易双方通过口头形式或来往函电磋商形式达成协议后,多数情况下还需签订一定格式的正式书面合同。签订书面合同的意义体现在以下几个方面。

1. 合同成立的证据

合同是否成立,必须要有证明,而书面合同即可以作为合同成立的证明。

2. 合同生效的条件

交易双方在发盘或接受时,如声明以签订一定格式的正式书面合同为准,则在正式签订书面合同时合同方为成立。

3. 合同履行的依据

交易双方通过口头形式或函电磋商形式达成交易后,把彼此磋商一致的内容集中订入一定格式的书面合同中,双方当事人可以此书面合同为准,作为合同履行的依据。

在我国对外贸易实践中,书面合同的形式包括合同(contract)、确认书(confirmation)和协议书(agreement)等,其中以采用"合同"和"确认书"两种形式的居多。从法律效力来看,这两种形式的书面合同没有区别,只是格式和内容的繁简有所差异。合同又可分为销售合同(sales contract)和购买合同(purchase contract),前者是指卖方草拟提出的合同,后者是指买方草拟提出的合同。确认书是合同的简化形式,又分为售货确认书(sales confirmation)和购买确认书(purchase confirmation),前者是卖方出具的确认书,后者是买方出具的确认书。销售合同样本如图表3-1所示。

图表3-1　销售合同样本

烟台蓝星进出口公司
YANTAI BLUESTAR IMP. & EXP. CORPORATION

售货合同
SALES CONTRACT

合同号　CONTRACT NO：	签约日期 SIGNED AT：
卖方：	电话：
The Sellers：	Tel：
地址	传真
Address：	Fax：
买方：	电话：
The Buyers：	Tel：
地址	传真
Address：	Fax：

兹经买卖双方同意由卖方出售、买方购进下列货物,并按下列条款签订本合同:

This Sales Contract is made by and between the Sellers and the Buyers whereby the Sellers agree to sell and the Buyers agree to buy the under-mentioned goods according to the terms and conditions stipulated below:

1.

商品名称、规格及包装 Description; Specification & Packing	数量 Quantity	单价 Unit Price	金额 Amount
		TOTAL:	

(允许卖方在装货时溢装或短装1%,价格按照本合同所列的单价计算)
(The Sellers are allowed to load 1% more or less, the price shall be calculated according to the unit price)

2. 唛头 Shipping Marks:
3. 装船期限 Time of Shipment:
4. 起运港 Port of Shipment:
5. 目的港 Port of Destination:
6. 付款条件:出运后60天内100%电汇付款到以下受益人。
   Terms of Payment: 100% T/T remittance within 60 days after B/L date to the following beneficiary.
   　　BENEFICIARY:
   　　BANK NAME:
   　　BANK ACCOUNT NO.:
   　　BANK'S SWIFT NO.:
7. 保险 Insurance:
8. 质量保证;卖方保证货物全新符合合同中所规定的质量和规格要求。
   Guarantee of Quality: The Sellers guarantee that the commodity hereof is complied in all respects with the quality and specification stipulated in this Contract.

(续表)

9. 争议解决 Settlement of Disputes:
凡因本合同引起的或与本合同有关的任何争议,如果协商不能解决,应提交广州仲裁委员会,按照申请仲裁时该会实施的仲裁规则进行仲裁。仲裁裁决是终局的,对双方均有约束力。

Any disputes arising from or in connection with the Sales Contract shall be settled through friendly negotiation. In case no settlement can be reached, the disputes shall be submitted to Guangzhou Arbitration Commission for arbitration. The arbitral award is final and binding upon both parties.

买方 The Buyers   卖方 The Sellers

签字后请一份退回我公司。本合同按照以上所列一般条款执行。
Please return copy with the signature. This contract is subject to terms and conditions above underlined.

在我国对外贸易业务中,合同或确认书通常一式两份,由双方合法代表分别签字后各执一份,作为合同订立的证据和履行合同的依据。

三、国际货物买卖合同的主要内容

国际货物买卖合同是进出口双方通过交易磋商达成一致的表现,不论采用何种形式,都是规定买卖双方权利和义务的法律文件。国际货物买卖合同的内容通常包括约首、主体、约尾三部分。

(一) 约首

约首(preamble)即合同的首部,通常包括合同的名称、合同的编号、合同的签订时间和地点、订约双方当事人的名称、订约双方当事人的地址和联系方式,以及买卖双方订立合同的意愿和履行合同的保证文句。

一般而言,每个公司都有编制合同号码的规则,以便对其进行存储、归档和管理。合同的签订规定有利于明确买卖双方是否具备相应的民事行为能力,明确争议处理的法律适用问题,因此,合同当事人的名称应当明确、具体,列出全名,不能使用简写或缩写的形式,更不能漏写或错写,以免给履约造成困难或引起误解;当事人的地址和联系方式必须正确、详细,以便各当事人之间及时保持业务联系。买卖双方订立合同的意愿和履行合同的保证文句通常为合同的过渡条款,即引入下文合同主要条款的文句,具体示例如下:

示例: This Sales Contract is made by and between the Sellers and the Buyers whereby the Sellers agree to Sell and the Buyers agree to Buy the under-mentioned goods according to the terms and conditions stipulated below:(兹经买卖双方同意由卖方出售买方购进下列货物,并按下列条款签订本合同:)

(二) 主体

主体(body)即合同的主要条款,通常包括合同的各项交易条款,如商品名称、品质规格、数量包装、单价和总值、交货期限、支付条款、保险、检验、索赔、不可抗力和仲裁条款等,以及根据不同商品和不同交易情况加列的其他条款,如保值条款、溢短装条款和合同适用的法律等。合同主要条款的准确规定,有利于明确买卖双方的权利和义务,有利于保障合同的顺利履行,有利于争议纠纷的预防和处理。下文将主要介绍各主要条款的内容、规定时的注意事项以及具体示例。

(三) 约尾

约尾(end)即合同的尾部,通常包括合同文字的效力、份数、订约的时间和地点及生效的时间、附件的效力以及双方签字等,这也是合同不可缺少的重要组成部分。约尾常见的文句示例如下:

示例1:This contract signed in two copies, the Seller holds one copy and the Buyer holds the other one.(本合同一式两份,买卖双方各持一份。)

示例2:The contract shall be written in Chinese and English. Both versions are equally authentic. In the event of any discrepancy between the two versions, the Chinese version shall prevail.(本合同用中文和英文写成,两种文字具有同等效力。上述两种文字如有不符,以中文版本为准。)

任务二 品名及规格条款

一、品名及规格条款的主要内容

根据《联合国国际销售合同公约》的规定,卖方交付的货物必须与合同规定的数量、质量和规格相符,并须按照合同规定的方式装箱或包装。根据《中华人民共和国民法典》规定,出卖人应当按照约定的质量要求交付标的物;出卖人提供有关标的物质量说明的,交付的标的物应当符合该说明的质量要求。因此,品名及规格条款是合同的主要条款,是买卖双方交接货物的一项基本依据,合理订立此项条款,有利于明确买卖双方的权利和义务,在国际贸易业务中具有重要的实践意义和法律意义。

在国际货物买卖合同中,品名及规格条款并无统一格式,通常都是在"COMMODITY NAME AND SPECIFICATION(商品名称及规格)""DISCRIPTION OF COMMODITY (商品描述)"等标题下,列明买卖双方成交商品的名称、品种、商标、等级或型号等与质量相关的条款。

二、规定品名及规格条款的注意事项

(一) 商品名称应具体、明确和规范

在品名及规格条款中,应具体列明成交商品的名称,尽量避免宽泛、笼统的表述,便于进出口双方明确交易的商品,有利于买卖合同的履行。若成交商品的品种和规格繁多,可先标明商品类别总称,如文具、家具、工艺品、瓷器等,再将商品名称及规格详细列明。具体示例如下:

示例:

CHINESE CERAMIC DINNERWARE(中国陶瓷餐具)

DS1511 30-Piece Dinnerware and Tea Set(DS1511 30 件餐具和茶具套装)

DS2201 20-Piece Dinnerware Set(DS2201 20 件餐具套装)

DS4504 45-Piece Dinnerware Set(DS4504 45 件餐具套装)

DS5120 95-Piece Dinnerware Set(DS5120 95 件餐具套装)

此外,在品名及规格条款中,应正确、规范使用商品名称,一般应使用国际通用的名称,且能够反映商品的用途、性能和特征,在同一份合同中或者同一交易伙伴的系列合同中,同一商品应使用相同名称,避免进出口双方对交易商品的理解产生争议。

(二)正确选用表示商品质量的方法

国际市场上交易的商品种类繁多,商品特性各异,因此表示商品质量的方法也各不相同。在约定品质条款时,进出口双方应依据商品特性、市场习惯和实际需要,正确选用表示商品质量的方法。一般而言,适用于文字、图样、说明书等方法表示商品质量时,应优先采用文字、图样、说明书等方法表示,不要轻易采用看货成交或凭样成交的方法。因为,看货成交通常用于寄售、展卖和拍卖业务,使用有一定的局限性;凭样品成交在货物交接过程中容易引起争议,通常只有在确实无法用科学的指标来表示商品质量时,才会采用。

在实际进出口业务中,可单独使用某一种方法,也可将两种或两种以上的方法结合使用,如既凭商标牌号又凭规格,或者既凭规格又凭样品,但是,需要注意的是,无论采用一种还是多种表示商品质量的方法,出口方必须承担按照各种方法所表示的商品质量履行交货义务的责任。因此,采用多种方法表示商品质量时务必慎重,避免多重标准给出口方履约造成困难。

(三)品质条款应适度合理

在规定品名及规格条款时,应根据交易需要、商品特性以及买卖双方的实际情况,实事求是地确定品质条件,避免约定的品质条件过高或过低。品质条件过高,通常会增加卖方履约的难度和风险,提高商品的成本和价格,影响交易的达成与顺利开展;品质条件过低,往往意味着较低的价格和利润空间,影响商品的销售及售后服务,甚至影响进出口双方的企业形象,不利于企业的长远发展。

此外,在采用一定的质量指标反映商品质量时,应尽量选择相对重要的指标,一些无关紧要的条件或说明不宜列入合同,以免条款过于烦琐。同时,还要注意多个指标之间的相关性,避免因逻辑冲突而导致出口方无法按照合同规定完成交货。

(四)合理运用品质机动幅度

在国际贸易中,卖方交货商品的品质必须严格与买卖合同规定的质量条款相符。但是,由于生产过程中存在自然损耗,或者受生产工艺、商品特性等诸多因素的影响,难以保证商品交货质量与合同内容完全一致,给卖方顺利交货带来困难。对于这类商品,订立合同条款时,可在质量条款中规定机动幅度,只要卖方交付的货物品质在规定的机动范围内,即可认为交货质量与合同规定相符,买方无权拒收。规定品质机动幅度的方法有规定范围、上下极限和上下差异三种。具体示例如下:

示例 1：Fresh Hen Eggs, shell light brown and clean, even in size, Grade A, 55-60g per egg.（新鲜鸡蛋，蛋壳浅棕色，清洁，大小均匀，A级，每只55～60克。）

示例 2：Sesame Seeds, Moisture（max.）8％, Admixture（max.）6％, Oil content（min.）48％.（芝麻，水份最高8％，杂质最高6％，含油量最低48％。）

示例 3：Chinese Grey Duck's Down with 18％ down content, 1％ more or less allowed.（中国灰鸭绒，含绒量为18％，允许1％增减。）

三、品名及规格条款示例

品名及规格条款中表示商品质量的方法有多种，体现在国际货物买卖合同中会有所差异。具体示例如下：

示例 1：S235 Christmas Bear with cap and scarf, as per the samples dispatched by the seller on 20 Aug., 2022.（圣诞熊，货号S235，附带帽子和围巾，根据卖方于2022年8月20日寄送的样品。）

示例 2：Plain Satin Silk, 100％ silk, width 55-56 inches, length 38-42 yards, weight 16.5 m/m.（素面缎，100％真丝，幅宽55～56英寸，长度38～42码，克重16.5姆米。）

示例 3：Chinese Green Tea, Special Chunmee Special Grade, Article No. 41022.（中国绿茶，特珍眉特级，货号41022。）

示例 4：Dove Whitening Bar Soap（多芬美白香皂）

示例 5：Electric heater, Model F, Detailed specifications as per attached descriptions and illustrations.（F型电加热器，详细规格见所附文字说明和图样。）

任务三　数　量　条　款

一、数量条款的主要内容

根据《联合国国际货物销售合同公约》的规定，卖方交付的货物必须与合同规定的数量相符。如果卖方交付的货物数量多于合同规定，买方可以收取也可以拒绝收取多交部分的货物；如果买方收取多交部分货物的全部或一部分，买方必须按合同价格付款。如果卖方交付的货物数量少于合同规定，卖方应于交货期届满前补足所交付货物的不足数量，但不得使买方遭受不公平的对待或承担不合理的开支，且买方仍保留要求损害赔偿的任何权利。因此，数量条款是国际货物买卖合同中的主要条款，关系到买卖双方的权利和义务，是买卖双方交接货物的主要依据。

国际货物买卖合同的数量条款通常包括商品数量、计量单位等内容。对于矿砂、化肥、粮食等大宗商品的交易，受商品特性、货源情况、运输条件等因素的影响，准确按照约定数量完成交货难以实现,为便于履行合同,交易双方可在数量条款中加列数量机动幅度或溢短装条款。商品性质不同,计量方法可能有所不同,计量方法主要有按个数计量、按重量计量、按长度计量、按面积计量、按体积计量和按容积计量。不同计量方法对应不同计量单位,常见计量单位如图表3-2所示。

图表3-2 常见计量单位

计量方法	计量单位	适合商品
按个数计量	件,双,套,打,卷,令,罗,袋,包 piece, pair, set, dozen, roll, ream, gross, bag, bale	大多数工业制成品,尤其是日用消费、轻工业品、机械产品以及部分土特产品
按重量计量	公吨,长吨,短吨,千克,克,盎司 metric ton, long ton, short ton, kilogram, gram, ounce	农副产品、矿产品、部分工业制成品
按长度计量	米,英尺,码 meter, foot, yard	金属绳索、丝绸、布匹等
按面积计量	平方米,平方英尺,平方码 square meter, square foot, square yard	地毯、皮革、玻璃板等
按体积计量	立方米,立方英尺,立方码 cubic meter, cubic foot, cubic yard	木材、天然气、化学气体等
按容积计量	蒲式耳,升,加仑 Bushel, liter, gallon	各类谷物和流体货物等

二、规定数量条款的注意事项

(一) 合理确定成交商品数量

商品的成交数量关系到国际货物买卖合同的履行,且受到诸多因素的影响,在商订该条款时,进出口双方务必慎重,避免盲目成交。对出口方而言,确定商品成交数量时,应考虑国内货源的供应情况、国际市场的供求状况、进口方的资信情况和经营能力、出口国有关该商品的出口政策等因素;对进口方而言,确定商品成交数量时,应考虑进口国的市场行情、自身的经营状况和支付能力、出口方的资信情况、进口国有关该商品的进口政策等。外贸专业人员务必考虑周全,避免给国家和企业带来不必要的经济损失。

(二) 合理运用数量机动幅度

为了避免因实际交货不足或者超过合同规定而导致违约,对于一些难以严格计量的商品,如大宗的农副产品、矿产品以及集装箱运输时装箱数量不能准确把握的商品,进出口双方通常应在合同中规定数量机动幅度条款。该条款通常包括数量机动幅度、机动幅度的选择由谁行使以及机动幅度范围内多装或少装部分的计价等。

一般而言,数量机动幅度的选择由负责安排运输的一方行使,因此与成交条件有关。例如,按FOB条件成交,数量机动幅度的选择应由派船接运货物的买方决定;按CFR或CIF

条件成交,应由派船送货的卖方决定。此外,进出口双方也可在合同中规定由船长根据舱容和装载情况作出选择。

在通常情况下,对于机动幅度范围内的多装或少装部分,一般按合同价格计算。但为了避免合同当事人利用市场行情的变化,故意多装或少装,造成交易对方利益受损,也可规定按装船时或者货到目的地时的市场价格计价,从而体现公平合理的原则。

三、数量条款示例

在数量条款中,对成交商品的具体数量、计量单位和计量方法、数量机动幅度的大小及其选择权由谁决定、溢短装部分的计价方法等内容,进出口双方应在合同中订立清楚,避免产生争议。具体示例如下:

示例1: Chinese Rice 10 000 Metric Tons,5% more or less at Seller's option.(中国大米10 000公吨,卖方可溢短装5%。)

示例2: Chinese Peanut 1 000 Metric Tons,Gross for Net,5% more or less at Seller's option at contract price.(中国花生1 000公吨,以毛作净,卖方可溢短装5%,增减部分按合同价计算。)

示例3: The Sellers are allowed to load the quantity with 5% more or less. The price shall be calculated according to the unit price stipulated in this contract.(允许卖方在装货时溢装或短装5%。价格按照本合同所列的单价计算。)

任务四　价格条款

一、价格条款的主要内容

价格条款是国际货物买卖合同的主要条款,关系买卖双方的权利和义务,与交易双方的经济效益密切相关。

国际货物买卖合同的价格条款主要包括各项商品的单价、总值以及合同总金额的大、小写等栏目。单价(unit price)由计价的货币、单位金额、计价数量单位和贸易术语四个部分组成。总值(total amount/total value)是单价和数量的乘积,总值所使用的货币应与单价所使用的货币一致,合同中数量条款的单位应与单价计价单位相吻合,才能得出正确的合同总值。许多国际货物买卖合同还将合同总金额的大写列为专门的栏目,合同总金额的大写(total amount in words)应与小写(total amount in figures)保持一致,大写金额前一般应冠以"SAY"并加上货币名称的复数形式,句末以"ONLY"结尾,防止他人篡改。例如,小写金额为USD15 560.00,大写金额应为"SAY U.S. DOLLARS FIFTEEN THOUSAND FIVE HUNDRED AND SIXTY ONLY"。如果金额里面有小数,如15 560.36,大写金额主要有下

列两种写法:

SAY U.S. DOLLARS FIFTEEN THOUSAND FIVE HUNDRED AND SIXTY AND THIRTY SIX CENTS ONLY.

SAY U.S. DOLLARS FIFTEEN THOUSAND FIVE HUNDRED AND SIXTY AND 36/100 ONLY.

二、规定价格条款的注意事项

(一)加强成本核算,合理确定价格

成交价格是否合理关系买卖双方的经济效益,在确定价格时,买卖双方务必加强各项成本、费用的核算,认真填写预算表,防止不计成本、不顾盈亏、盲目成交的情况。如果出口预算利润为负或没有达到出口商的预期,说明合同价格偏低,出口商应要求适当提高价格;如果进口预算利润为负或者没有达到进口商的预期,说明合同价格过高,进口商应要求适度调低价格。交易结束后,外贸业务人员还应核对实际发生金额与预算金额的差距,审查是否存在遗漏或失误之处,为后续交易提供借鉴。实际业务中,进出口预算表并无统一格式,但核算项目大致相同,出口预算表样本和进口预算表样本分别如图表3-3、图表3-4所示。

图表 3-3 出口预算表样本

预算项目	具体栏目	预算金额	实际发生金额
收入	出口合同总金额		
成本	进货成本		
	退税收入		
	*实际采购成本		
费用	内陆运费		
	商检费用		
	报关费用		
	出口关税		
	海洋运费		
	保险费		
	银行费用		
	其他费用		
	*费用合计		
利润	收入−成本−费用		

注:实际采购成本=进货成本−退税收入;费用合计为国内外各项费用之和。

图表 3-4 进口预算表样本

预算项目	具体栏目	预算金额	实际发生金额
收入	进口货物国内总售价		
成本	进口合同总金额		
费用	内陆运费		
	商检费用		
	报关费用		
	进口关税		
	海洋运费		
	保险费		
	银行费用		
	其他费用		
	*费用合计		
利润	收入－成本－费用		

（二）选择合适的贸易术语

贸易术语也被称为价格术语，是价格条款的一部分。国际贸易中，可供买卖双方选用的贸易术语有很多，由于各种贸易术语都有其特定的含义，不同的贸易术语，买卖双方所承担的责任、义务、风险也不同，贸易术语选择正确与否直接关系到买卖双方的经济利益。在我国的对外贸易中，买卖双方一般要综合考虑各自的运输条件、运输风险、资金周转、实际业务需要等方面，选择合适的贸易术语。

（三）选择适当的计价货币

在国际贸易中，买卖双方使用何种货币主要依据双方自愿进行选择，在选择货币时应根据国家的方针政策、外汇市场的变动，以及使用的货币本身是否可以兑换、是否稳定等因素综合考虑而决定。在确定商品价格时，一般应争取采用对自己有利的货币成交，如采用对自身不利的货币成交时，应适当提高出售价格或压低购买价格。

三、价格条款示例

商品单价和商品总值是国际货物买卖合同中价格条款的基本内容，具体示例如下：

示例：

UNIT PRICE：USD100.00 PER METRIC TON FOB SHANGHAI

TOTAL AMOUNT：USD100 000.00 （SAY U.S. DOLLARS ON HUNDRED THOUSAND ONLY）

为避免争议纠纷，明确价格构成，有的合同中还会列有价格解释条款，具体示例如下：

示例1：Unless otherwise agreed in writing, the price does not include VAT, and is not subject to price adjustment.（除非另有书面约定,此价格不包括增值税,并且不能进行价格调整。）

示例2：The price includes any costs which are at the Seller's charge according to this Contract. However, should the Seller bear any costs which, according to this Contract, are for the Buyer's account, such sums shall not be considered as having been included in the price and shall be reimbursed by the Buyer.（价款包括卖方按照本合同的约定收取的任何费用。但是,如果卖方承担了依照本合同的约定应由买方承担的费用,那么这些款项不应视为已包含在价款中,买方应予偿还。）

任务五 包 装 条 款

一、包装条款的主要内容

在实际进出口业务中,进出口双方都十分重视商品的包装,良好的包装可以起到保护商品、减少货损、美化商品和促进销售的作用。根据《联合国国际货物销售合同公约》的规定,卖方交付的货物必须按照合同规定的方式装箱或包装;买卖双方没有约定的,货物按照同类货物通用的方式装箱或包装;如果没有此种通用方式,则按足以保全和保护货物的方式装箱或包装,否则将视为违约。《中华人民共和国民法典》也有类似规定,可见包装条款是国际货物买卖合同的主要条款,关系买卖双方的权利和义务,是买卖双方交接货物的依据之一。

国际货物买卖合同中的包装条款主要包括包装方式、包装材料、包装规格、包装标志和包装费用等内容。包装方式是把商品装入瓶、罐、盒、箱等容器加以封、包、裹、扎的方法。包装材料多种多样,包括木箱(wooden case)、纸箱(carton)、捆包(bundle/bale)、袋(bag)、桶(drum)等。包装规格主要指单件包装内商品的数量以及包装尺寸的大小。包装标志分为销售包装上的标志和运输包装上的标志,销售包装上的标志主要包括销售包装上的装潢画面、文字说明以及条形码标志等;运输包装上的标志,按其用途可分为运输标志、指示性标志和警告性标志。指示性标志(indicative mark)是根据商品的特性,对一些容易破碎、残损、变质的商品,在搬运装卸操作和存放保管条件方面提出的要求和注意事项,用图形或文字表示的标志,如"KEEP DRY"(怕湿)、"THIS WAY UP"(向上)、"FRAGILE"(小心轻放)和"USE NO HOOK"(切勿用钩)等。警告性标志(warning mark)是指在装有爆炸品、易燃物品、腐化物品、氧化剂和放射物质等危险货物的运输包装上,用图形或文字表示各种危险品的标志,其作用是警告有关装卸、运输和保管人员按货物特性采取相应的措施,以保障人身和物资的安全。指示性标志和警告性标志通常印制在商品运输包装上,外贸单据中较少使用。运输标志(shipping mark)又称唛头,是国际货物买卖合同、货运单据中有关货物包装标志事项的基本内容,一般由一个简单的几何图形、字母、数字及简单的文字等组成,通常刷印在运输包装的明显部位,目的是便于运输途中有关人员辨认货物、核对单据。按照国际标准化组织的建议,运输标志应包括收货人的简称、参考号码、目的地、包装件号四项内容。运输标志具体示例如下:

示例1:

  D. D. T. P. ··· 收货人简称
  DD123456 ··· 参考号码
  SAN FRANCISCO ·· 目的地
  NO. 1-100 ··· 包装件号

示例2:

  ABC ·· 收货人简称
  ABC123456 ··· 参考号码
  NEW YORK ··· 目的地
  44CM×50CM×60CM ··· 包装体积
  G. W. 125KGS ··· 货物毛重
  N. W. 100KGS ··· 货物净重
  MADE IN CHINA ·· 货物产地
  NO. 1-500 ··· 包装件号

示例3:

Shipping mark:(运输标志:)

☐ to be designated by the Sellers.(由卖方指定。)

☐ the Buyers desire to designate their own shipping mark, the Buyers shall advise the Sellers 10 days before opening L/C and the Sellers' consent must be obtained. Otherwise, the shipping mark will be designated by the Sellers.(买方希望指定自己的唛头,买方应在开立信用证前10天通知卖方,并征得卖方同意。否则,唛头将由卖方指定。)

根据《国际贸易术语解释通则2020》的规定,卖方必须自付费用包装货物,除非该特定贸易的货物无须包装。因此,如果买卖合同没有特殊规定,一般由卖方提供包装,包装费用通常包含在货价之内,不另计收。如果买方对包装有特殊要求,包装费用不在货价之内,则应明确规定包装费用由买方支付。如果交易双方约定由买方提供包装或者包装物料,则应在合同包装条款中订明买方提供包装或包装物料的时间,以及由于包装或包装物料未能及时提供而影响货物发运时买方所应承担的责任。

二、规定包装条款的注意事项

(一)综合考虑成交商品的特性以及采用的运输方式

商品种类繁多,其特性和形状各异,因而对包装的要求各不相同。例如,服装类产品耐粗暴搬运,包装材料较为灵活和简单;而精密仪器类产品则需要在包装中加入缓震材料或装置,以减少货物在运输途中的损失。因此,在规定包装条款时,交易双方应根据商品的特点来确定采用何种包装方式、包装材料以及包装规格。

此外,进出口商品往往需要长途运输,运输方式的不同也会影响货物运输的时间以及在运输过程中面临的风险,进而影响对包装的要求。因此,交易双方在订立包装条款时,也应综合考虑运输方式这一因素。

(二) 包装条件应具体、明确

为便于履行合同,包装条款应具体、明确。例如,采用麻袋包装,应订明包装层数以及新旧程度。如果合同规定商品有两种或两种以上包装方法时,应明确包装由何方选择,以利合同的履行。

交易双方在规定包装条款时,切忌使用笼统、含糊的词句。例如,一般不宜采用"seaworthy packing"(海运包装)和"customary packing"(习惯包装)之类的术语,这类术语含义模糊,且无统一解释,容易引起争议。

(三) 考虑有关国家的法律规定

许多国家或地区对市场销售的商品规定了有关包装和标签管理条例,凡进口商品必须遵守其规定,否则,不准进口或禁止在市场上销售。例如,有的国家或地区规定,凡直接接触食品的包装、标签纸上,只要发现荧光物质,一律禁止进口。又如,有的国家或地区对进口商品的包装材料和容器有详细规定,如果进口商品使用的包装相对于被包装商品体积过大,则会被认作有欺诈倾向,同时还会因为加重进口国的环保负担而受到限制。诸如此类情况,交易双方在商订包装条款时,均应予以考虑。

(四) 考虑有关国家的消费水平、消费习惯和客户的具体要求

由于各国经济、文化背景不同,消费水平和消费习惯互有差异,客户对包装式样、包装材料、包装规格、包装装潢画面及文字说明等方面都有特定的具体要求,如有些客户要求同时使用公制和英制来标明容量或重量,有些客户要求同时使用英文和法文两种文字的标签。在交易磋商和订立合同时,出口方应尽可能考虑客户的要求,以利合同的顺利履行。

三、包装条款示例

国际货物买卖合同中的包装条款,具体示例如下:

示例1:In cartons of 50kgs net each.(纸箱装,每箱净重50千克。)

示例2:In cloth bags, lined with polythene bags of 25kgs net each.(布袋装,内衬聚乙烯袋,每袋净重25千克。)

示例3:20 pieces to a box, 10 boxes to an export carton. Total 500 cartons in one 20 feet container. The cost of packing is for seller's account.(每20只装一纸盒,10盒装一纸箱,共计500个纸箱,装一个20英尺集装箱。包装费用由卖方承担。)

示例4:Each to be wrapped with paper then to a poly bag, every dozen to a new strong wooden case, suitable for long voyage and well protected against dampness, moisture, shock, rust and rough handling. Total 500 wooden cases in one 40' FCL.（每只包纸，并套塑料袋，每一打装一坚固新木箱，适合长途海运，防湿，防潮，防震，防锈，耐粗暴搬运，共计500个木箱，装一个40英尺整箱。）

任务六 装运条款

一、装运条款的主要内容

国际货物买卖合同中的装运条款通常包括装运时间、装运港或装运地、目的港或目的地、分批装运和转运等内容，有的合同中还会规定卖方应予交付的单据和有关装运通知的条款。

（一）装运时间

关于货物的交付，国际货物买卖合同通常有装运时间、交货时间、到货时间三种时间的规定，这三者是不同的概念，但又存在一定的联系。装运时间（time of shipment）是指卖方将合同规定的货物装上运输工具或者交给承运人的时间；交货时间（time of delivery）是指卖方完成交货义务的时间；到货时间（time of arrival）是指货物到达目的地的时间。如果合同成交条件为象征性交货的贸易术语，如常见的 FOB、CFR、CIF、FCA、CPT、CIP 等，此时装运时间与交货时间等同；如果合同成交条件为 DAP、DPU、DDP 等实际交货的贸易术语，到货时间与交货时间等同。买卖合同中规定何种时间，将影响买卖双方货物的交接。例如，合同规定最迟装运时间为 2022 年 10 月 20 日，则卖方务必最晚于该日将货物装上运输工具或者交给承运人；如果合同规定最迟到货时间为 2022 年 10 月 20 日，则卖方必须保证货物最晚于该日到达目的地；如果合同规定最迟交货时间 2022 年 10 月 20 日，合同成交条件为 CIF，根据国际贸易惯例对于 CIF 术语的解释，卖方只需最晚于该日将货物装上运输工具或者交给承运人即可；如果合同规定最迟交货时间为 2022 年 10 月 20 日，合同成交条件为 DAP，卖方必须保证货物最晚于该日到达目的地。因此，交易双方在订立合同的装运条款时，务必综合考虑成交条件、运输方式、运输条件等因素，慎重选择合适的时间，以免引起争议纠纷。

（二）装运地和目的地

装运地（place of shipment）是指货物起始装运的地点，目的地（place of destination）是指最终卸货的地点。由于国际货物贸易大多采用海洋运输，合同中也常规定装运港（port of shipment）和目的港（port of destination）。

装运港或装运地通常由出口方根据便利出口的原则提出，经进口方同意后确定。一般装运港或装运地只规定一个，但在成交数量大而货源又分散几处或在合同签订时出口方还无法确定在何处发运货物的情况下，也可以规定多个港口或地点，必要时还可以笼统规定，装运时由出口方决定后通知进口方。目的港或目的地通常由进口方根据便利货物进口或者转售的原则提出，经出口方同意后确定。目的港或目的地通常也只规定一个，必要时也可以规定两个或两个以上,在合同规定的装运期前若干天由出口方确定并通知进口方。

(三)分批装运和转运

分批装运(partial shipment)是指同一合同项下的货物分若干批出运。在进出口贸易中,因交易货量、货源情况、运输条件、市场需要、资金周转等因素的影响,需要分期分批交货时,交易双方往往需要在合同中订立分批装运条款。分批装运条款可以根据交易双方的需要简要规定"允许分批",也可以具体列明每一批次货物的详细要求以及出运时间等。

转运(transshipment)在不同运输方式下有不同的含义。根据 UCP 600 的解释,在海洋运输方式下,转运是指在从起运港到目的港运输的过程中,货物从一艘船卸下再装上另一艘船的过程;在航空运输方式下,转运是指在从起运机场到目的机场的运输中,货物从一架飞机卸下再装上另一架飞机的过程;在公路、铁路或内河运输方式下,转运是指在起运地到目的地之间,货物从一卡车/火车/船舶上卸下再装上另一卡车/火车/船舶的过程。如果从起运地到目的地没有直达的运输工具或运输班次不定或班次间隔时间太长,为了便于安排运输,及时到货,交易双方可在合同中订明"允许转运"。为了明确责任和费用,交易双方可详细规定转运的地点以及转运费用由谁负担等内容。

(四)装运通知

交易双方为了相互配合,共同做好运输工具和货物的衔接,适时办理货运保险,及时获得保障,不论采用何种贸易术语成交,交易双方都应承担相互通知的义务。因此,装运通知也是合同装运条款的一项重要内容。《国际贸易术语解释通则 2020》中各贸易术语下买卖双方通知义务的有关规定,如图表 3-5 所示。

图表 3-5 《国际贸易术语解释通则 2020》中各贸易术语下买卖双方的通知义务

贸易术语	卖方通知义务	买方通知义务
EXW	卖方必须向买方发出买方提取货物所需的任何通知	根据约定,无论何时,当买方有权决定在约定交货期限内的时间及/或在指定地点的收货点时,买方必须给予卖方充分通知
FCA	卖方必须就其已完成交货或买方指定的承运人或其他人未在约定期限内提货的情况给予买方充分通知	买方必须通知卖方: a) 指定的承运人或其他人的名称,该通知应留出充分时间,以便卖方能完成交货; b) 在约定交货期限内所选择的由指定的承运人或其他人收取货物的时间(如有); c) 指定的承运人或其他人使用的运输方式,包括任何与运输有关的安全要求; d) 在指定交货地的收货点
CPT	卖方必须向买方发出已完成交货的通知或任何买方所需通知以便买方收取货物	根据约定,无论何时,当买方有权决定发货时间及/或指定目的地的收货点时,买方必须给予卖方充分通知
CIP	卖方必须向买方发出已完成交货的通知或任何买方所需通知以便买方收取货物	根据约定,无论何时,当买方有权决定发货时间及/或指定目的地的收货点时,买方必须给予卖方充分通知

(续表)

贸易术语	卖方通知义务	买方通知义务
DAP	卖方必须向买方发出买方收取货物所需的任何通知	根据约定,无论何时,当买方有权决定约定期限内的时间及/或指定目的地的提货点时,买方必须给予卖方充分通知
DPU	卖方必须向买方发出买方收取货物所需的任何通知	根据约定,无论何时,当买方有权决定约定期限内的时间及/或指定目的地的提货点时,买方必须给予卖方充分通知
DDP	卖方必须向买方发出买方收取货物所需的任何通知	根据约定,无论何时,当买方有权决定约定期限内的时间及/或指定目的地的提货点时,买方必须给予卖方充分通知
FAS	卖方必须就其已完成交货或船舶未在约定时间内提货给予买方充分通知	买方必须就任何运输相关的安全要求、船舶名称、装运点以及约定期限内所选择的交货时间(如有)给予卖方充分通知
FOB	卖方必须就其已完成交货或船舶未在约定时间内提货的情况给予买方充分通知	买方必须就任何运输相关的安全要求、船舶名称、装运点以及约定期限内所选择的交货时间(如有)给予卖方充分通知
CFR	卖方必须向买方发出已完成交货的通知或任何买方所需通知以便买方收取货物	根据约定,无论何时,当买方有权决定运输时间及/或指定目的港的收货点时,买方必须给予卖方充分通知
CIF	卖方必须向买方发出已完成交货的通知或任何买方所需的通知以便使买方收取货物	根据约定,无论何时,当买方有权决定运输时间及/或指定目的港的收货点时,买方必须给予卖方充分通知

以应用最为广泛的贸易术语为例,按照国际贸易的习惯做法,在按 FOB 条件成交时,卖方应在约定的装运期开始以前,一般是 30 天至 45 天,向买方发出货物备妥通知,以便买方及时派船接货,买方接到卖方发出的备货通知后,应按约定的时间,将船名、船舶到港受载日期等情况通知卖方以便卖方及时安排货物出运和准备装船。在按 FOB、CFR 和 CIF 条件签订的合同时,卖方应在货物装船后,按约定时间,将合同、货物的品名、件数、重量、发票金额、船名及装船日期等内容告知买方,以便买方办理保险并做好接卸货物的准备,及时办理进口报关手续。应当特别强调的是,买卖双方按 CFR 条件成交时,卖方交货后应及时向买方发出装运通知。

二、规定装运条款的注意事项

(一) 规定装运条款应具体、明确

为避免争议纠纷,买卖双方规定装运条款时应做到具体、明确,可采用一段时间和最迟装运期两种方法。例如,"Shipment during September 2022"(2022 年 9 月份装运)或者"Shipment on or before September 30, 2022"(最迟于 2022 年 9 月 30 日装运),应避免使用"Immediate Shipment"(立即装运)、"Prompt Shipment"(即期装运)、"Shipment as soon as possible"(尽快装运)等含义模糊的词语。根据 UCP 600 的解释,除非买卖双方要求在单据

中使用,否则诸如"迅速地""立刻地"或"尽快地"等词语将被不予理会;起运地和目的地也应具体明确,起运地和目的地不同可能意味着不同的运输路线、运输距离、基本运费和附加费用。因此,明确规定货物交接的地点,一方面有利于买卖双方货物的交接,减少运输过程的差错;另一方面也便于运费以及价格的核算。

（二）规定装运条款应合理

买卖双方应结合交易的实际情况合理确定装运条款,在确定装运时间时应结合货源情况、生产周期、运输条件等因素,做到适度、合理。装运时间过早,势必给运输、备货安排带来困难;装运时间过晚,可能导致买方错过销售旺季,影响售价和利润。此外,确定装运时间时还要考虑商品和港口的季节特性,如雨季一般不宜装运易发霉、易受潮的商品,夏季一般不宜装运易受热融化、易腐性的商品;对于易封冻结冰的港口,不宜订在冰冻时期装运,对于热带地区,不宜订在雨季装运。

三、装运条款示例

装运条款是国际货物买卖合同的主要条款,具体示例如下:

示例 1：

Time of Shipment：Not later than Oct. 25, 2022.（装运时间：不迟于 2022 年 10 月 25 日。）

Port of Loading：Shanghai, China（装货港：中国上海）

Port of destination：Hamburg, Germany（目的港：德国汉堡）

Partial shipment：Allowed（分批装运：允许）

Transshipment：Allowed（转运：允许）

示例 2：

Terms of Shipment：During May 2022 from Shanghai to Hamburg with Partial Shipment and Transshipment allowed.（装运条款：2022 年 5 月从上海到汉堡,允许分批装运和转运。）

示例 3：

The Sellers shall ship the goods within the time of shipment from the port of shipment to the port of destination. The transport is with refrigerated container and the whole temperature must be controlled minus 18 degrees Celsius（－18℃）. Transshipment is not allowed. Whereas transshipment has happened, all the expenses and costs occurred thereof shall be borne by the Sellers. On-deck shipment is not allowed. The contracted goods shall not be carried by a vessel flying the flag of the country which the Buyers cannot accept. The age of vessel should not exceed 15 years.（卖方应在装运期内将货物从装运港运至目的港。运输采用冷藏集装箱,整个温度必须控制在零下 18 摄氏度。不允许转运。一旦发生转运,所有相关的成本和费用均由卖方承担。不允许在甲板上装运。合同项下货物不得由悬挂买方不能接受的国家国旗的船只运输。船龄不得超过 15 年。）

任务七 保险条款

一、保险条款的主要内容

在国际货物买卖合同中,为了明确交易双方在货运保险方面的责任,通常都订有保险条款,主要内容包括保险投保人、保险险别、保险金额、保险单据等事项。

(一) 保险投保人

保险投保人(insurance applicant)是指与保险人订立保险合同并按照保险合同负有支付保险费义务的当事人。在进出口业务中,货运保险究竟由买方还是卖方投保,完全取决于买卖双方约定的成交条件和所使用的贸易术语。例如,按 FOB 或 CFR 条件成交时,按照 INCOTERMS® 2020 的规定,卖方对买方没有义务办理保险,而货物上船之后损坏或灭失的风险转由买方承担。因此,通常情况下,买方会从自己的经济利益出发自行办理保险,在买卖合同的保险条款中,一般只订明"保险由买方办理",如果买方要求卖方代办保险,则应在合同保险条款中订明"由买方委托卖方代为办理保险,保险费由买方负担"。按 CIF 条件成交时,根据 INCOTERMS® 2020 的规定,卖方对买方有办理货运保险的义务,因此,除非买卖双方另有约定,CIF 合同保险条款中的投保人通常为卖方。

(二) 保险险别

保险险别(insurance coverage; risks covered)与被保险人获得的保障范围以及投保人交纳的保费有关。按照中国人民财产保险股份有限公司的保险条款,海运货物保险基本险包括平安险(F.P.A.)、水渍险(W.P.A.)和一切险(A.R.)。按照伦敦保险协会货物保险条款,海运货物保险基本险包括 ICC(A)、ICC(B)、ICC(C)。此外,保险公司还提供不可单独投保的附加险别,如战争险(War Risks)、罢工险(Strike Risks)等。在进出口业务中,买卖双方应综合考虑商品的特性、包装材料与方式、运输条件、商品价值等因素,选择合适的保险险别。需要注意的是,在最新版的《国际贸易术语解释通则》中,有关保险险别的规定有所变化。根据 INCOTERMS® 2010 的规定,CIF 和 CIP 术语下,卖方只需投保平安险或 ICC(C)等最低险别;而 INCOTERMS® 2020 对 CIP 术语下卖方投保险别的要求进行了修订,即卖方须投保 ICC(A)或其他类似条款。因此,买卖双方在签订合同保险条款时应明确规定相应险别,避免不必要的争议纠纷。

(三) 保险金额

保险金额(amount insured)是指一个保险合同项下保险公司承担赔偿或给付保险金责任的最高限额,即投保人对保险标的的实际投保金额,是保险公司收取保险费的计算基础。在 CIF 或 CIP 贸易术语下,保险金额关系到卖方的费用负担和买方的切身利益,因此,买卖双方有必要将保险金额在合同中具体订明。根据保险市场的习惯做法,保险金额一般都是按 CIF 价或 CIP 价加成计算,即按发票金额再加一定的百分率,习惯上按 CIF 价或 CIP 价的110%投保。如果买方要求保险加成率过高,卖方应同有关保险公司商妥后方可接受。

(四) 保险单据

保险单据(insurance documents)是保险人与被保险人之间订立保险合同的书面证明,主要载明保险合同双方当事人的权利、义务及责任。进出口业务中涉及的保险单据主要包括保险单、保险凭证、预约保单、保险批单等。如果国际货物买卖合同规定由卖方办理保险,通常也会规定卖方必须向买方提交保险单据。此外,保险条款中还会规定保险单据的类型以及保险单据所应显示的内容。

二、规定保险条款的注意事项

(一) 规定保险条款应具体、明确

保险条款是国际货物买卖合同的重要组成部分,为明确买卖双方的投保责任和保险费用负担,进出口双方在商订保险条款时,在 CIF 或 CIP 贸易术语下,应详细列明投保人、投保险别、保险金额的确定方法以及按什么保险条款投保,应注意避免使用"通常险""惯常险"或"海运保险"等笼统的规定方法;在 EXW、FCA、CPT、FAS、FOB、CFR 等贸易术语下,如果买方委托卖方代为办理保险,合同应明确规定办理保险的费用及风险应由买方承担,避免不必要的争议纠纷。

(二) 保险条款的规定应与合同其他条款保持一致

国际货物买卖合同中保险条款的规定应与合同其他条款保持一致,尤其应与价格条款中的贸易术语保持一致。以最常使用的 FOB、CFR、CIF 三种贸易术语为例,在 FOB 和 CFR 贸易术语下,对外报价中不含保费,保险条款通常不应规定由卖方投保,卖方提交的结汇单据中也不应包含保险单据;而在 CIF 贸易术语下,对外报价中含有保费,保险条款应详细规定由卖方投保、保险金额、投保何种险别以及相应的保险条款。

三、保险条款示例

国际货物买卖合同中保险条款的规定具体示例如下:

示例1:

Insurance: To be covered by the Buyers. (保险由买方办理。)

示例2:

Insurance: To be covered by the Sellers for 110% of the invoice value against All Risks and War Risks as per or subject to Ocean Marine Cargo Clause of the People's Insurance Company of China dated Jan. 1, 1981. (由卖方按发票金额的110%投保一切险加战争险,以1981年1月1日中国人民财产保险股份有限公司海洋运输货物保险条款为准。)

示例3:

Insurance Policy for 110% of the invoice value, blank endorsed, indicating that the risks are covered at least between Main port in Brazil and Lianyungang Port showing claims payable in China, in the currency of the draft, covering All risks, War risk.（保险单,保险金额为发票金额的110%,空白背书,保险保障范围至少涵盖从巴西主要港口至连云港,显示以汇票货币在中国进行赔付,投保一切险、战争险。）

任务八 支付条款

一、支付条款的主要内容

支付条款是国际货物买卖合同中的主要条款,关系买卖双方的资金周转和融通、结算风险和费用的负担,是影响买卖双方经济利益的关键问题。根据《联合国国际销售合同公约》的规定,买方必须按照合同及公约的规定支付货物价款,买方支付价款的义务包括根据合同或任何有关法律和规章规定的步骤和手续。根据《中华人民共和国民法典》的规定,买受人应当按照约定的数额、支付方式、支付地点和时间支付价款。可见,支付条款关系进出口双方的权利和义务,在订立该条款时,有关当事人务必认真对待、慎重考虑。

国际货物买卖合同的支付条款主要包括支付方式、支付工具、支付时间等内容。采用的支付方式不同,合同中支付条款的具体内容也有所差别。如果买卖双方约定采用汇付方式结算,合同中支付条款通常包括汇付的方式、汇付的金额以及货款汇至卖方的时间,其中汇付的方式主要有电汇（telegraphic transfer,T/T）、信汇（mail transfer,M/T）和票汇（remittance by banker's demand draft,D/D）三种,目前电汇方式应用最为广泛。如果买卖双方约定采用托收方式结算,合同中支付条款通常包括交单的条件、买方承兑和付款的责任以及付款的期限等内容。如果买卖双方约定采用信用证方式结算,一般会在支付条款中就开证时间、开证银行、信用证的受益人、信用证类型、付款期限以及到期日等作出明确规定。

二、规定支付条款的注意事项

（一）规定支付条款应明确、具体

支付条款是关系到买卖双方权利和义务的关键条款,详细规定支付条款有利于明确买方应于何时、何种方式履行其付款义务,有利于合同的顺利履行以及争议纠纷的解决。例如,在信用证结算方式下,买卖双方应在合同中列明信用证开立的时间,合同签订后,买方应按照约定及时申请开立信用证,临近约定时间,卖方也可向买方作出提醒,催促买方尽快开立信用证以便卖方及时备货以及安排后续业务,如果买方未按约定时间开立信用证,即根本性违约,卖方有权提出损害赔偿。此外,如果采用信用证结算方式,买卖双方还应在合同中约定信用证的付款期限,付款期限的长短将影响卖方的收汇速度以及资金周转,因此需要在合同中详细列明。

（二）选择支付方式应慎重

对国际货物买卖中的进出口商而言,不同的支付方式各有利弊优劣。因此,在实际业务

中,进出口商应针对不同国家(地区)、不同客户、不同交易的具体情况全面衡量、取长补短、趋利避害,力求做到既能达成交易,又能维护企业的权益,最终达到确保外汇资金安全,加速资金周转,扩大贸易往来的目的。

选择支付方式时,进出口商应着重考虑安全问题,客户信用、交易商品市场行情、运输单据属性等是影响交易安全的关键因素,具体如下:

(1) 国际货物买卖合同能否顺利圆满地得到履行,客户的信用度是决定性的因素。因此,进出口商要在出口业务中做到安全收汇,在进口业务中做到安全用汇,即安全收到符合合同的货物,就必须事先做好对客户的信用调查,以便根据客户的具体情况,选用适当的结算方式。若与信用不是很好或者初次合作的客户进行交易时,进出口商应选择风险较小的方式,如在出口业务中一般可采用跟单信用证结算方式,也可争取以预付货款方式支付。若与信用良好的客户交易时,由于风险较小,进出口商就可选择手续比较简单、费用较少的支付方式,如在出口业务中可以采用付款交单的托收方式。

(2) 交易商品的市场行情也是影响支付方式选择的重要因素。一般而言,在交易商品畅销时,卖方可以选择对自己更有利的支付方式;而成交商品滞销或者市场竞争激烈时,卖方在支付方式选择上可能要作出让步,否则可能难以达成交易。

(3) 运输单据的属性也会影响支付方式的选择。如果运输单据是具有物权凭证属性的海运提单或是可转让的多式联运单据,在单据交付给进口商之前,出口商能控制物权,因此适合采用信用证和托收方式结算货款。

三、支付条款示例

(一) 汇付方式下支付条款示例

在国际贸易中,汇付方式通常用于预付货款和货到付款。如果采用汇付结算方式,合同中通常会列明汇付的时间、汇付的方式以及汇付的金额。汇付方式下支付条款具体示例如下:

示例1: The Buyers shall pay 100% of the sales proceeds in advance by T/T to reach the Sellers not later than Oct. 10, 2017. (买方应不迟于2017年10月10日将100%的货款以电汇预付至卖方。)

示例2: The Buyers should pay 100% of the contract value by T/T upon the receipt of the original bills of lading sent by the Sellers. (买方应在收到卖方寄交的正本提单后立即将100%的货款以电汇付交卖方。)

(二) 托收方式下支付条款示例

根据托收时是否向银行提交货运单据,托收分为光票托收和跟单托收。在进出口贸易中,光票托收通常用于收取货款的尾数、佣金、样品费等小额款项,而主要货款的收取主要采用跟单托收。根据向进口商交单条件的不同,跟单托收又分为付款交单(documents against payment,D/P)和承兑交单(documents against acceptance,D/A)。根据付款时间的不同,付款交单又可分为即期付款交单(D/P at sight)和远期付款交单(D/P after sight)。即期付款交单、远期付款交单和承兑交单方式下,合同支付条款规定具体示例如下:

示例1: Upon first presentation the Buyers shall pay against documentary draft drawn by the Sellers at sight. The shipping documents are to be delivered against payment only. (买方凭卖方开具的跟单汇票于见票时立即付款,付款后方可获取运输单据。)

示例2: The Buyers shall duly accept the documentary draft drawn by the Sellers at 30 days after sight upon first presentation and make the payment on its maturity. The shipping documents are to be delivered against payment only. (买方对于卖方开具的见票后30天付款的跟单汇票,于提示时立即承兑,并应于汇票到期日即予付款,付款后方可获取运输单据。)

示例3: The Buyers shall duly accept the documentary draft drawn by the Sellers at 45 days after sight upon first presentation and make the payment on its maturity. The shipping documents are to be delivered against acceptance. (买方对于卖方开具的见票后45天付款的跟单汇票,于提示时立即承兑,并应于汇票到期时即予付款,承兑后即可获取运输单据。)

(三) 信用证方式下支付条款示例

信用证方式下,国际货物买卖合同的支付条款通常包括开证时间、开证银行、信用证的受益人、信用证类型、付款期限以及到期日等内容。信用证方式下支付条款规定具体示例如下:

示例1: The Buyer shall open through a bank acceptable to the Seller an Irrevocable Letter of Credit payable at sight to reach the Seller 30 days before the month of shipment, valid for negotiation in China until the 15th day after the date of shipment. (买方通过一家卖方可接受的银行于装运月份30天前开立不可撤销即期信用证并送达卖方,至装运日后15天在中国议付有效。)

示例2: The Buyer shall issue an irrevocable L/C at 30 days after sight through a bank acceptable to the Seller in favour of the Seller prior to Jun. 15, 2022 indicating L/C shall be valid in China through negotiation within 21 days after the shipment effected. The L/C must mention the contract number. (买方应在2022年6月15日前,通过卖方可接受的银行,开立以卖方为受益人的见票后30天付款的不可撤销信用证,信用证应在装运后21天内在中国议付有效。信用证必须注明合同编号。)

(四) 混合方式下支付条款示例

由于不同的支付方式各有利弊,买卖双方承担的风险和资金的负担各不相同,为了取长补短、权衡利弊,在实际进出口业务中,同一笔交易有时会使用两种或两种以上结算方式。混合方式下支付条款规定具体示例如下:

示例1: 50% of the invoice value is paid by irrevocable L/C, while the remaining 50% will be paid against D/P at sight. The full set of the shipping documents shall be accompanied by collection and shall only be released after payment of total invoice value. If the importer fails to pay full invoice value, the shipping documents shall be held by the issuing bank at exporter's disposal. (发票金额的50%通过不可撤销的信用证支付,其余50%采用即期付款交单支付。全套货运单据应随附托收项下,且仅在付清全部货款后交付。如果进口商未能支付全部发票金额,则货运单据应由开证行保存,听候出口商处置。)

示例 2: The Buyer shall pay 10% of the sales proceeds in advance by T/T within 10 days after the signing of the contract and open through a bank acceptable to the Seller an Irrevocable Letter of Credit payable at sight for 90% of the sales proceeds to reach the Seller by the end of January 2023 valid for negotiation in China until the 15th day after the date of shipment. (买方应在合同签订后10天内以电汇方式预付货款的10%,并通过卖方可接受的银行开立一份不可撤销的即期信用证,该信用证应于2023年1月底前开至卖方,金额为货款的90%,装运日后15天内在中国议付有效。)

任务九 其他条款

一、商品检验条款

商品检验条款直接关系买卖双方的权利和义务,交易双方应就商品检验的有关问题在国际货物买卖合同中作出明确、具体的规定。商品种类和特性不同,合同中的检验条款会有所差异,但通常都包括有关检验权的规定、检验时间和地点、检验机构、检验项目和检验证书等。合同中检验条款具体示例如下:

示例: It is mutually agreed that the Certificate of Quality and Weight (Quantity) issued by the Customs of the People's Republic of China at the port/place of shipment shall be part of the documents to be presented for negotiation under the relevant L/C. The Buyer shall have the right to reinspect the quality and weight (quantity) of the cargo. The reinspection fee shall be borne by the Buyer. (交易双方一致同意中华人民共和国海关在装运港/地签发的品质和重量(数量)证书应作为相关信用证项下议付单据之一。买方有权对货物的质量和重量(数量)进行复验。复验费用由买方承担。)

二、索赔条款

为了在索赔与理赔工作中有所依据,买卖双方一般会在国际货物买卖合同中订立索赔条款,索赔条款通常包括异议与索赔条款、罚金条款等。异议与索赔条款主要针对卖方交货质量、数量或包装不符合合同规定的情况而订立的,主要包括索赔的依据和期限等;罚金条款更多用于卖方延期交货或买方延期接货或延期支付货款的场合,通常在合同中规定罚金的数额或罚金的百分率。合同中索赔条款具体示例如下：

示例1：Should the quality and/or weight (quantity) be found not in conformity with that of the contract, the Buyer is entitled to lodge with the Seller a claim which should be approved by survey reports issued by a recognized surveyor approved by the Seller. The claim, if any, shall be lodged within ... days after arrival of the cargo at the port/place of destination.（如果发现质量和/或重量（数量）与合同不符，买方有权向卖方提出索赔，但须提供卖方同意的公证机构出具的检验报告。如有索赔，应在货物到达目的港/地后××天内提出。）

示例2：Any claim by the Buyer regarding the goods shipped should be filed within ... days after the arrival of the goods at the port/place of destination specified in the relative Bill of Lading and/or transport document and supported by a survey report issued by a surveyor approved by the Seller. Claims in respect of matters within responsibility of insurance company, shipping company/other transportation organization will not be considered or entertained by the Seller.（买方对于装运货物的任何索赔，必须于货物到达相关提单和/或运输单据中所列目的港/地后××天内提出，并提供卖方同意的公证机构出具的检验报告。属于保险公司、轮船公司或其他运输机构责任范围的索赔，卖方将不予受理。）

示例3：Should the Buyer for its own sake fail to open the letter of credit on time stipulated in the contract, the Buyer shall pay a penalty to the Sellers. The penalty shall be charged at the rate of ... % of the amount of the Letter of Credit for every ... days of delay in opening the Letter of Credit, however, the penalty shall not exceed ... % of the total value of the Letter of Credit which the Buyer should have opened. Any fractional days less than ... days shall be deemed to be ... days for the calculation of penalty. The penalty shall be the sole compensation for the damage caused by such delay.（如果买方因自身原因未能按合同规定的时间开立信用证，买方应向卖方支付罚金。罚金应按每延迟××天开立信用证收取信用证金额的××％，不足××天者按××天计算，但罚金不得超过买方应开信用证金额的××％。该罚金仅作为因迟开信用证引起的损失赔偿。）

示例4：Should the Sellers fail to make delivery on time as stipulated in the contract, the Buyers shall agree to postpone the delivery on the condition that the Sellers agree to pay a penalty which shall be deducted by the paying bank from the payment under negotiation, or by the Buyers direct at the time of payment. The rate of penalty is charged at 0.5% of the total value of the goods whose delivery has been delayed for every seven days, odd days less than seven days should be counted as seven days. But the total amount of penalty, however, shall not exceed 5% of the total value of the goods involved in the late delivery. In case the Sellers fail to make delivery ten weeks later than the time of shipment stipulated in the contract, the Buyers shall have the right to cancel the contract, and the Sellers, in spite of the cancellation, shall still pay the aforesaid penalty to the

Buyers without delay.(如果卖方未能按合同规定的时间交货,在卖方同意支付罚金的情况下,买方应同意延期交货,罚金应由付款银行从议付款项中扣除,或由买方在付款时直接扣除。罚金率为每七天收取延期交货部分总值的0.5%,不足七天者按七天计算。但罚金总额不得超过逾期交付货物总价值的5%。如果卖方延期交货超过合同约定期限十周时,买方有权撤销合同,且卖方仍须按上述规定向买方支付罚金。)

三、不可抗力条款

在国际货物贸易中,由于自然原因或社会原因引起的不可抗力事件,可能会导致合同无法履行或者无法顺利履行,在此情况下,按照国际贸易有关法律和惯例,可以免除合同当事人的责任。为了明确责任,在国际货物买卖合同中,一般都会约定此项免责条款,即不可抗力条款。不可抗力条款的内容主要包括不可抗力的范围、对不可抗力事件的处理原则和方法、不可抗力发生后通知对方的期限和方法,以及出具证明文件的机构等。不可抗力条款具体示例如下:

示例:If the shipment of the contracted goods is prevented or delayed in whole or in part by reason of war, earthquake, flood, fire, storm, heavy snow or other causes of Force Majeure, the Seller shall not be liable for non-shipment or late shipment of the goods of this Contract. However, the Seller shall notify the Buyer by teletransmission and furnish the latter within … days by registered airmail with a certificate issued by the China Council for the Promotion of International Trade attesting such event(s).(如果由于战争、地震、洪水、火灾、暴风雨、雪灾或其他不可抗力原因导致合同项下货物的全部或部分装运受阻或延迟,卖方对本合同货物的未装运或延迟装运不负有责任。但卖方须以电讯的方式通知买方,并在××天内通过航空挂号信向买方提供中国国际贸易促进委员会出具的证明此类事件的证明书。)

四、仲裁条款

国际货物贸易中的争议纠纷,如经友好协商与调解都未成功,而买卖双方当事人又不愿意诉诸法院,则可采用仲裁途径解决,仲裁已成为解决合同争议广泛采用的一种行之有效的重要方式。国际货物买卖合同中的仲裁条款一般包括仲裁地点、仲裁机构、仲裁规则、仲裁裁决的效力以及仲裁费用的负担等内容,具体示例如下:

示例:Any dispute arising from or in connection with this Contract shall be submitted to China International Economic and Trade Arbitration Commission for arbitration which shall be conducted in accordance with the Commission's arbitration rules in effect at the time of applying for arbitration. The arbitral award is final and binding upon both parties. (凡因本合同引起的或与本合同有关的任何争议,均应提交中国国际经济贸易仲裁委员会,按照申请仲裁时该会现行有效的仲裁规则进行仲裁。仲裁裁决是终局的,对双方均有约束力。)

把契约精神坚持到底 营造诚实守信商业环境

无论是中国企业,还是外国企业,都需要在竞合的新平台上谋求多赢的合作。

这是必然趋势,也已经为过去的实践经验所证明。一方面,即便近年来逆全球化有所抬头,疫情延宕,给全世界带来严峻挑战,中国仍然做到了连年对世界经济增长贡献率超过30%,成为全球经济发展的动力源;另一方面,开放的中国也同样需要外力,改革开放40多年来,外资外贸等成为经济社会快速发展的重要因素。

"我相信中外企业之间的商务合作会迎来更好的未来。"在2022年"3·15"国际消费者权益日到来之际,中国社科院国际法研究所国际经济法室主任刘敬东告诉记者,中外企业的良好合作,将为消费者提供更好技术、更低成本、更低价格的好产品,让消费者享受到更加美好的生活,而良好的合作一定是建立在平等合作、互利共赢的基础之上。

外企看重中国机遇

2022年伊始,中国经济"成绩单"让世界眼前一亮:过去一年,中国外贸额首破6万亿美元关口,GDP同比增长8.1%,实现较高增长和较低通胀的双重目标,这一成绩难能可贵。

早在2019年,IMF(国际货币基金组织)和世界银行就多次调低了对全球经济的增长预期,对于经济增长乏力的原因,IMF将其归纳为:贸易壁垒不断增加,贸易和地缘政治相关不确定性升高等。

疫情突然而至,令全球经济发展不得不接受更大的挑战。然而,在此背景下,中国经济韧性强、潜力足、长期向好的基本面却没有改变,中国为国际社会战胜疫情、世界经济稳定复苏注入强大信心和动力。作为全球供应链的主要参与者,中国成功保持了对国内外市场的供应稳定,保持着对其他国家高位的贸易往来,对稳定全球供应链发挥重要作用。

国外投资者更加看好中国,一些跨国企业在对自己的全球供应链和产业链进行调整时很快发现,企业的发展已经离不开中国带来的机遇。

根据商务部统计的数据,2021年中国引资规模再创历史新高,全国实际使用外资规模首次突破万亿元人民币,达到1.15万亿元,这是近10年来首次实现两位数增长,同比增速达到14.9%。2022年1月,全国实际使用外资金额1022.8亿元人民币,同比增长11.6%。

商务部外国投资管理司司长陈春江在2022年1月25日的新闻发布会上透露,商务部问卷调查显示,3 000多家重点外资企业中,94.9%的企业对未来经营前景总体持乐观态度。

施耐德电气全球执行副总裁、中国区总裁尹正提出,中国不只是施耐德电气全球第二大市场以及全球员工数量最多的国家,更是创新源泉。过去几年,施耐德在中国的研发投入每年增长15%以上,研发人员近3年内增加了近30%,新增人员中超过50%专注于数字化研发。

同样,中国也离不开世界。外资外贸及中外企业的诸多合作,是中国改革开放后经济社会快速发展的重要因素。改革开放40多年来,这已被证明取得了巨大成效,对我国产业升级、技术进步、经济增长、财税收入、扩大社会就业等发挥了重要作用。

纠纷多发冲击诚信

对海内外企业继续扩大开放态势,中国的态度是一以贯之,且通过各项改革的落地坚定推进。

"对外开放政策中国没有变也不会变,而且我们的外商投资法都有明确规定,要说变只会向有利于扩大开放、有利于投资贸易的方向发展。"2022年3月11日,李克强同志出席记者会并回答中外记者提问时表示,从总体上看,中国经济已深度融入世界。

刘敬东说,在中国成为世界第二大经济体之后,中国和外国企业之间的金融、贸易、投资等方面的合作大幅增加。

有合作,就免不了有争议。无论是早年的娃哈哈与达能之争,还是近年来的好声音版权纠纷及红牛商标权和合同争议,都提醒我们,要想让中外企业之间的合作更加紧密更加友好、营造良好的营商环境,就自然离不开对争议的有效防范与妥善解决。

在刘敬东看来,近些年来,由于单边主义和保护主义甚嚣尘上,逆全球化的现象越来越严重,给全球商事主体开展合作带来了巨大的风险和困难。

尤其是受到疫情冲击的影响,各国都在追求供应链的自主可控与安全稳定,鼓励企业内向化发展,世界经济出现逆全球化趋势。逆全球化趋势打破了以往企业合作共赢、共同做大做强的发展格局,转而进入到一种零和博弈的局面中。违背契约的情况可能会进一步增加。

这也让契约精神被再次强调。"个别企业不注重契约精神,会产生风险外溢,降低交易效率。"中国人民大学商法研究所所长刘俊海分析说。为此,他提出内外资企业都要重信守义,把契约精神坚持到底。

刘敬东指出,重信守义是中华民族的文化传统,也是中国自立于世界民族之林的重要文化基因。多年来,经过中国政府的不懈努力,中国的市场诚信环境已获得巨大改善,获得外国的投资者和合作伙伴广泛认可。中外合作者应在合作中坚持诚信原则,信守合同和商业规则,共同营造诚实守信的商业环境。

加强企业合规管理

契约精神之外,法治仍然是最可靠的后盾,刘敬东认为,法治会为全球经贸合作提供稳定性和可预见性的基本保障。

毫无疑问,商业合作以双方的商业获益为目标,但并不存在毫无风险的商业利益。业内人士指出,企业在合作中应注意开展平等协商,且以规则为导向,运用法律手段,最大限度地避免风险,以共同赢得最大利益。

刘俊海认为,商业合作应当坚持地位平等、互利共赢、诚实信用、包容互惠的基本原则,一方面要追求双方的共同核心利益,另一方面要提取双方利益的最大公约数,共同应对潜在的挑战。

"共度时艰,共担风险,休戚与共,不仅仅是合同法和契约精神的要求,也符合商事习惯和商业伦理,这都是可持续健康合作的基石。"刘俊海说,在优化国际化、全球化的营商环境中,强调中外企业共担风险、共享利益、共度时艰,非常重要。

中国法学会副会长、中国政法大学原校长黄进认为,在国际经济贸易交往中,要坚持用法治的思维和方式来处理各种问题。企业要重视法治,用法律的武器来处理商事关系,维护自身的合法权益。

在黄进看来,在合作中,企业要用合同来依法保障自己的权利,也要履行自己应尽的义务,所以要注意合规管理,防止风险发生,特别是在国际形势风云变化的情况下,更应该高度重视规避风险;"企业在国际交往中,首先要把合同订好,规避风险,明确双方的权利义务,不要留下隐患。而一旦签订了合同,就要坚守契约精神,严格履行合同。"

"相当多涉外企业在合规管理方面还并不完善,尤其在知识产权、税法、环保法等方面缺乏规则意识,较易出现商业纠纷。"在2022年全国两会上,全国政协委员、内蒙古大学法学院教授鄂晓梅就提交了关于构建完善涉外企业对接国际经贸规则与标准服务保障机制的提案,建议国家相关部门有计划地提升涉外企业法律意识,构建完善涉外企业对接国际经贸规则与标准的服务保障机制。

资料来源:法治网。

(http://www.legaldaily.com.cn/Finance_and_Economics/content/2022-03/15/content_8687887.html.)

思考:外贸企业如何有效防范争议纠纷?

项目实训

项目实训一：进出口成本核算与预算

商品信息如图表 3-6 所示。

图表 3-6　商品信息一览表

商品编号：	21002
商品名称(中文)：	挂式空调
商品名称(英文)：	HANGING AIR-CONDITIONER
包装方式：	1SET/CARTON
商品属类：	电器
H.S.编码：	8415102100
销售单位：	SET 套
包装单位/包装种类：	CARTON(纸箱)
毛重(kg)/CTN：	48
净重(kg)/CTN：	43
体积(cbm)/CTN：	0.145
报价数量：	100 套

核算数据：

进口商 CIF 报价：380 美元/套

采购成本：2 260 元人民币/套(含增值税)

出口费用：内陆运费率为 60 元人民币/立方米

　　　　　商检费用 200 元人民币/次

　　　　　报关费用 200 元人民币/次

　　　　　件杂货/拼箱海运费率：USD80.00/运费吨(计费标准"W/M")

　　　　　海运货物保险费率：1%

　　　　　投保加成率：10.00%

　　　　　银行手续费率：0.35%(按报价计)

　　　　　其他费用：主要为公司综合费用,费率为 5%(按报价计)

　　　　　增值税税率：13.00%

　　　　　出口退税率：13.00%

　　　　　汇率：(1 美元兑换人民币)￥6.70

根据上述材料填写图表 3-7,如果出口企业的预期利润率为 10%,是否接受进口企业的报价?

图表 3-7 出口预算表

预算项目	具体栏目	预算金额	实际发生金额
收入	出口合同总金额		
成本	进货成本		
	退税收入		
	＊实际采购成本		
费用	内陆运费		
	商检费用		
	报关费用		
	出口关税		
	海洋运费		
	保险费		
	银行费用		
	其他费用		
	＊费用合计		
利润	收入－成本－费用		

项目实训二：销售合同的填制

根据下面提供的资料，草拟一份销售确认书，填写图表 3-8。

卖方：

YANTAI BLUESTAR IMP. & EXP. CORPORATION

123 HUANSHAN ROAD，YANTAI，CHINA

买方：

GENERAL TRADING COMPANY

ZP2280，SUNFLOWER ROAD，NEW YORK，U.S.A.

商品名称：男式衬衫(DYED MEN'S SHIRTS)

商品规格：含棉 80％，聚酯纤维 20％(COTTON 80％，POLYESTER 20％)

数量：共 800 打，其中白色 300 打、黑色 300 打、灰色 200 打

单价：每打 70 美元 CIF New York

包装：纸箱装，每箱 5 打，共 160 箱。卖方应用不褪色的颜料在每个箱子外部刷上箱号、毛重、净重、尺寸，并注明"小心轻放"。

装运期：最迟于 2022 年 4 月 10 日装运，可转运，不可分批。

付款条件：不可撤销即期信用证

合同号码：ST202204

保险：由卖方投保一切险和战争险

图表 3-8 销售确认书

销售确认书
SALES CONFIRMATION

卖方
THE SELLERS:

编号 NO.:
日期 DATE:
地点 SIGNED IN:

买方
THE BUYERS:

买卖双方同意以下条款达成交易:
This contract is made by and agreed between the Buyers and the Sellers, in accordance with the terms and conditions stipulated below.

1. 品名及规格 Commodity & Specification	2. 数量 Quantity	3. 单价及价格条款 Unit Price & Trade Terms	4. 金额 Amount
Total:			

允许　　溢短装,由卖方决定
With　　More or less of shipment allowed at the Sellers'option

5. 总值
Total Value
6. 包装
Packing
7. 唛头
Shipping Marks
8. 装运期及运输方式
Time of Shipment & Means of Transportation
9. 装运港及目的地
Port of Loading & Destination
10. 保险
Insurance
11. 付款方式
Terms of Payment
12. 备注
Remarks

The Buyers　　　　　　　　　　　　　　　　　　　　The Sellers
(signature)　　　　　　　　　　　　　　　　　　　　(signature)

课 堂 测 试

班级_____ 姓名_____ 学号_____ 日期_____ 得分_____

一、单项选择题(每小题 3 分,共 15 分)

1. 关于国际货物买卖合同的特点,下列各项中说法正确的是( )。
   A. 交易双方当事人的营业地可处于同一个国家
   B. 国际货物买卖合同的标的物是货物
   C. 国际货物买卖合同的性质为财产租赁
   D. 国际货物买卖合同的标的物包括服务

2. 关于国际货物买卖合同的形式,下列各项中说法正确的是( )。
   A. 只能采用书面形式
   B. 书面形式的合同与口头形式的合同法律效力不同
   C. 买卖双方约定采用书面形式的合同,应当采用书面形式
   D. 书面形式的合同只有合同和确认书两种类型。

3. 以下内容不属于合同主体部分的是( )。
   A. 商品名称   B. 商品价格   C. 支付条款   D. 合同签订时间和地点

4. 如果采用 CFR 条件成交,国际货物买卖合同中保险条款的规定通常为( )。
   A. TO BE COVERED BY THE SELLER
   B. TO BE COVERED BY THE BUYER
   C. TO BE COVERED BY THE SELLER FOR 110% OF INVOICE VALUE AGAINST ALL RISKS
   D. TO BE EFFECTED BY THE

5. 如果国际货物买卖合同中支付条款规定"BY IRREVOCABLE L/C PAYABLE AT SIGHT TO REACH THE SELLER NOT LATER THAN JAN. 15, 2023 VALID FOR NEGOTIATION UNTIL THE 15TH DAY AFTER THE DATE OF SHIPMENT",下列各项中说法正确的是( )。
   A. 应由卖方申请开立不可撤销信用证
   B. 应开立不可撤销即期信用证
   C. 开立的信用证有效期应为 2023 年 1 月 15 日
   D. 装运之后 15 天以上时间,卖方仍可交单议付

二、多项选择题(每小题 5 分,共 25 分)

1. 国际标准化组织推荐的标准唛头应包括的内容有(　　)。
   A. 收货人的简称　　　　　　　B. 目的港(地)
   C. 箱号或件号　　　　　　　　D. 参考号(合同号、订单号等)
   E. 原产地

2. 国际货物买卖合同中单价条款通常包括(　　)。
   A. 计量单位　　　　　　　　　B. 佣金率
   C. 单位价格　　　　　　　　　D. 贸易术语
   E. 计价货币

3. 如果国际货物买卖合同装运条款规定"Shipment during MAR./APR. in two equal lots with transshipment not allowed",下列各项中说法正确的有(　　)。
   A. 装运期为 3 月和 4 月　　　　B. 分两批,每批等量
   C. 分两月,每月等量　　　　　　D. 允许分批,不允许转运
   E. 允许转运,不允许分批

4. 如果国际货物买卖合同支付条款规定"50% of the invoice value is paid by irrevocable L/C, while the remaining 50% will be paid against D/P at sight. The full set of the shipping documents shall be accompanied by collection and shall only be released after payment of total invoice value. If the importer fails to pay full invoice value, the shipping documents shall be held by the issuing bank at exporter's disposal.",下列各项中说法正确的有(　　)。
   A. 该合同采用信用证和托收相结合的结算方式
   B. 货运单据随附在信用证项下
   C. 货运单据随附在托收项下
   D. 即使进口商未支付所有款项,也可以获得货运单据
   E. 进口商只有支付了所有款项方可获得货运单据

5. 如果国际货物买卖合同保险条款规定"to be covered by the sellers for 110% of invoice value against All Risks and War Risks as per CIC of PICC dated1981/01/01",下列各项中说法正确的有(　　)。
   A. 该合同项下货运保险投保人为买方
   B. 该合同项下保险金额为发票金额的 110%
   C. 该合同项下投保险别应为一切险和战争险
   D. 该合同项下贸易术语一般为 CIF 或 CIP
   E. 该合同项下保险人为卖方

三、贸易术语翻译(每小题 1 分,共 20 分)

1. 销售合同
2. 商品名称
3. 单价
4. 总金额
5. 运输标志
6. 纸箱
7. 集装箱
8. 装运港
9. 目的港
10. 分批装运
11. 转运
12. 平安险
13. 水渍险
14. 一切险
15. 电汇
16. 付款交单
17. 承兑交单
18. 信用证
19. 不可抗力
20. 仲裁

四、销售合同阅读题(每小题 4 分,共 40 分)

SALES CONTRACT

BUYER: HAZZE AB HOLDING
          BOX 1237, S-111 21 HUDDINGE, SWEDEN

NO. AD13007
DATE: MAR. 16, 2021
SIGNED AT: SHANGHAI, CHINA

SELLER: SHANGHAI ANDYS TRADING CO., LTD.
           NO. 126 Wenhua Road, Shanghai, China

This Contract is made by the Seller; whereby the Buyers agree to buy and the Seller agrees to sell the undermentioned commodity according to the terms and conditions stipulated below:

Commodity & specification	Quan.	Unit price	Amount
Gas Detectors ART NO. BX616 ART NO. BX319	50pcs 50pcs	CIF STOCKHOLM USD380.00/pc USD170.00/pc	USD19 000.00 USD8 500.00
Total	100pcs		USD27 500.00
Total Amount: SAY U.S. DOLLARS TWENTY SEVEN THOUSAND AND FIVE HUNDRED ONLY			

PACKING: In Carton.
SHIPPING MARKS: HAZZE
                     AD13007
                     STOCKHOLM, SWEDEN
                     NOS. 1-UP
TIME OF SHIPMENT: During July, 2021.
PLACE OF LOADING AND DESTINATION: From Shanghai, China to Stockholm, Sweden with partial shipment prohibited and transshipment allowed.
INSURANCE: To be covered by the Seller for 110% of invoice value against All Risks as per CIC of PICC.
TERMS OF PAYMENT: By irrevocable L/C at sight which should be issued before May 31, 2021, valid for negotiation in China for further 15 days after time of shipment.

DOCUMENTS：
+Signed commercial invoice in 3 copies.
+Full set (3/3) of clean on board ocean Bill of Lading marked "Freight Prepaid" made out to order blank endorsed notifying the applicant.
+Insurance Policy.
+Packing List in 3 copies.
+Certificate of Origin issued by China Chamber of Commerce.

根据销售合同，回答下列问题。

1. 此合同项下所使用的贸易术语是（　　）。
   A. FOB   B. CFR   C. CIF
2. 该合同项下负责办理保险的是（　　）。
   A. SHANGHAI ANDYS TRADING CO., LTD.
   B. HAZZE AB HOLDING
   C. BANK OF CHINA
3. 该合同规定的最迟装运期为（　　）。
   A. 20210316   B. 20210731   C. 20210531
4. 该合同项下是否允许转运（　　）。
   A. 允许   B. 禁止   C. 不确定
5. 货物的卸货港是（　　）。
   A. SHANGHAI PORT   B. TIANJIN PORT   C. STOCKHOLM PORT
6. 该合同中包装条款没有提及（　　）。
   A. 包装方式   B. 包装标志   C. 包装材料
7. 该合同项下采用的结算方式为（　　）。
   A. 远期信用证   B. 即期信用证   C. 付款交单
8. 该合同项下汇票的出票人是（　　）。
   A. SHANGHAI ANDYS TRADING CO., LTD.
   B. HAZZE AB HOLDING
   C. BANK OF CHINA
9. 假设保费率为1%，该合同项下保费为（　　）。
   A. 275美元   B. 302.5美元   C. 577.5美元
10. 该合同项下提单的运费标记为（　　）。
    A. 运费预付   B. 运费到付   C. 不确定

项目四　信用证业务操作

知识导航

信用证业务操作
- 信用证业务认知
  - 信用证的定义与作用
  - 信用证的特点
  - 信用证的分类
  - 信用证业务的流程
- 信用证的开立
  - 信用证开立的方式
  - 开证申请书的主要内容
  - 开立信用证的注意事项
- 信用证的审阅
  - 信用证的阅读
  - 信用证的审核
- 信用证的修改
  - 信用证修改的业务流程
  - 改证函的主要内容
  - 信用证修改申请书的填制
  - 信用证修改的注意事项

学习目标

1. 了解信用证业务的特点
2. 熟悉信用证业务的流程
3. 掌握开证申请书的填写
4. 掌握信用证审核的要点
5. 掌握改证函的书写以及信用证修改申请书的填写

导入案例

烟台蓝星进出口公司(以下简称蓝星公司)和巴西吉特公司(以下简称吉特公司)于2020年3月15日签订了一份出口一批300 W太阳能电池板的合同,付款方式为议付信用证,合同规定交货日期为2020年4月30日,3月23日收到吉特公司开来的信用证,信用证上显示装运期为2020年5月30日。蓝星公司于是在5月15日装船,随后向议付行提交单据并顺利结汇。6月20日,吉特公司来函要求因迟装船的索赔,称卖方违反合同交货期的约定,迟装船15天,应赔偿货款总额的1.5%。蓝星公司据理力争,认为吉特公司开来信用证明确规定最迟装运期是2020年5月30日,于5月15日装船完全符合信用证的规定,不存在违约,双方争执不下,遂提交仲裁。仲裁庭认为尽管信用证基于合同开立,但信用证独立于基础合同而存在,买方在信用证中对交货期等主要条款的修改,应该视为对买卖合同的修改,卖方未对信用证提出异议,即表示默认接受此项修改,合同条款因此而改变,所以卖方不存在违约,驳回买方的索赔请求。

思考:信用证与合同的关系如何?进口商在申请开立信用证时应注意哪些问题?

任务一 信用证业务认知

一、信用证的定义与作用

(一) 信用证的定义

在国际贸易业务中,信用证(letter of credit,L/C)通常是指由开证行(进口地银行)依照开证申请人(进口商)的要求和指示开立,在符合信用证条款的条件下,凭规定单据向受益人(出口商)或其指定银行进行付款的书面文件。简言之,信用证是一种银行开立的有条件的付款保证文件。

通常在下列情形下,买卖双方会选用信用证结算方式。

(1) 买卖双方希望对彼此的行为进行一定约定以提升贸易的可信度。在国际贸易业务中,买卖双方可能互不信任,买方担心预付款后,卖方不按合同要求发货;卖方也担心在发货或提交货运单据后买方不付款。选用信用证结算方式,买方需要缴纳一定比例的保证金,开证行才会开立信用证;而卖方需要提交符合信用证规定的单据方可获得信用证项下的款项。以银行信用代替商业信用,可以促进交易的达成。

(2) 交易商品处于卖方市场,且卖方坚持使用信用证方式进行结算。交易的商品在国际市场上较为畅销,卖方在商定合同交易条款时更有话语权,就会倾向于选用信用证或者其他更有利于卖方的结算方式。

(3) 买卖双方流动资金不充裕,有使用贸易融资的打算。在信用证结算方式下,买方前期无须提前预付大量的货款,只需交付少量的保证金,而卖方可以从银行办理信用证项下货物采购、生产和装运的专项贷款,有效解决了贸易融资问题。

(二) 信用证的作用

在国际贸易业务中,选用信用证结算方式,对于交易双方而言,具有以下作用。

1. 改善进口商的谈判地位

开立信用证相当于为出口商提供了商业信用以外的有条件付款承诺,增强了进口商的信用,在交易磋商中进口商可据此争取到比较优惠的货物价位。

2. 降低出口商的收汇风险

只要出口商能提交符合信用证规定的单据,就可以顺利结汇,变商业信用为银行信用,降低收汇风险,银行的介入可以使贸易本身更有保障。此外,通过信用证中的单据条款,开证行和进口商可以有效控制货权、装期以及货物质量。

3. 减少进口商的资金占压

对于使用授信开证的进口商来讲,在开证后到付款前可减少自有资金的占用。

二、信用证的特点

信用证之所以在国际贸易业务中被广泛接受,主要因为其具有以下特点。

(一) 开证行负首要付款责任

按照《跟单信用证统一惯例》的规定,在信用证业务中,开证行对受益人的付款责任是首要的、独立的。即使开证申请人事后丧失偿付能力,只要受益人提交的单据符合信用证条款,开证行也必须承担付款责任。这一特点的直观表现是信用证项下汇票的付款人与托收项下的汇票付款人是不同的,信用证项下汇票付款人通常为开证行或其指定的其他银行,而托收项下汇票的付款人为进口商。

(二) 信用证是一项自足文件

信用证是依据买卖合同开立的,但一经开立,即成为独立于买卖合同之外的契约。根据 UCP 600 的规定,信用证与可能作为其依据的销售合同或其他合同是相互独立的交易,即使信用证中提及该合同,银行亦与该合同完全无关,且不受其约束。信用证各当事人的权利和责任完全以信用证条款为依据,不受买卖合同的约束。因此,在信用证方式下,出口商制单和审单的首要依据是信用证而非合同。

(三) 信用证业务处理的是单据而非货物

在信用证业务处理中,开证行处理的只是单据,而非单据涉及的货物、服务或其他行为。开证行对卖方的付款责任仅以其提交的单据与信用证规定相符为条件,而对其货物品质、数量,甚至货物是否装运、单据是否伪造等概不过问。

三、信用证的分类

(一) 跟单信用证和光票信用证

根据是否随附货运单据,信用证可分为跟单信用证和光票信用证。

跟单信用证(documentary letter of credit)是指开证行凭跟单汇票或仅凭单据付款的信用证。其中,单据就是通常所说的结汇单据,主要包括商业发票、运输单据、保险单据、检验证书、原产地证明书、包装单据等。进出口业务中主要货款的收付使用的绝大部分是跟单信用证。

光票信用证(clean letter of credit)是指开证行仅凭受益人出具的汇票或简单收据付款的信用证,受益人无须提交货运单据。光票信用证主要用于进出口商之间从属费用的结算。

(二) 不可撤销信用证和可撤销信用证

根据开证行所承担的责任不同,信用证可分为不可撤销信用证和可撤销信用证。

不可撤销信用证(irrevocable letter of credit)是指信用证一经开出,在有效期内,未经受益人及有关当事人的同意,开证行不得随意修改或撤销信用证,只要受益人提供的单据符合信用证规定,开证行必须履行付款义务。这种信用证对受益人较有保障,在国际贸易中,使用最为广泛。凡是不可撤销信用证,在信用证中应注明"Irrevocable"(不可撤销)字样,并载有开证行保证付款的文句。

可撤销信用证(revocable letter of credit)是指在有效期内,开证行不必征得受益人或有关当事人的同意,可随意修改或撤销信用证。这种信用证对出口商极为不利,因此,出口商一般不接受这种信用证。凡是可撤销信用证,应在信用证上注明"Revocable"(可撤销)字样。

鉴于国际上开立的信用证绝大部分都是不可撤销的,因此,UCP 600 规定,信用证一经开立,即不可撤销。

(三)保兑信用证和不保兑信用证

根据是否有其他银行加具保兑,信用证可分为保兑信用证和不保兑信用证。

保兑信用证(confirmed letter of credit)是指开证行开立的信用证,由另一银行保证对符合信用证条款规定的单据履行付款义务。对信用证加以保兑的银行,称为保兑行(confirming bank)。保兑行一经保兑,即和开证行一样承担第一性付款责任,并且在其承付或议付信用证项下的交单后,对受益人无追索权。

不保兑信用证(unconfirmed letter of credit)开证行开立的信用证没有经另一家银行保兑。当开证银行资信较好和成交金额不大时,一般都使用这种不保兑信用证。

(四)即期信用证和远期信用证

根据付款时间的不同,信用证可分为即期信用证和远期信用证。

即期信用证(sight credit)是指开证行或付款行在收到受益人提交的符合信用证规定的单据后立即付款的信用证。这种信用证使出口方得以迅速收回货款,是国际贸易中最常见的一种信用证。

远期信用证(usance credit)是指开证行或付款行在收到受益人提交的符合信用证规定的单据时,并不立即付款,而是在信用证规定的付款期限到期时才进行付款。持这种信用证,出口方交单在先、收款在后,为进口方提供了资金融通的便利。

(五)议付信用证、即期付款信用证、延期付款信用证和承兑信用证

根据兑付方式的不同,信用证可分为议付信用证、即期付款信用证、延期付款信用证和承兑信用证。根据 UCP 600 的规定,任何一份信用证均须明确表示其适用于何种兑付方式。

议付信用证(negotiation letter of credit)是指开证行允许受益人向某一指定银行或任何银行交单议付的信用证。此类信用证上会标明"available by negotiation"(议付兑付)的字样。在单据符合信用证规定的条件下,议付行通常根据预计获得偿付的时间扣除利息以及相关手续费后,将款项垫付给受益人;如果无法从开证行处获得偿付,议付行(保兑行除外)可向受益人行使追索权。议付信用证在我国出口业务中应用最为普遍。

即期付款信用证(sight payment credit)是指付款行或开证行凭与信用证条款相符的交单立即付款的信用证。此类信用证上会注明"available by sight payment"(即期付款兑付)字样。即期付款信用证可以要求受益人出具以被指定付款行为付款人的即期汇票;在有些

国家规定票据须征收印花税,为逃避征税,通常不要求受益人开立汇票。

延期付款信用证(deferred payment credit)是注明"available by deferred payment"(延期付款兑付)字样的信用证。此类信用证不要求受益人出具远期汇票,而是在信用证中明确规定付款时间,只要受益人提交的单据符合信用证规定,付款行或者开证行应在指定的时间支付相应的款项。因此类信用证不使用远期汇票,受益人不能利用贴现市场资金,只能自己垫款或向银行借款。

承兑信用证(acceptance credit)是指开证行或指定银行对于受益人开立的远期汇票,在审单无误后,应承担承兑汇票并于到期日付款责任的信用证。此类信用证会注明"available by acceptance"(承兑兑付)的字样。

(六) 可转让信用证和不可转让信用证

根据受益人对信用证的权利可否转让,信用证分为可转让信用证和不可转让信用证。

可转让信用证(transferable credit)是指信用证的受益人(第一受益人)可以要求银行将信用证全部或部分转让给一个或数个受益人(第二受益人)使用的信用证。可转让信用证中必须注明"transferable"(可转让)字样。可转让信用证只能转让一次,即只能由第一受益人转让给第二受益人,第二受益人不得要求将信用证转让给其后的第三受益人,但可以转回给第一受益人。此类信用证通常用于间接贸易的情况,第一受益人往往是中间商,他将信用证转让给实际供货人,由后者办理装运手续,中间商从中间赚取差额利润。

不可转让信用证(non-transferable credit)是指受益人不能将信用证的权利转让给他人的信用证。根据 UCP 600 规定,一份信用证中如果没有明确规定可否转让,则该信用证为不可转让信用证。

四、信用证业务的流程

信用证类型不同,其收付程序的具体做法有所不同,但信用证业务的基本环节大致相同。由于议付信用证项下,议付行的付款具有追索权,在国内应用广泛。议付信用证的一般业务流程,如图表 4-1 所示。

(1) 进出口商签订买卖合同,约定采用信用证结算方式,同时规定信用证的类型、信用证开立的时间、有效期、兑付方式等内容。

(2) 开证申请人(进口商)根据合同内容填写开证申请书并缴纳保证金或提供其他保证,向开证行申请开证。

(3) 开证行根据申请书内容,向受益人(出口商)开出信用证并寄交出口商所在地通知行。

(4) 通知行核对信用证真伪后,将信用证交受益人。

(5) 受益人审核信用证内容与合同规定相符后,按信用证规定装运货物、备妥单据。

(6) 受益人在信用证规定的时间内,到指定的议付行办理议付。议付行按信用证条款审核单据无误后,扣除利息和手续费,把货款垫付给受益人。

图表 4-1 议付信用证业务流程

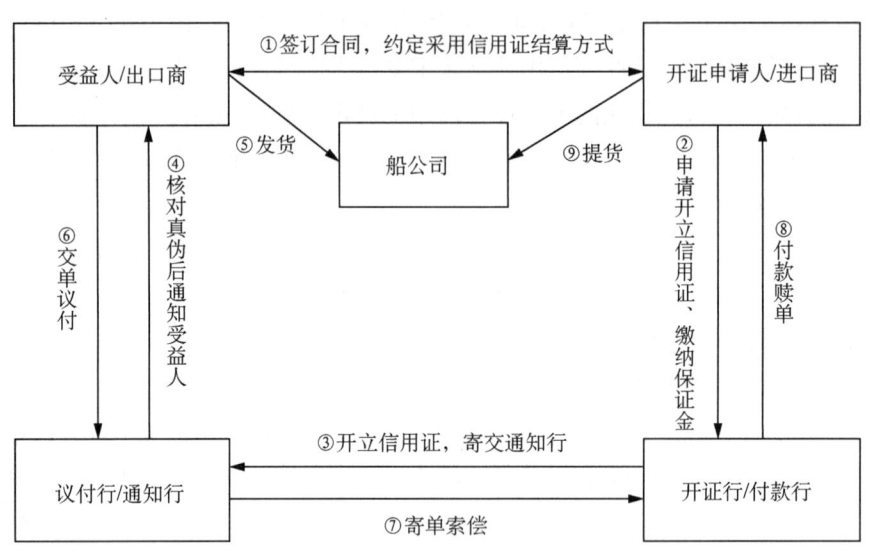

(7) 议付行将汇票和货运单据寄开证行或指定的付款行索偿。开证行核对单据无误后，付款给议付行。如果开证行发现单据存在不符点，将拒付信用证项下的款项，此时，议付行可向受益人追索其垫付的款项。

(8) 开证行通知开证申请人付款赎单。

(9) 进口商凭相关单据提取货物。

任务二 信用证的开立

如果买卖合同中支付条款规定采用信用证结算方式，在合同订立之后，进口商应按照合同规定的时间，在进口地寻找符合合同要求的银行开立信用证。

一、信用证开立的方式

信用证开立的方式有信开和电开两种。目前，信开信用证已经很少使用，通过电报、电传或 SWIFT 电文方式开立的信用证中又以 SWIFT 信用证为主。

SWIFT 是环球银行金融电信协会（Society for Worldwide Interbank Financial Telecommunication）的简称，该组织于 1973 年在比利时布鲁塞尔成立，因设有自动化的国际金融电讯网，成员银行可以通过该电讯网办理信用证、外汇买卖、证券交易、汇款、托收等业务。

目前，全球大多数国家或地区的大多数银行已使用 SWIFT 系统。SWIFT 的使用，为银行的结算提供了安全、可靠、快捷、标准化、自动化的通信业务，大大提高了银行的结算速度。

进口商在国内各大银行申请开立信用证的流程大致如下：

(1) 首次申请开立信用证，进口商需要提供营业执照等企业基本材料。如果进口商申请减免保证金或申请信用证开证额度,还需提供企业的财务信息、经营情况等资料。

(2)进口商向银行提供贸易合同以及其他可能需要的进口审批文件。

(3)进口商应根据合同内容准确填写开证申请书和开证申请人承诺书。

(4)进口商缴纳保证金以及开证手续费。通常保证金为开证金额的一定百分比,具体多少根据进口商的资信情况而定;开证手续费一般为开证金额的0.05%~1%,具体费率由银行根据业务风险等情况确定。

(5)开证行依据开证申请人填写的开证申请书开立信用证。

二、开证申请书的主要内容

开证申请人(进口商)在向开证行申请开证时必须填制开证申请书。开证申请书是开证申请人对开证行的付款指示,也是开证申请人与开证行之间的一种书面契约,它规定了开证申请人与开证行的责任,即开证行必须依据开证申请书开立信用证。如果开证行错误开立了信用证,导致的损失将由开证行负责;如果开证行对依据申请书开立的信用证项下的相符交单进行了兑付,开证申请人则应按照约定付款赎单。

一般情况下,开证申请书都由开证银行事先印就,以便申请人直接填制。开证申请书通常为一式两联,申请人除填写正面内容外,还须签具背面的开证申请人承诺书。开证申请书的主要内容如图表4-2所示。

(1)开证行(TO)栏应填写开证申请人提出开证申请的银行的名称。

(2)申请开证日期(Date)栏应填写开证申请人提出开证申请的时间。实际业务中,进口商应按照贸易合同支付条款规定的开证时间,及时申请开立信用证。例如,合同支付条款规定"BY L/C AT SIGHT TO REACH THE SELLER NOT LATER THAN JUNE 15,2022",那么进口商应及时到银行办理开证业务,保证2022年6月15日前将信用证开到卖方手中。

(3)信用证开立方式(Issue by…)栏应选择填写信用证开立的方式,具体如下:

① 以航空邮寄的形式开立信用证(issue by airmail):选择此种方式,开证行以航空邮寄方式将信用证寄给通知行。

② 以简电开的形式开立信用证(with brief advice by teletransmission):选择此种方式,开证行将信用证主要内容发电预先通知受益人,银行承担必须使其生效的责任,但简电本身并非信用证的有效文本,不能凭以议付或付款,银行随后寄出的"证实书"才是正式的信用证。

③ 以快件专递的形式开立信用证(issue by express delivery):选择此种方式,开证行以快递方式将信用证寄给通知行。

④ 以全电开的形式开立信用证(issue by teletransmission which shall be the operative instrument):选择此种方式,开证行将信用证的全部内容加注密押后发出,该电讯文本为有效的信用证正本,该种方式目前较为常用。

图表 4-2 开证申请书样本

IRREVOCABLE DOCUMENTARY CREDIT APPLICATION

TO: (1)		Date: (2)
☐Issue by airmail ☐With brief advice by teletransmission ☐Issue by express delivery (3) ☐Issue by teletransmission(which shall be the operative instrument)		Credit No. (4) Date and place of expiry (5)
Applicant (6)		Beneficiary (Full name and address) (7)
Advising Bank (8)		Amount(9)
Partial shipments(10) ☐allowed ☐not allowed	Transshipment(11) ☐allowed ☐not allowed	Credit available with (16) By
Loading on board/dispatch/taking in charge at/from (12) not later than (13) For transportation to (14)		☐sight payment ☐acceptance ☐negotiation ☐deferred payment at against the documents detailed herein ☐and beneficiary's draft(s) for _____ % of invoice value at _____ sight(17) drawn on
☐FOB ☐CFR ☐CIF ☐or other terms(15)		

Documents required: (marked with ×) (18)
1. (   ) Signed commercial invoice in _____ copies indicating L/C No. and Contract No..
2. (   ) Full set of clean on board Bills of Lading made out to order and blank endorsed, marked "freight [   ] to collect/[   ]prepaid [   ] showing freight amount" notifying _____.
   (   ) Airway bills/cargo receipt/copy of railway bills issued by _____ showing "freight [   ] to collect/[   ] prepaid [   ] indicating freight amount"and consigned to _____.
3. (   ) Insurance Policy/Certificate in _____ copies for _____% of the invoice value showing claims payable in _____ in currency of the draft, blank endorsed, covering All Risks, War Risks and _____.
4. (   ) Packing List/Weight Memo in _____ copies indicating quantity, gross and weights of each package.
5. (   ) Certificate of Quantity/Weight in _____ copies issued by _____.
6. (   ) Certificate of Quality in _____ copies issued by [   ] manufacturer/[   ] public recognized surveyor _____.
7. (   ) Certificate of Origin in _____ copies.
8. (   ) Beneficiary's certified copy of fax/telex dispatched to the applicant within _____ days after shipment advising L/C No., name of vessel, date of shipment, name, quantity, weight and value of goods.

Other documents, if any

Description of goods: (19)

Additional instructions: (20)
1. (   ) All banking charges outside the opening bank are for beneficiary's account.
2. (   ) Documents must be presented within _____ days after date of issuance of the transport documents but within the validity of this credit.
3. (   ) Third party as shipper is not acceptable, Short Form/Blank back B/L is not acceptable.
4. (   ) Both quantity and credit amount _____% more or less are allowed.
5. (   ) All documents must be sent to issuing bank by courier/speed post in one lot.
   (   ) Other terms, if any

（4）信用证号码(Credit No.)栏由开证行根据银行的编号规则和顺序填写。

（5）信用证的到期时间和地点(Date and place of expiry)栏：由于信用证项下受益人的交单不能超过信用证的有效期，开证申请人在填写该栏时，必须依据合同中的条款以及习惯做法确定合理的时间，一般情况下为最迟装运期之后15天左右时间。信用证的到期地点一般为指定兑付银行的所在地，如果申请开立议付信用证，则到期地点一般填写受益人所在地。

（6）开证申请人(Applicant)栏填写开证申请人的名称及地址。开证申请人是向银行提出申请开立信用证的当事人，一般为进口商，即买卖合同中的买方。

（7）受益人(Beneficiary)栏填写受益人的名称及地址。受益人是信用证所指定的有权使用该信用证的当事人，一般为出口商，即买卖合同中的卖方。

（8）通知行(Advising Bank)栏填写通知行的名称及地址，实际业务中，一般由开证行填写。

（9）开证金额(Amount)栏为信用证金额，必须用数字和文字两种形式表示，并且要标明币别。由于信用证金额关系开证行的付款责任以及受益人的权益，开证申请人必须依据合同的规定准确填写。如果合同规定了金额的机动幅度，申请书中也应表示清楚。

（10）分批装运(Partial shipments)栏参照合同中的装运条款填写信用证项下是否允许分批装运。

（11）转运(Transshipment)栏参照合同中的装运条款填写信用证项下是否允许转运。

（12）装运港或起运地(Loading on board/dispatch/taking in charge at/from)栏参照合同中的装运条款填写货物运输的装运港或起运地。

（13）最迟装运期(not later than)栏参照合同中的装运条款填写最迟装运期。

（14）目的港或目的地(For transportation to)栏参照合同中的装运条款填写货物运输的目的港或目的地。

（15）贸易术语(FOB/CFR/CIF/or other terms)栏参考合同中的价格条款填写贸易术语。

（16）指定兑付的银行以及兑付的方式(Credit available with/by)栏："Credit available with"后面为指定兑付的银行，主要有限制性和非限制性两种形式。限制性形式需要填写具体银行的名称，表示只能通过该指定的银行进行兑付；非限制性形式通常填写"ANY BANK IN …（地名/国名）"，表示受益人可以到任何一家银行兑付信用证项下的款项。"by"后面为指定兑付的方式，主要有即期付款(sight payment)、承兑(acceptance)、议付(negotiation)、延期付款(deferred payment at)四种方式。

（17）汇票条款(beneficiary's draft)栏：汇票条款主要包括汇票金额(for ＿＿＿% of invoice value)、汇票期限(at ＿＿＿ sight)和汇票受票人(drawn on ＿＿＿)三项内容，是否需要选填汇票条款取决于(16)栏中填写的兑付方式以及买卖双方对于付款时间的约定。如果选择即期付款方式，可以选填汇票条款，一旦填写则汇票付款期限应为即期；如果选择承兑方式，则需要填写汇票条款，且汇票期限为远期；如果选择议付方式，可以选填汇票条款，汇票期限取决于买卖双方在合同中约定的信用证付款期限;如果选择延期付款方式,则通常不需要填写汇票条款。

汇票金额与发票金额的关系取决于该笔交易是否采取单一的信用证结算方式。如果只采用信用证结算,汇票金额与发票金额一致,即"for 100% of invoice value";如果采用混合结算方式,如"电汇预付30%,剩余70%采用信用证结算",则汇票金额为发票金额的70%,即"for 70% of invoice value"。

由于信用证属于银行信用,开证行承担第一性付款责任,信用证方式下汇票的付款人为开证行或其他指定的银行,如"drawn on Issuing Bank"。

(18) 单据条款(Documents required)栏应填写信用证方式下受益人应提交的单据种类以及相应的要求。根据UCP 600规定,信用证业务是纯单据业务,开证行的付款与实际货物无关,所以进口商在填写信用证申请书时,应按合同要求明确写出受益人所应提交的单据,包括单据的种类、每种单据所显示的内容、单据的份数、出单人等信息。一般要求受益人提交的单据有发票、提单(或空运单、货物收据)、保险单、装箱单、重量/数量证明、质量证明、原产地证明书、受益人证明以及其他申请人要求的单据。

需要注意的是,单据的选择以及单据的内容应与其他条款一致。例如,如果按CIF条件成交,申请人应要求受益人提供保险单,且注意保险险别、赔付地要求在目的港,以便出现问题时方便解决;如果以CFR或CIF条件成交,就应要求受益人提交的提单标注"Freight Prepaid"(运费已付);如果是以FOB条件成交,就应要求受益人提交的提单标注"Freight to Collect"(运费到付)。

(19) 货物描述(Description of goods)栏应按照合同的规定填写,包括商品的名称、规格、单价和数量等,所有内容应与合同保持一致。

(20) 附加条件(Additional instructions)栏是对以上各条款未涉及情况的补充和说明,主要包括银行费用、交单期、第三方托运人提单及简式提单可否接受、数量及金额机动幅度、交单方式等。

三、开立信用证的注意事项

进口商申请开立信用证时,应注意以下事项:

(1) 按照合同规定及时申请开立信用证,以免影响货期。在未收到信用证的情况下,出口商通常不会备货投产,为避免影响货期以及可能导致的修改信用证,进口商应严格按照合同规定的时间及时开立信用证。

(2) 申请开立银行信用证前,进口商一定要落实进口批准手续及外汇来源。

(3) 开证申请书的内容应与买卖双方签订的合同一致。合同是买卖双方交易磋商的结果,是买卖双方意思一致的体现,严格按照合同内容开立信用证可以避免后期信用证的修改。

(4) 由于信用证业务是单据业务,银行凭单付款,不管货物质量如何,也不受合同条款约束,进口商应尽量将有关要求转化为单据,使得受益人提交的单据能够证明出口商是否按时、按质、按量完成交货义务。

（5）信用证内容与单据条款应明确无误，开证申请人在填写开证申请书时应明确规定各种单据的出单人以及各单据表述的内容。

（6）信用证申请书内容应前后一致，价格条款必须与相应的单据要求及费用负担的表述方法等相吻合。例如，在 CIF 价格条件下，开证申请书应注明要求卖方提交"运费预付"的提单，要求卖方提交注明投保险别、保险金额等信息的保险单据。

（7）国外通知行由开证行指定。如果出口商在订立合同时，坚持指定通知行，进口商可在开证申请书上注明，供开证行在选择通知行时参考。

（8）如果不允许分批装运、转运，不接受第三者装运单据，进口商在填写开证申请书时应明确表示，否则将被认为允许分批、允许转运、接受第三者装运单据。

（9）国内银行通常不开立保兑信用证、可转让信用证、有电报索偿条款的信用证。

任务三 信用证的审阅

出口商在收到开证行开立的信用证后，应认真阅读与审核相应的条款，确认信用证的条款是否与合同内容一致，如果存在影响出口商利益的条款，则需要及时申请修改信用证；如果不涉及利益，则出口商需要认真填写信用证分析单，以便加强对信用证项下单据业务的管理。

一、信用证的阅读

（一）信用证的主要内容

当前世界各国银行对信用证的内容和格式并没有统一的规定，但基本内容大致相同，主要包括下列几个方面。

1. 对信用证的说明

对信用证本身的说明主要涉及：信用证的类型——可否撤销、可否转让、是否经另一家银行保兑，信用证的基本信息——信用证号码、开证日期、有效期、到期地点、交单期限等，信用证的当事人——开证申请人、受益人、通知行等。

2. 对汇票的说明

如果信用证项下需要使用汇票，要明确汇票的出票人、受票人、汇票金额、汇票期限等内容。

3. 对货物的说明

信用证项下对货物的说明主要包括货物名称、规格、数量、单价、包装、产地等内容，应与合同规定一致。

4. 对运输事项的说明

信用证项下对运输事项的说明主要包括装运港（地）、目的港（地）、装运期限以及可否分批、可否转运等项内容。

5. 对货运单据的说明

信用证项下对货运单据的说明主要涉及需要提交单据的种类、份数、出具人以及相关内容。信用证项下交单的种类主要包括商业发票、运输单据、保险单据及其他单据。

6. 其他事项

其他事项主要包括开证行对议付行的指示条款、开证行保证付款的文句以及其他特殊条款。

（二）信用证分析单

如果出口商收到的信用证不存在与合同规定不相符的条款以及影响出口商安全收汇的条款，出口商可以根据信用证的内容填写信用证分析单，以作为缮制、审核和管理该信用证项下单据的依据。信用证分析单样表如图表4-3所示。

图表4-3 信用证分析单样表

信用证号码		开证日		开证行	
通知行		保兑行		议付行	
申请人		受益人		合同号码	
信用证金额		最高限额规定		有效期		到期地点	
付款方式		货币		货物允许增减幅度		金额允许增减幅度	
是否需要提交汇票		汇票付款人		汇票付款期限		汇票金额	
装运港(地)		目的港(地)		可否转运		可否分批	
装运期限		运输标志				交单期	
货物描述							
单据名称	提交份数	信用证项下单据条款的证明文句			
发票					
装箱单					
提单	抬头	通知		背书	证明文句
保单	加成	险别		赔付规定	证明文句
原产地证明书					
品质检验证书					
寄单证明					
其他证明					
所有单据必须注明内容					

二、信用证的审核

(一) 信用证审核的依据和作用

信用证是以买卖合同为基础开立的,其中所列条款,从理论上说,应当与合同规定相符,但在实际业务中,经常发现国外来证内容不完全符合合同规定的情况,个别甚至大相径庭。出现这种情况的原因各不相同,有的是开证申请人或开证行工作上的疏忽和差错;有的是由于某些进口国家习惯做法或者另有规定;也有的是国外客户故意在信用证中加列一些额外条款;更有甚者是国外不法商人在申请信用证时故设陷阱。因此,出口商在收到信用证后应依据买卖合同,参照国际贸易惯例,谨慎、仔细审核信用证,确定信用证所列条款是否可以接受或哪些条款需要修改,从而保障安全收汇。

信用证的审核工作包括银行审证和出口商审证,但是两者审核的侧重点有所不同。

(二) 通知行审证

通知行收到国外来证后,通过核对印鉴或密押证实其真实性,主要依据国际贸易惯例和国家政策对信用证的可靠性、有效性和安全性进行审查,如开证行及境外有关银行的资质、作风、态度,付款方法、使用货币、利率、汇差等条款,信用证中是否含有歧视性条款等。如果发现有问题的条款,通知行应随即加列批注,就条款中的潜在风险向受益人作出提示;如果审核无误,通知行则加盖证实书印戳,交由受益人审查。

(三) 出口商审证

出口商收到信用证后,应对照合同从头至尾、自上而下、逐字逐句地仔细审核。出口商审证应侧重如下内容。

1. 信用证性质的审查

关于信用证性质的审核,主要是为了确保信用证的有效性以及付款保证性。审核要点包括以下几个方面:

(1) 没有明确表示为不可撤销信用证。

(2) 只是预先通知,而非有效信用证。

(3) 需要进口商的通知或指示信用证方可生效。

(4) 信用证缺少开证行保证付款的文句。

2. 信用证条款与合同条款一致性审查

信用证是依据买卖合同开立的,如果信用证的条款与合同条款不一致,容易出现议付行拒付的情况。审核要点包括以下几个方面:

(1) 开证申请人与受益人的信息是否与合同中买卖双方一致。

(2) 有关品名、规格、数量、价格、贸易术语等条款是否与合同一致。

(3) 有关起运地、目的地、最迟装运期、分批装运以及转运等装运条款是否与合同一致。

(4) 有关信用证金额的条款是否与合同一致。

3. 有关信用证单据条款的审查

信用证单据条款的审查主要包括单据的种类、份数、出具人、内容的合理性审查。例如,在 FOB、CFR 贸易术语下,卖方没有办理保险的义务,如果信用证要求卖方提交保险单,这是不合理的。又如,如果进口商所在国家在出口地没有设有领事馆或者大使馆,但是信用证却要求提交进口国领事馆或者大使馆签署的单据,这是不合理的,出口商应要求修改此项条款。

4. 信用证有关时间的审查

信用证中通常会规定开证日期、最迟装运期、交单期和有效期等,它们之间存在着一定的逻辑关系。开证日期与最迟装运期之间的间隔取决于备货周期;最迟装运期与交单期之间的间隔取决于准备单据的周期,而信用证项下的交单最晚不能超过信用证的有效期。因此,收到信用证后,出口商必须审核信用证有关时间的合理性,从而保证能够做到及时交单、顺利结汇。

5. 影响安全收汇的"软条款"审查

信用证中的"软条款",也称为"陷阱条款",是指在不可撤销信用证中加列一种条款,使出口商不能如期发货,或不能做到相符交单,据此条款进口商掌握了随时单方面解除付款责任的主动权,出口商处于受制人的地位,是否能收汇完全取决于进口商的意愿。更有甚者,一些不法商人利用信用证"软条款"骗取保证金、质押金、履约金、开证费等。因此,出口商务必慎重审核"软条款",避免在实际业务中上当受骗。常见的"软条款"包括以下几种类型:

(1) 不是有效的信用证文件或信用证中包括有条件生效的条款。
(2) 做到信用证项下的"相符交单"取决于开证申请人行为的条款。
(3) 信用证中对银行的承付或议付责任设置超出了"相符交单"若干前提条件的条款。
(4) 信用证的规定前后矛盾致使受益人不可能做到"相符交单"的条款。
(5) 受益人若按信用证的规定行事,将会失去对货物所有权的控制的条款。

任务四 信用证的修改

一、信用证修改的业务流程

当出口商发现信用证上有条款需要修改时,应立刻要求进口商向开证银行申请修改。开证银行修改信用证的通知,可以航空邮递,也可以用电报方式,通常根据实际需要采用适当的方法,由原信用证通知银行进行转交操作。如果修改时间紧迫,信用证的修改也可以采取变通办法,即由出口商请通知银行以电报方式向开证银行询问修改事项是否可以接受,开证银行在征得进口商同意后,即以电报方式答复,如经出口商接受,就相当于该条款已确认修改。信用证修改的业务流程,如图表 4-4 所示。

图表 4-4 信用证修改的业务流程

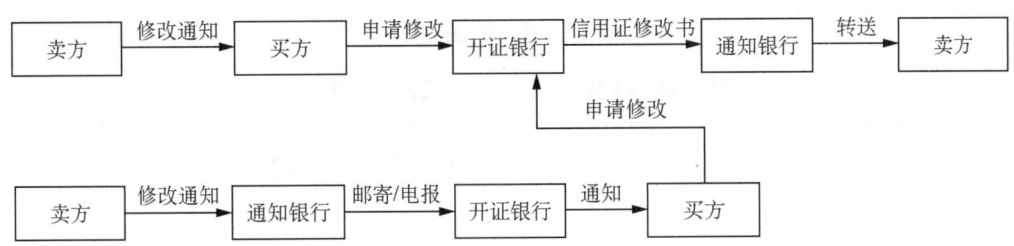

二、改证函的主要内容

出口方在审核信用证后,如果发现有不符合同或有不利于出口方安全收汇的条款,应及时联系进口商通过开证行对信用证进行修改。对改证函的写法并无统一规定和要求,但一般应包括如下三个方面:

(1) 开头部分:出口商对进口商开来信用证表示感谢。

(2) 主要修改内容:出口商应列明开来的信用证存在的不符点并说明如何进行修改。

(3) 结束部分:出口商应表达自己的意愿,即希望进口商及时申请信用证的修改。

示例:

Dear Sirs,

Thank you very much for your L/C No. F-123456. However, upon checking, we have found some discrepancies and would request you to make the following amendments:

(1) The place of expiry should be in China instead of Melbourne.

(2) The amount both in figures and in words should respectively be US $150 000 and Say US Dollars One Hundred And Fifty Thousand Only.

(3) Transshipment should be allowed.

(4) Delete insurance clause.

(5) The specifications should be tins of 450 grams instead of 500 grams.

(6) As per contract No. SP1236 instead of SP2316.

Please make amendments as soon as possible so as to enable us to arrange shipment.

Yours faithfully,

×××

三、信用证修改申请书的填制

信用证开出后,如果出口商提出改证的要求,而进口商也同意修改,进口商可要求开证行改证。此时,进口商需要认真填写信用证修改申请书,尽可能一次性将改证的要求具体、明确地列出,以避免或减少往返改证,延误时间。信用证修改申请书,如图表 4-5 所示,包括以下内容。

图表 4-5 信用证修改申请书

信用证修改申请书
APPLICATION FOR AMENDMENT

To: (1)	Amendment to Our Documentary Credit No. (2)
Date of Amendment: (3)	No. of Amendment: (4)
Applicant (5)	Advising Bank (6)
Beneficiary (before this amendment) (7)	Amount (8)

The above mentioned credit is amended as follows:
☐ Shipment date extended to (9)
☐ Expiry date extended to (10)
☐ Amount increased/decreased by   to   (11)
☐ Other terms: (12)

☐ Banking charges: (13)

All other terms and conditions remain unchanged.

Authorized Signature(s)

This Amendment is Subject to Uniform Customs and Practice for Documentary Credits (2007 Revision) International Chamber of Commerce Publication No. 600.

(1) 开证行名称(To)。

(2) 申请修改的信用证号码(Amendment to Our Documentary Credit No.)。

(3) 申请修改日期(Date of Amendment)。

(4) 修改次数(No. of Amendment)。

(5) 开证申请人(Applicant)。

(6) 通知行(Advising Bank)。

(7) 原受益人(Beneficiary (before this amendment))。

(8) 信用证金额(Amount)。

(9) 新装期(Shipment date extended to…)。

(10) 新效期(Expiry date extended to…)。

(11) 信用证金额增减幅度及新金额(Amount increased/decreased by… to…)。

(12) 其他条款(Other terms)。

(13) 银行费用(Banking charges)。

四、信用证修改的注意事项

关于信用证的修改,相关各方应注意以下几点注意事项:

(1) 信用证修改需要一定的时间以及费用,因此,凡是需要修改的内容,出口商应一次性向进口商提出,避免多次修改信用证的情况。

(2) 根据 UCP 600 的规定,未经开证行、保兑行及受益人同意,信用证既不得修改,也不得撤销。信用证的修改应由开证申请人向开证行提出,由开证行修改,并经开证行、保兑行和受益人的同意,才能生效。

(3) 对信用证修改内容的接受或拒绝,受益人应以明确的通知或实际行动来表示。

(4) 收到修改后的信用证,出口商应及时检查修改内容是否符合要求,并分情况表示接受或重新提出修改。

(5) 对于修改内容,出口商要么全部接受,要么全部拒绝,部分接受修改中的内容是无效的。

(6) 有关信用证的修改必须通过原信用证通知行才真实、有效,进口商直接寄送的修改申请书或修改书复印件不是有效的修改。

(7) 要明确修改费用由谁承担。实际业务中,一般按照责任归属来确定修改费用由谁承担。

警惕和远离信用证欺诈

信用证作为当今国际贸易中普遍使用的一种结算方式,在贸易结算中发挥着重要作用。信用证的意义在于为买卖双方提供银行信用支持,确保卖方按时发货,买方按期付款,促成交易达成,降低交易风险。然而,信用证制度的核心——独立抽象原则和表面相符原则,在使得信用证方式被普遍接受的同时,也成为了信用证欺诈滋生的温床。

以下为一真实的案例:

2021年上半年,潍坊某木业有限公司与迪拜某客户签订合同,买卖货物为覆膜胶合板,货值187 600美元,信用证付款。信用证由意大利某机构开立,通过新西兰某银行转递,国内通知行为浙江稠州银行,交单行为中国工商银行。卖家从中国青岛将货物发往迪拜,货物到港后,开证机构和买家以各种理由不付款,船公司因提单背书等问题,暂未放货。初步查明,信用证开证机构名称、地址、SWIFT码分别指向三家不同的银行,该信用证应为假证。船公司以正本提单尚在目的港收货人手中为由,拒绝卖方将提单作废并重新签发提单的请求,要求卖方提供货款等额现金担保3年方能准许卖方处理货物。

《中华人民共和国刑法》第195条规定,有下列情形之一,进行信用证诈骗活动的,处五年以下有期徒刑或者拘役,并处二万元以上二十万元以下罚金;数额巨大或者有其他严重情节的,处五年以上十年以下有期徒刑,并处五万元以上五十万元以下罚金;数额特别巨大或者有其他特别严重情节的,处十年以上有期徒刑或者无期徒刑,并处五万元以上五十万元以下罚金或者没收财产:

(一)使用伪造、变造的信用证或者附随的单据、文件的;

(二)使用作废的信用证的;

(三)骗取信用证的;

(四)以其他方法进行信用证诈骗活动的。

作为中华人民共和国公民或企业,要切忌从事或者参与信用证欺诈活动,要诚实守信,树立良好的企业形象;同时还要了解不法分子惯常的欺诈手段,时刻警惕,降低风险,保障企业及国家的经济利益。

思考:作为外贸单证人员应如何帮助企业应对信用证欺诈行为?

项 目 实 训

项目实训一

根据图表 4-6 的售货确认书,填写图表 4-7 的开证申请书。

图表 4-6 售货确认书

SALES CONFIRMATION

卖方(The Sellers):　　　　　　　　　　　　　　　　　Contract No.：　AB44001
GUANGDONG FOREIGN TRADE IMP. AND EXP. CORPORATION　Date：　　　FEB. 12,2019
267 TIANHE ROAD GUANGZHOU,CHINA　　　　　　　　Signed at：　GUANGZHOU
买方(The Buyers):
A. B. C. TRADING CO. LTD.
312 SOUTH BRIDGE STREET,HONGKONG
兹经买卖双方同意按下列条款成交:
　　The undersigned sellers and buyers have agreed to close the following transactions according to the terms and conditions stipulated below:

货号 Art. No.	品名及规格 Description	数量 Quantity	单价 Unit Price	金额 AMOUNT
P97811 P97801	AIR CONDITIONER (HUALING BRAND) KF-23 GW KF-25 GW	500 PCS 500 PCS	CIF DUBAI HKD 1 000.00 HKD 1 000.00	HKD 500 000.00 HKD 500 000.00
TOTAL		1 000 PCS		HKD 1 000 000.00

数量及总值均得有　5　%的增减,由卖方决定。
With　5　% more or less both in amount an quantity allowed at the seller's option.
总值:
Total Value：HKD 1 000 000.00(H. K. Dollars ONE MILLION ONLY)
包装:
Packing：1 pc per carton
装运期:
Time of Shipment：not later than APR. 30,2019 with Transshipment and Partial Shipments allowed.
装运口岸和目的地:
Loading port & Destination：from Guangzhou to Dubai
保险:
Insurance：To be effected by sellers for 110% of full invoice value covering ALL RISKS.
支付:
Terms of payment：By Irrevocable Letter of Credit at sight to reach the sellers before MAR. 10,2019 and to remain valid for negotiation in China until the 15th day after the date of Shipment. The L/C must specify that transshipment and partial shipments are allowed.
运输标志:
Shipment Marks：A. B. C. /DUBAI/NOS1-1000/MADE IN CHINA
备注:
Remarks：When opening L/C, please mention our S/C number.

图表 4-7 开证申请书
IRREVOCABLE DOCUMENTARY CREDIT APPLICATION

To:	Date:
☐Issue by airmail ☐With brief advice by teletransmission ☐Issue by express delivery ☐Issue by teletransmission (which shall be the operative instrument)	Credit No. Date and place of expiry
Applicant	Beneficiary (Full name and address)
Advising Bank	Amount
Partial shipments ☐allowed ☐not allowed	Transshipment ☐allowed ☐not allowed	Credit available with By ☐sight payment ☐acceptance ☐negotiation ☐deferred payment at against the documents detailed herein ☐and beneficiary's draft(s) for _____ % of invoice value at _____ sight drawn on
Loading on board/dispatch/taking in charge at/from not later than For transportation to: ☐FOB ☐CFR ☐CIF ☐or other terms	

Documents required: (marked with ×)
1. (   ) Signed commercial invoice in _____ copies indicating L/C No. and Contract No.
2. (   ) Full set of clean on board Bills of Lading made out to order and blank endorsed, marked "freight [   ] to collect/[   ] prepaid [   ] showing freight amount" notifying _____.
   (   ) Airway bills/cargo receipt/copy of railway bills issued by _____ showing "freight [   ] to collect/[   ] prepaid [   ] indicating freight amount" and consigned to _____.
3. (   ) Insurance Policy/Certificate in _____ copies for _____ % of the invoice value showing claims payable in _____ in currency of the draft, blank endorsed, covering All Risks, War Risks and _____.
4. (   ) Packing List/Weight Memo in _____ copies indicating quantity, gross and weights of each package.
5. (   ) Certificate of Quantity/Weight in _____ copies issued by _____.
6. (   ) Certificate of Quality in _____ copies issued by [   ] manufacturer/[   ] public recognized surveyor _____.
7. (   ) Certificate of Origin in _____ copies.
8. (   ) Beneficiary's certified copy of fax/telex dispatched to the applicant within _____ days after shipment advising L/C No., name of vessel, date of shipment, name, quantity, weight and value of goods.

Other documents, if any

Description of goods:

Additional instructions:
1. (   ) All banking charges outside the opening bank are for beneficiary's account.
2. (   ) Documents must be presented within _____ days after date of issuance of the transport documents but within the validity of this credit.
3. (   ) Third party as shipper is not acceptable, Short Form/Blank back B/L is not acceptable.
4. (   ) Both quantity and credit amount _____ % more or less are allowed.
5. (   ) All documents must be sent to issuing bank by courier/speed post in one lot.
   (   ) Other terms, if any

项目实训二

阅读图表4-8的信用证,填写图表4-9的信用证分析单。

图表4-8 信用证

MT700　ISSUE OF DOCUMENTARY CREDIT
SENDER EMIRATES BANK INTERNATIONAL, DUBAI
RECEIVER　HANGZHOU CITY COMMERCIAL BANK, HANGZHOU, CHINA

*27: SEQUENCE OF TOTAL:		1/1
*40A: FORM OF DOC. CREDIT:		IRREVOCABLE
*20: DOC. CREDIT NUMBER:		FFF07699
31C: DATE OF ISSUE:		190225
40E: APPLICABLE RULES:		UCP LATEST VERSION
*31D: DATE AND PLACE OF EXPIRY:		DATE 190510 PLACE CHINA
*50: APPLICANT:		JAFZA BASED TRADING COMPANY 2ND FLOOR, NO. 128 NADD-AL-HAMAR ROAD, AL WAHA COMMUNITY CENTRE, UAE
*59: BENEFICIARY:		HANGZHOU GARDEN ENTERPRISE 7/F., SANXIN MANSION, NO. 33-35, XINTANG ROAD, HANGZHOU, CHINA
*32B: AMOUNT:		CURRENCY USD AMOUNT 54 000.00
*41A: AVAILABLE WITH ... BY:		ANY BANK IN CHINA BY NEGOTIATION
42C: DRAFTS AT:		30 DAYS AFTER SIGHT
42A: DRAWEE :		EMIRATES BANK INTERNATIONAL, DUBAI
43P: PARTIAL SHIPMENTS:		NOT ALLOWED
43T: TRANSSHIPMENT:		ALLOWED
44E: PORT OF LOADING:		CHINA MAIN PORT
44F: PORT OF DISCHARGE:		DUBAI, UAE
44C: LATEST DATE OF SHIPMENT:		190425

45A: DESCRIPTION OFGOODS:

4 500 PIECES OF LADIES JACKET, SHELL: WOVEN TWILL 100% COTTON, LINING: WOVEN 100% POLYESTER, ORDER NO. SIK768, AS PER S/C NO. ZJJY0739

STYLE NO.	QUANTITY	UNIT PRICE	AMOUNT
L357	2 250PCS	USD 12/PC	USD27 000.00
L358	2 268PCS	USD 12/PC	USD27 216.00

AT CIF DUBAI, UAE

46A: DOCUMENTS REQUIRED:

+SIGNED COMMERCIAL INVOICES IN TRIPLICATE.
+FULL SET (3/3) OF CLEAN ON BOARD OCEAN BILLS OF LADING, MADE OUT TO ORDER, BLANK ENDORSED, MARKED FREIGHT PREPAID NOTIFYING THE APPLICANT.
+CERTIFICATE OF ORIGIN ISSUED BY CHAMBER OF COMMERCE OR CCPIT.
+PACKING LIST IN TRIPLICATE.
+INSURANCE POLICY/CERTIFICATE IN DUPLICATE ENDORSED IN BLANK FOR 110% OF INVOICE VALUE COVERING ALL RISKS AND WAR RISK OF CIC OF PICC SHOWING THE CLAIMING CURRENCY IS SAME AS THE CURRENCY OF THIS CREDIT.
+SHIPPING ADVICE SHOWING THE NAME OF THE CARRYING VESSEL, DATE OF SHIPMENT, MARKS, QUANTITY, NET WEIGHT AND GROSS WEIGHT OF THE SHIPMENT TO APPLICANT WITHIN 3 DAYS AFTER THE DATE OF BILL OF LADING.

47A：ADDITIONAL CONDITIONS：
+DOCUMENTS DATED PRIOR TO THE DATE OF THIS CREDIT ARE NOT ACCEPTABLE.
+THE NUMBER AND THE DATE OF THIS CREDIT AND THE NAME OF ISSUING BANK MUST BE QUOTED ON ALL DOCUMENTS.
+MORE OR LESS 5PCT OF QUANTITY OF GOODS IS ALLOWED.
+TRANSSHIPMENT ALLOWED AT HONGKONG ONLY.
+SHORT FORM/CHARTER PARTY/THIRD PARTY BILL OF LADING ARE NOT ACCEPTABLE.
+SHIPMENT MUST BE EFFECTED BY 1×40'FULL CONTAINER LOAD. B/L TO SHOW EVIDENCE OF THIS EFFECT IS REQUIRED.
+ALL PRESENTATIONS CONTAINING DISCREPANCIES WILL ATTRACT A DISCREPANCY FEE OF USD 60.00 PLUS TELEX COSTS OR OTHER CURRENCY EQUIVALENT. THIS CHARGE WILL BE DEDUCTED FROM THE BILL AMOUNT WHETHER OR NOT WE ELECT TO CONSULT THE APPLICANT FOR A WAIVER.

71B：DETAILS OF CHARGES： ALL BANKING CHARGES OUTSIDE UAE ARE FOR BENEFICIARY'S ACCOUNT.

48：PRESENTATION PERIOD： 15 DAYS AFTER B/L DATE, BUT WITHIN VALIDITY OF L/C.

*49：CONFIRMATION： WITHOUT

图表 4-9　信用证分析单

信用证号码			开证日		开证行	
通知行			保兑行		议付行	
申请人			受益人		合同号码	
信用证金额		最高限额规定		有效期		到期地点	
付款方式		货币		货物允许增减幅度		金额允许增减幅度	
是否需要提交汇票		汇票付款人		汇票付款期限		汇票金额	
装运港（地）		目的港（地）		可否转运		可否分批	
装运期限		运输标志				交单期	
货物描述							
单据名称	提交份数		信用证项下单据条款的证明文句				
发票							
装箱单							
提单		抬头		通知		背书	证明文句
保单		加成		险别		赔付规定	证明文句
原产地证明书							
品质检验证书							
寄单证明							
其他证明							
所有单据必须注明内容							

项目实训三

根据图表 4-10 的销售合同，审核图表 4-11 的信用证。

图表 4-10 销售合同
SALES CONTRACT

The Sellers：	SHANGHAI SHENG DA CO. LTD UNIT C 5/F JINGMAO TOWER, SHANGHAI, CHINA	NO.：SD180215
The Buyers：	ALFAGA ENTERPRISE 28，IMAMGONJ, DHAKA, BANGLADESH	DATA：Feb. 15，2018 Signed at：Shanghai，China

The undersigned Seller and Buyer have agreed to close the following transactions according to the terms and conditions stipulated bellow：

Commodity & Specification	Quantity	Price Terms	
		Unit Price	Amount
STEEL TAPE RULES JH-392W 3M×16MM JH-380W 3M×16MM	2 000 DOZ PAIR 500 DOZ PAIR	FOB Shanghai USD3. 60/DOZ PAIR USD4. 20/DOZ PAIR	USD7 200. 00 USD2 100. 00 USD9 300. 00
TOTAL AMOUNT：U. S. DOLLARS NINE THOUSAND THREE HUNDRED ONLY			

Packing： In Cartons

Shipping Marks： A. E.
CHITTAGONG

Terms of shipment： From shanghai to Chittagong During May, 2018 with Partial Shipments and Transshipment allowed.

Insurance： To be effected by the Buyer.

Terms of Payment： The Buyer shall open through a bank acceptable to the Seller an Irrevocable Sight Letter of Credit to reach the Seller 30 days before the month of shipment，Valid for negotiation in China until the 15th day after the date of shipment.

图表 4-11 信用证
ISSUE OF DOCUMENTARY CREDIT

27：SEQUENCE OF TOTAL：	1/1
40A：FORM OF DOC. CREDIT：	IRREVOCABLE
20：DOC. CREDIT NUMBER：	06660801
31C：DATE OF ISSUE：	20180224
40E：APPLICABLE RULES：	UCP LATEST VERSION
31D：DATE AND PLACE OF EXPIRY：	20180523 IN BANGLADESH
51D：APPLICANT BANK：	AB BANK LIMITED IMAMGANJ BRANCH 40 IMAMGANJ, DHAKA-1211, BANGLADESH
50：APPLICANT：	ALFAGA ENTERPRSE 26，IMAMGONJ DHAKA，BANGLADESH

59: BENEFICIARY:	SHANGHAI DA SENG CO., LTD. UNIT C 5/F JINGMAO TOWER SHANGHAI, CHINA
32B: AMOUNT:	CURRENCY HKD AMOUNT 9 300.00
41A: AVAILABLE WITH... BY	ANY BANK IN CHINA BY NEGOTIATION
42C: DRAFTS AT:	60DAYS AFTER SIGHT
42A: DRAWEE:	AB BANK LIMITED, IMAMGANJ BRANCH
43P: PARTIAL SHIPMENTS:	NOT ALLOWED
43T: TRANSSHIPMENT:	NOT ALLOWED
44E: PORT OF LOADING:	SHANGHAI, CHINA
44F: PORT OF DISCHARGE:	CHITTAGANG SEA PORT, BANGLADESH
44C: LATEST DATE OF SHIPMENT:	20180502
45A: DESCRIPTION OF GOODS:	TAPE RULES (1) 2000 DOZ PAIR MDEL: JH-395W SIZE: 3M X 16MM@HKD3.6 PER DOZEN (2) 500 DOZ PAIR MODEL: JH-386W SIZE: 3M X 16MM@HKD4.2 PER DOZEN CIF CHITTAGONG PACKING: EXPORT STANDARD SEAWORTHY PACKING
46A: DOCUMENTS REQUIRED:	1. SIGNED COMMERCIAL INVOICES IN 3 COPIES. 2. FULL SET OF CLEAN ON BOARD OCEAN BILLS OF LADING, MADE OUT TO ORDER, BLANK ENDORSED, MARKED FREIGHT PREPAID NOTIFYING THE APPLICANT. 3. CERTIFICATE OF ORIGIN. 4. PACKING LIST IN 3 COPIES.
71B: DETAILS OF CHARGES:	ALL BANKING CHARGES OUTSIDE BANGLADESH ARE FOR BENEFICIARY'S ACCOUNT.
48: PRESENTATION PERIOD:	5 DAYS AFTER B/L DATE, BUT WITHIN VALIDITY OF L/C

课 堂 测 试

班级_____ 姓名_____ 学号_____ 日期_____ 得分_____

一、单项选择题(每小题 2 分,共 20 分)

1. 在信用证结算方式下,只要单据表面与信用证条款相符合,开证行就必须按规定付款,所以进口商应尽量做到(　　)。
   A. 在申请开立信用证时,应按合同有关规定转化成有关单据,具体规定在信用证内
   B. 只要在信用证申请书中详细阐明即可,不用列明应提交与之相应的单据
   C. 与出口人建立深厚的友谊
   D. 委托一个机构全权监督出口方的行为

2. 在以信用证为结算方式的进口贸易中,依据合同规定,进口商的首要义务是(　　)。
   A. 开立信用证　　　　　　　　　B. 申请进口货物许可证
   C. 办理租船订舱手续　　　　　　D. 办理保险手续

3. 下列各项中,进口商在申请开证前要落实(　　)。
   A. 进口批准手续及外汇来源　　　B. 货物入境通关手续
   C. 货物检验手续　　　　　　　　D. 货物保险手续

4. 在信用证申请书中,汇票的付款人应填为(　　)。
   A. 开证人　　　　　　　　　　　B. 开证行或指定付款行
   C. 通知行　　　　　　　　　　　D. 受益人

5. 下列各单据通常不会列入开证申请书单据条款的是(　　)。
   A. 保险单据　　　　　　　　　　B. 运输单据
   C. 商业发票　　　　　　　　　　D. 进口货物报关单

6. 进口商填写开证申请书的主要依据是(　　)。
   A. 发票　　　　　　　　　　　　B. 贸易合同
   C. 订单　　　　　　　　　　　　D. 进口许可证

7. 下列各项中,不属于出口商审证内容的是(　　)。
   A. 信用证与合同的一致性　　　　B. 信用证条款的可接受性
   C. 价格条件的完整性　　　　　　D. 开证银行的资信

8. 我国出口英国一批货物共 10 万美元,分批交货,信用证支付。与我国供货商签订合同的是新加坡家公司,信用证由英国进口商开立,然后新加坡的有关银行按照信用证的要

91

求将该证转给我国供货商,则这张信用证是( )。
   A. 可转让信用证   B. 不可转让信用证
   C. 可循环信用证   D. 可撤销信用证
9. 信用证修改通知书的内容在两项以上者,受益人( )。
   A. 要么全部接受,要么全部拒绝   B. 可选择接受
   C. 必须全部接受   D. 只能部分接受
10. 下列各项中,属于通知行审证内容的是( )。
    A. 信用证与合同的一致性   B. 信用证条款的可接受性
    C. 价格条件的完整性   D. 开证银行的资信

二、多项选择题(每小题4分,共40分)

1. 申请开立信用证的具体程序有( )。
   A. 递交有关合同的副本及附件   B. 填写开证申请书
   C. 缴付保证金   D. 递交发票
   E. 交付全部货款

2. 买方应按合同规定的开证时间填写开证申请书并办理开证手续,开证行对开证申请书审核无误后,收取( ),按开证申请书的要求开出信用证。
   A. 订单   B. 保证金   C. 开证手续费   D. 合同书
   E. 货款

3. 信用证申请书上常见的付款方式有( )。
   A. 即期付款   B. 承兑   C. 议付   D. 延期付款
   E. 付款交单

4. 关于信用证中项目"Date and place of expiry",表述正确的有( )。
   A. 表明该证的到期日期和到期地点
   B. 信用证的到期地点通常在开证行所在地
   C. 信用证的到期地点通常在受益人的所在地
   D. 可以推算出信用证的开证日期
   E. 如果信用证的到期地点是开证行所在地,那么出口审单员一定要把握好交单日期和邮程,防止信用证失效

5. 使用( )术语时,应在信用证申请书中的保单条款前的括号中打"×"。
   A. CIF   B. FOB   C. CFR   D. CIP
   E. EXW

6. 出口商审核信用证的要点,包括( )。
   A. 是否与开证申请书一致   B. 信用证条款与买卖合同是否一致
   C. 是否加列了对卖方不利的条款   D. 是否有境外有效期

E. 是否存在着软条款

7. 以下（　　）条款应被视为信用证的"软条款"。
   A. 开证申请人或其指定的检验人在检验证书上的签名必须与开证行所保留的签名样本相符
   B. 受益人出具的报关单、合同及商业发票必须做使馆认证
   C. 必须得到开证申请人对样品的确认后，信用证方可生效
   D. 货物必须经有关人员检验合格后方可装船
   E. 所有单据必须与信用证规定相符，开证行方可付款

8. 下列各项中，对于信用证与合同关系的表述正确的有（　　）。
   A. 信用证的开立以买卖合同为依据
   B. 信用证的履行不受买卖合同的约束
   C. 有关银行只根据信用证的规定办理信用证业务
   D. 合同是审核信用证的依据
   E. 如果受益人提交的单据符合信用证规定但不符合合同规定，开证行也可拒付款项

9. 在审核信用证金额与货币时，需要审核的内容包括（　　）。
   A. 信用证总金额的大小写必须一致
   B. 信用证采用的货币与合同规定的货币必须一致
   C. 信用证金额是否足额
   D. 若合同中订有溢短装条款，信用证金额应有相应规定
   E. 信用证金额中必须注明折扣率

10. 在审核信用证各相关日期是否合理时，需要注意（　　）。
    A. 未规定有效期的信用证无效
    B. 未规定装运期，则信用证有效期为最迟装运期
    C. 未规定交单期，受益人应在装运日期后的 21 天内交单，且在信用证有效期内
    D. 未规定交单期，按惯例受益人应在装运日期后的 15 天内交单
    E. 信用证必须规定装运期和交单期

三、判断题（每小题 2 分，共 10 分）

1. 在申请开立信用证时，进口商对出口商的要求，应按合同有关规定转化成有关单据，具体规定在信用证中。　　　　　　　　　　　　　　　　　　　　　　　　　　　（　　）

2. 开证行开立信用证后，一般把信用证副本寄交出口商，正本交给开证申请人以作为审核备查。　　　　　　　　　　　　　　　　　　　　　　　　　　　　　　　　（　　）

3. 在信用证业务中，信用证的开立以买卖合同为基础，因此，信用证条款与买卖合同条款严格相符是开证行向受益人承担付款责任的前提条件。　　　　　　　　　　　（　　）

4. 在 FOB 术语、信用证结算方式下的进口业务中，开证申请工作一般是在租船订舱工作之后。　　　　　　　　　　　　　　　　　　　　　　　　　　　　　　　　　（　　）

5. 我国出口公司收到国外进口商寄来的开证申请书后即可据此备货,委托出运。( )

四、信用证阅读题(每小题 3 分,共 30 分)

请根据项目实训二中的信用证(图表 4-6),回答下列问题。

1. 该信用证的类型是( )。
   A. 不可转让信用证　　　B. 可撤销信用证　　　C. 保兑信用证
2. 该信用证的有效期是( )。
   A. 190225　　　　　　B. 190510　　　　　　C. 190425
3. 该信用证的兑付方式为( )。
   A. 即期付款信用证　　　B. 延期付款信用证　　　C. 议付信用证
4. 该信用证项下汇票的付款期限为( )。
   A. 见票后 30 天　　　　B. 出票后 30 天　　　　C. 提单日后 30 天
5. 该信用证项下汇票的付款人是( )。
   A. JAFZA BASED TRADING COMPANY
   B. EMIRATES BANK INTERNATIONAL, NEW YORK
   C. HANGZHOU GARDEN ENTERPRISE
6. 该信用证项下是否允许分批装运( )。
   A. 允许　　　　　　　　B. 不允许　　　　　　　C. 不确定
7. 该信用证项下的结汇单据不包括( )。
   A. 商业发票　　　　　　B. 装箱单　　　　　　　C. 质量检验证明
8. 该信用证项下提交的提单是( )。
   A. 已装船海运提单　　　B. 记名提单　　　　　　C. 不清洁提单
9. 该信用证项下提单的运费标记为( )。
   A. 运费到付　　　　　　B. 运费预付　　　　　　C. 运费未支付
10. 关于该信用证项下的有关要求说法正确的是( )。
    A. 银行可以接受出单时间早于信用证开立时间的单据
    B. 货物出运数量允许有 10% 的机动幅度
    C. 所有单据上必须显示信用证的号码以及开立时间

项目五　常用外贸单据的填制

知识导航

```
                        ┌ 发票          ┌ 发票认知
                        │              └ 发票的缮制
                        │
                        ├ 装箱单        ┌ 包装单据认知
                        │              └ 包装单据的缮制
                        │
                        ├ 原产地证明书  ┌ 原产地证明书认知
                        │              └ 原产地证明书的缮制
                        │
                        ├ 检验证书      ┌ 检验证书认知
                        │              └ 出境货物检验检疫申请单的填制
    常用外贸单据的填制 ─┤
                        ├ 运输单据      ┌ 运输单据认知
                        │              └ 托运单与海运提单的填制
                        │
                        ├ 保险单据      ┌ 保险单据认知
                        │              └ 保险单据的缮制
                        │
                        ├ 装运通知      ┌ 装运通知认知
                        │              └ 装运通知的缮制
                        │
                        ├ 受益人证明    ┌ 受益人证明认知
                        │              └ 受益人证明的缮制
                        │
                        └ 汇票          ┌ 汇票认知
                                       └ 汇票的缮制
```

学习目标

1. 了解常用外贸单据的定义与作用
2. 熟悉常用外贸单据的办理流程
3. 掌握常用外贸单据的填制要求与方法
4. 掌握国际贸易惯例关于常用外贸单据的有关规定

导入案例

2021年6月，烟台蓝星进出口有限公司（以下简称蓝星公司）以FOB条件向英国奥特公司出口一批防风衣，货款采用即期议付信用证支付。奥特公司通过开证行开立的信用证规定：货物描述为MEN'S WIND

BREAKER,数量为 5 000PCS,单价为 USD20.00/PC FOB SHANGHAI INCOTERMS® 2020,金额为 USD100 000.00,允许分批装运,最迟装运日期为 2021 年 7 月 30 日。信用证关于单据的要求:商业发票一式三份;全套清洁已装船提单注明"运费到付",做成托运人指示抬头;汇票的受票人为汇丰银行伦敦分行,付款期限为 AT SIGHT。蓝星公司按信用证规定如期装运,并在交单期内向议付行交单议付,议付行随即向开证行寄单索偿。开证行收到单据后,来电表示拒绝付款,其理由是单证存在下列不符点:商业发票中货描为"WIND BREAKER",与信用证规定不一致;商业发票中贸易术语显示为"FOB SHANGHAI",未标明来源;提单未做背书。蓝星公司也承认开证行提出的不符点确实成立,但由于时间限制,已无法在信用证的有效期内或最迟交单期内修改单据,只能作为不符交单处理。

思考:国际贸易惯例中对于商业发票货物描述、贸易术语来源以及提单背书有哪些规定?

任务一 发 票

一、发票认知

(一) 发票的定义

进出口业务中的发票(invoice),有时也称为商业发票(commercial invoice),是出口商向进口商开立的售货证明,是实际出运货物的价目清单。发票是出口结汇单据中最重要的单据之一,所有其他单据都应以它为中心来缮制。因此,在制单顺序上,往往首先缮制商业发票。

(二) 发票的作用

发票之所以成为结汇单据的核心,与其作用密不可分,具体表现在以下几个方面:

(1) 发票是一笔业务的全面反映,可供进口商了解和掌握出口商交付货物的整体情况,核对货物是否符合合同或信用证的规定。

(2) 发票是进出口商凭以记账、收付汇的依据。

(3) 发票是进出口商报关、纳税的凭证。发票中记载的有关货物的说明以及价值信息是海关核定税款的主要依据。

(4) 发票是索赔和理赔的重要凭证。一旦发生运输或者保险索赔时,发票可以作为货物价值的证明。

(5) 发票是外贸单据中的基础单据,是办理租船订舱、报关报检以及投保等业务的随附单据,是填制托运单、报关单、投保单的重要依据。

(三) 发票的种类

根据性质与作用的不同,发票主要包括以下几种类型。

1. 商业发票

商业发票(commercial invoice)是出口商开立的载有货物名称、数量、价格等内容的清单,作为进出口双方交接货物和结算货款的主要单证,是进口国确定征收进口关税的依据,也是买卖双方索赔、理赔的依据。

2. 海关发票

海关发票（customs invoice）是出口商应进口国海关要求出具的一种单据，其格式一般由进口国海关统一制定并提供，主要是用于进口国海关统计、查核进口商品原产地、价格的构成等。海关发票的内容要比一般的商业发票复杂，通常包括价值部分、产地部分和证明部分等。

3. 领事发票

领事发票（consular invoice）是出口商根据进口国驻出口国领事馆或其邻近地区领事馆规定的固定格式填制并经领事签证的发票。其作用与海关发票相似，主要目的是核实产地和价格，进口商需要凭借领事发票办理进口报关手续。有些国家或地区不要求按固定格式填写，而是规定由其领事在普通商业发票上签证，亦具有同等效力。

4. 税务发票

税务发票（tax invoice）是指用于税务入账和计征税款的发票。此类发票通常都有固定格式，由税务部门监制并盖有税务部门印戳。

5. 形式发票

形式发票（proforma invoice）是进出口业务中使用的一种非正式的、参考性的发票。出口商应进口商的要求，列出拟出售商品的名称、规格、价格等条款，开立形式发票，以便进口商向进口国有关当局申请进口许可证、核批外汇或作为出口商对外报价的一种形式。形式发票不是正式发票，所列内容与最终实际出运货物的情况可能不一致，对进出口商都无约束力。货物出运后应另开正式发票以便结算货款。

6. 厂商发票

厂商发票（manufacturer invoice）是出口货物的制造厂商出具给出口商的销售货物的凭证，其中的销售价格为出口国货币表示的出口国国内市场的货物出厂价格。进口商要求出口商提供厂商发票的主要目的是检查出口国出口商品是否存在低价倾销行为，以便进口国海关估价、核税及征收反倾销税。因此，厂商发票中的价格理应低于出口商出具的商业发票或其他形式发票中的价格。

（四）发票的内容

一般来说，发票内容分为三部分，即首文、本文和结文。首文包括发票名称、发票编号、出票时间、出票地点、出票所依据的文件编号、出票人、受票人、启运港、目的港等运输条款。本文是发票的主要内容，主要说明货物的基本情况，如货物名称、数量、规格、价值、唛头等内容。结文包括货物产地、质量、包装材料等方面的证明文句以及出票人签章等。

二、发票的缮制

（一）信用证中有关发票的条款

商业发票是出口单据中的核心单据，是缮制其他单据的基础。例如，在信用证支付方式下，出口商要想实现顺利结汇，必须做到相符交单，即提交的单据必须符合信用证的规定，单单一致、单证相符。因此，外贸单证员必须正确理解信用证条款，准确、全面地体现各有关条款的具体要求,并保证提交的发票内容、份数与信用证规定一致。

信用证中关于商业发票的条款主要包括发票的名称、份数、内容及其他要求。信用证中发票条款具体示例如下:

示例 1:

COMMERCIAL INVOICE IN THREE COPIES INDICATING L/C NO. AND CONTRACT NO..(商业发票一式三份,列明信用证编号以及合同编号。)

示例 2:

SIGNED COMMERCIAL INVOICE IN DUPLICATE CERTIFYING THAT THE GOODS ARE OF CHINESE ORIGIN AND SHOWING H. S. CODE.(经签署的商业发票一式两份,证明货物原产地是中国并列明商品 H. S. 编码。)

(二) 商业发票的缮制

商业发票由出口商自行拟制,没有统一格式,但基本内容大致相同。图表 5-1 和图表 5-2 分别是两家公司的发票样本。下面以图表 5-1 为例,介绍商业发票的缮制要求。

图表 5-1 商业发票样本一

Issuer	商业发票 COMMERCIAL INVOICE		
To			
	No.		Date
Transport Details	S/C No.		L/C No.
	Terms of Payment		
Marks and Numbers	Description of Goods	Quantity	Unit Price	Amount
		Total:		
Say Total:				
				(Signature)

图表5-2 商业发票样本二

烟台蓝星进出口公司
YANTAI BLUESTAR IMP. & EXP. CORPORATION
123HUANSHAN ROAD, YANTAI, CHINA
COMMERCIAL INVOICE

TEL: INVOICE NO.:
FAX: DATE:
                                        S/C NO.:
                                        L/C NO.:

TO:

FROM _____ TO _____

MARKS & NO.	DESCRIPTIONS OF GOODS	QUANTITY	UNIT PRICE	AMOUNT
TOTAL				

TOTAL AMOUNT:

WE HEREBY CERTIFY THAT THE CONTENTS OF INVOICE HEREIN ARE TRUE AND CORRECT.

YANTAI BLUESTAR IMP. & EXP. CORPORATION
×××

1. 出票人

商业发票的出票人(issuer),也称为商业发票的出具人,此栏应填写商业发票出票人(即出口商)的英文名称和地址。在信用证支付方式下,应与信用证受益人的名称和地址保持一致。

根据UCP 600及ISBP 821的有关规定和解释,在信用证支付方式下,发票应由受益人出具,或者在已转让信用证项下由第二受益人出具。当受益人或者第二受益人已变更名称,而信用证中提及的是原名称时,只要发票注明"以前的名称为(受益人或第二受益人的名称)(formerly known as …)"等类似措辞,发票就可以该实体变更后的名称出具。

2. 受票人

商业发票的受票人(to),也称为抬头人,此栏多数情况下填写进口商的名称和地址。在信用证支付方式下,应与信用证开证申请人的名称和地址一致。根据UCP 600的规定,除已转让信用证的特殊情形外,商业发票必须以申请人为抬头出具。在其他支付方式下,可以按合同规定列入买方名称和地址。

3. 发票号

发票号(No.)栏一般由出口企业自行编制,通常由年份、商品代号、顺序号等组成,用于核对。发票号是整套单据的中心号码,汇票、装箱单等单据的号码一般都采用发票号码。

4. 发票日期

在全套单据中,发票是签发时间最早的单据。发票日期(date)只要不早于合同的签订日期,不迟于提单的签发日期即可,一般都是在信用证开证日期之后、信用证有效期之前。

5. 运输说明

运输说明(Transport Details)栏通常包括起运地、目的地、运输方式等内容。在填写起运地和目的地时,即使合同或信用证中规定比较笼统,在缮制发票时也要填写已经确定的具体地点名称。如果货物需要转运,转运地点也应明确列出。具体示例如下:

示例:From Shanghai to Liverpool via Hong Kong By Vessel.(货物通过海运从上海港经香港港运往利物浦港。)

6. 合同号

发票的出具都有买卖合同作为依据,但买卖合同不都以"S/C(Sales Contract)"为名称,有时出现"Order""Contract""P. O."等。因此,当合同的名称不是"S/C"时,应先修改本栏名称,再填写该合同的号码。

7. 信用证号码

信用证方式下的发票需填写信用证号码(L/C No.),作为出具该发票的依据。若不是信用证方式付款,本项留空。

8. 支付条款

支付条款(Term of Payment)栏填写买卖合同所采用的支付方式以及支付期限。具体示例如下:

示例1:L/C at sight(即期信用证)

示例2:L/C at 30 days after sight(见票后30天付款的信用证)

示例3:D/P at sight(即期付款交单)

示例4:D/A at 30 days after sight(见票后30天付款的承兑交单)

示例5:T/T 30% in advance and 70% within 30days after shipment date(电汇,预付30%,装运后30天内支付70%)

9. 唛头及件数编号

唛头及件数编号(Marks and Numbers)栏有时也会制作为运输标志(shipping mark),应按照合同或信用证的规定缮制。如果合同或信用证规定"AS PER THE SELLER'S OPTION"(由卖方决定),则由出口商自行编制唛头。按照国际标准化组织的建议,唛头由四个部分组成,即收货人公司简称、参考号码、目的地或目的港、件号或箱号。实际业务中,为了使得收货人公司的名称或者商标更加醒目,有时合同或者信用证会要求将收货人公司的简称置于几何图形中,则发票中应列明相应条款。如果出口货物为裸装货物或者散装货物,可注明"NAKED"或者"IN BULK",也可以填写"N/M(NO MARK)",即没有唛头。具体示例如下:

示例：

信用证中规定唛头：

BLUE STAR

2022ST001

NEW YORK

NO. 1-100

商业发票中唛头应为：

BLUE STAR

2022ST001

NEW YORK

NO. 1-100

10. 货物描述

货物描述(Description of Goods)栏是发票的主要部分,此栏应详细填写各项商品的英文名称及品名规格。其中,品名规格应该严格按照合同或信用证的规定填写。

根据 UCP 600 及 ISBP 821 的相关规定,发票显示的货物、服务或履约行为的描述应当与信用证中的描述相符,但不要求如镜像一样,货物细节可以在发票的多处显示,当一并解读时,其显示的货物描述与信用证中的描述一致即可。发票上的货物、服务或履约行为的描述应当反映实际装运或交付的货物、提供的服务或履约行为。例如,当信用证的货物描述要求装运"10辆卡车和5辆拖拉机",而只装运了4辆卡车时,只要信用证不禁止部分装运,发票可以显示只装运了4辆卡车。发票注明实际装运货物(4辆卡车)的同时,也可以包含信用证规定的货物描述,即10辆卡车和5辆拖拉机。发票显示与信用证规定一致的货物、服务或履约行为描述的同时,还可以显示与货物、服务或履约行为相关的额外信息。例如,信用证货物描述中规定商品为"绒面革鞋子",发票的货物描述中除了显示"绒面革鞋子"外,还加列了具体的型号,单据的内容仍然与信用证规定相符,这样的交单银行是接受的;但是如果发票将货物描述为"仿造绒面革鞋子",增加的额外信息表示货物的性质、等级或类别出现了变化,这样的交单将不被银行所接受。

11. 数量

货物的销售数量(Quantity)栏与计量单位连用。填写时应注意货物数量和计量单位既要与实际装运货物情况一致,又要与信用证要求一致。

根据 UCP 600 的规定,"约"或"大约"用于信用证金额或信用证规定的数量或单价时,应解释为允许有关金额或数量或单价有不超过10%的增减幅度。在信用证未以包装单位件数或货物自身件数的方式规定货物数量时,货物数量允许有5%的增减幅度,只要总支取金额不超过信用证金额即可。如果信用证只有金额处有机动幅度,货物数量没有机动幅度,那么货物数量不能按照此机动幅度进行增减。如果信用证在规定数量机动幅度的同时允许分批装运，又规定了每一批的数量要求，则每批应按相同的增减幅度掌握。

根据 ISBP 821 的规定，发票不应显示超装或者信用证未规定的货物、服务及履约行为。发票包含了信用证规定货物、服务或履约行为的额外数量，或者样品和广告材料，即便注明为免费，这样的发票也将不被接受，因为免费货物会影响部分或全部货物的报关，从而影响开证申请人获得货物。

12. 单价

单价(Unit Price)栏由四个部分组成：计价货币、计量单位、单位数额和贸易术语。如果信用证有规定，单价应与信用证保持一致；若信用证没规定，单价则应与合同保持一致。

根据 ISBP 821 的规定，当信用证规定了贸易术语作为货物描述的一部分时，发票应当显示该贸易术语，而当信用证规定了贸易术语的出处时，发票应当显示贸易术语的相同出处。发票中显示的贸易术语及出处可以比信用证的规定更具体，但是不能更宽泛，宽泛意味着有可能与信用证的规定不一致。例如，当信用证规定贸易术语为"CIF Singapore INCOTERMS® 2020"时，发票不应显示贸易术语为"CIF Singapore"或"CIF Singapore INCOTERMS"；但是，当信用证规定贸易术语为"CIF Singapore"或"CIF Singapore INCOTERMS"时，发票可以显示贸易术语为"CIF Singapore INCOTERMS® 2020"或任何其他版本。

13. 金额小计

金额小计(Amount)栏应列明币种及各项商品总金额（总金额＝单价×数量）。除非信用证上另有规定，货物总值不能超过信用证金额，若信用证没有规定，则应与合同保持一致。

实际制单时，若来证要求在发票中扣除佣金，则必须扣除，折扣与佣金的处理方法相同。有时证内无扣除佣金规定，但金额正好是减佣后的金额，发票应显示减佣，否则发票金额超证；有时合同规定佣金，但来证金额内未扣除，而且证内也未提及佣金事宜，则发票不宜显示，待货款收回后另行汇给买方。另外，在 CFR 和 CIF 价格条件下，佣金一般应按扣除运费和保险费之后的 FOB 价计算。

14. 货物总计

货物总计(Total)栏应分别填入所有货物累计的总数量和总金额，包括相应的计量单位与币种，填写时须注意计算的准确性。

15. 大写总金额

大写总金额(Say Total)栏为以大写文字表明的发票总金额，必须与数字表示的总金额保持一致。具体示例如下：

示例：U.S. DOLLARS EIGHTY NINE THOUSAND SIX HUNDRED ONLY.

16. 其他事项

其他事项位于"Say Total"下方的空白处，主要填写根据合同或信用证的要求而加注的其他内容。例如，要求列明 FOB 金额、运费及保费，要求证明货物原产地是中国，要求声明发票的内容正确、真实等。在相当多的信用证中,都会要求在发票中加列证明此类事项的条款,出口商均应按照信用证要求办理。具体示例如下:

示例 1:

We hereby certify that the goods named have been supplied in conformity with order No. 2022ST001. (我方在此证明所提供的货物与 2022ST001 订单规定一致。)

示例 2:

We hereby certify that the above goods are of Chinese origin. (我方在此证明上述货物均产自中国。)

17. 签署

根据 UCP 600 及 ISBP 821 的规定,发票无须签署,只要表面看似由受益人出具即可。尽管如此,实际业务中也存在例外的情况,具体如下:

(1) 当信用证有"signed invoice"字样时,发票必须签署;如果要求"manually signed invoice"时,则必须要有受益人的手签。

(2) 如果信用证要求发票加具声明文句,发票也必须签署。

(3) 如果发票用于报关、出口退税等业务,出票人也须对发票进行签署。

(4) 对于与部分美洲国家开展的出口业务,无论信用证是否有规定,商业发票必须手签。因此,还需要注意不同国家的商业习惯。

(三) 缮制发票的注意事项

为保证做到相符交单,顺利结汇,出口商在缮制发票时,应注意以下事项:

(1) 根据合同或信用证的规定提供相应类型的发票。根据 ISBP 821 的有关规定,当信用证要求提交发票而未作进一步描述时,提交任何类型的发票(如商业发票、海关发票、税务发票、最终发票、领事发票等)即满足要求。但是,发票不得标明"临时发票""形式发票"或类似名称。当信用证要求提交商业发票时,提交名称为"发票"的单据也满足要求,即便该单据含有供税务使用的声明。

(2) 了解发票的性质和作用,对发票的内容了然于胸,填写单据时保证准确无误、内容完整,反映实际出运货物的情况,符合合同或信用证规定,与其他单据一致。

(3) 发票的缮制要符合 UCP 600、ISBP 821 等国际贸易惯例的规定,要符合进出口国的习惯做法。

任务二 装 箱 单

一、包装单据认知

(一) 包装单据的定义

包装单据是对实际出运货物的包装情况加以说明的单据,是对商业发票内容的补充。

主要内容包括包装种类、件数、唛头、重量、体积等。国际贸易中的货物,除了散装货和裸装货外,其他绝大多数货物都需要包装,因此,包装单据是常见的外贸单据之一。

(二) 包装单据的种类

根据内容的不同,包装单据主要有以下几种:

(1) 装箱单(packing list):主要列明货物包装的细节,包括包装方式、包装材料、包装件数、货物数量、重量、体积等内容。

(2) 重量单(weight list):主要列明货物单件包装的毛重和净重信息。

(3) 尺码单(measurement list):主要列明货物单件包装的体积以及总体积信息。

(4) 详细装箱单(detailed packing list):主要列明货物的装箱内容、每件包装的具体细节,包括商品的货号、色号、尺寸搭配、毛重、净重及尺码等。

(5) 花色搭配单(assortment list):主要列明单件包装的花色搭配情况。

(三) 包装单据的作用

包装单据的作用主要体现在以下几个方面:

(1) 包装单据为出口商缮制商业发票及其他单据提供了计量、计价的基础资料。

(2) 包装单据是进口商核对货物件数、数量、重量或体积的依据。

(3) 包装单据是承运人和托运人间清点货物、核算运费的参考资料。

(4) 包装单据是海关、公证或检验机构查验货物的重要凭证。

(5) 包装单据是保险公司理赔的必要单据之一。

二、包装单据的缮制

(一) 信用证中有关包装单据的条款

信用证有关包装单据的条款主要包括包装单据的种类、份数、出具人以及单据内容的规定。缮制单据前,外贸单证人员务必认真阅读信用证,按照相关要求准确制单。信用证中关于包装单据条款具体示例如下:

示例1:PACKING LIST IN DUPLICATE INDICATING DETAILED PACKING OF EACH CARTON.(装箱单一式两份,列明每箱的详细包装情况。)

示例2:PACKING LIST IN 3 COPIES SHOWING GROSS WEIGHT, NET WEIGHT AND MEASUREMENT OF EACH PACKAGE.(装箱单一式三份,注明单件包装的毛重、净重和体积。)

(二) 装箱单的缮制

装箱单是进出口业务中最常使用的包装单据,一般由出口商缮制,没有统一固定的格式,制单时可以根据合同或信用证的要求以及货物自身的特点自行设计。图表5-3和图表5-4分别是两家公司的装箱单样本。下面以图表5-3为例,介绍装箱单的缮制要求。

图表 5-3　装箱单样本一

ISSUER：	装箱单 PACKING LIST				
TO：	No.		Date		
	S/C No.		L/C No.		
Marks and Numbers	Description of Goods	Quantity	Package	G. W.	N. W.	Meas.
TOTAL						
SAY TOTAL：						
					(Signature)	

图表 5-4 装箱单样本二

烟台蓝星进出口公司
YANTAI BLUESTAR IMP. & EXP. CORPORATION
123HUANSHAN ROAD, YANTAI, CHINA
PACKING LIST

TEL:　　　　　　　　　　　　　　　　　　　INVOICE NO.:
FAX:　　　　　　　　　　　　　　　　　　　DATE:
　　　　　　　　　　　　　　　　　　　　　S/C NO.:
　　　　　　　　　　　　　　　　　　　　　L/C NO.:
TO:

MARKS &.NO.	GOODS DESCRIPTIONS & PACKING	Q'TY(kgs)	CTNS	G. W. (kgs)	N. W. (kgs)	MEAS. (CBM)
TOTAL						

YANTAI BLUESTAR IMP. & EXP. CORPORATION
×××

1. 出单人

出单人(Issuer)栏填写装箱单出单人的名称与地址,通常与商业发票的出票人相同。在信用证支付方式下,此栏通常与信用证受益人的名称和地址一致。根据 ISBP 821 的解释,装箱单应由信用证规定的实体出具。当信用证未规定出具人名称时,装箱单可由任何实体出具。

2. 受单人

受单人(To)栏填写装箱单受单人的名称与地址,通常与发票的受票人相同,多数情况下填写进口商的名称和地址。信用证方式下,通常与信用证开证申请人的名称和地址一致,除非信用证另有规定,此栏空白或填写"To whom it may concern"(致有关人)的装箱单也被银行所接受。

3. 装箱单号

装箱单号(No.)栏为装箱单号码,通常与发票号码一致。

4. 日期

日期(Date)栏为装箱单缮制日期,通常与发票日期一致,不能迟于信用证的有效期及提单日期。

5. 合同号

合同号(S/C No.)栏与商业发票中的填写要求一致。

6. 信用证号

信用证号(L/C No.)栏与商业发票中的填写要求一致。

7. 唛头及件数编号

唛头及件数编号(Marks and Numbers)栏与商业发票中的填写要求一致。

8. 货物描述

根据 UCP 600 的规定,除商业发票外,其他单据中的货物、服务或履约行为的描述可使用与信用证中的描述不矛盾的概括性用语。因此,装箱单中的货物描述(Description of Goods)栏可以使用全称,也可以使用统称。例如,信用证中的货物描述为"Rose"(玫瑰花),装箱单中的货物描述可以是"Rose"(玫瑰花),也可以是"Flower"(花)。

9. 数量

数量(Quantity)栏为实际出运货物的数量,与商业发票填写要求一致。

10. 外包装件数

外包装件数(Package)栏填写每种货物的包装件数以及包装种类,最后在合计栏处注明外包装总件数。

11. 毛重

毛重(G. W.)栏填写时应注意,如果同一批货物中涉及不同的商品或者同一种商品有不同的规格,则通常需要分别列出相应的毛重,然后在合计栏处注明总毛重。

12. 净重

净重(N. W.)栏填写时应注意,如果同一批货物中涉及不同的商品或者同一种商品有不同的规格,则通常需要分别列出相应的净重,然后在合计栏处注明总净重。

13. 体积

体积(Meas.)栏通常需注明每种规格产品的体积,然后在合计栏处注明总体积。

14. 合计

合计(TOTAL)栏应分别填入所有货物累计的总数量、总包装件数、总毛重、总净重和总体积。如果每种商品的包装单位不同,合计栏的包装单位写作"Packages"。例如,实际出运两种商品,外包装数量分别为 80Bags 和 120Cartons,合计栏应填"200Packages"。

15. 大写包装数量

大写包装数量(SAY TOTAL)栏应以大写文字写明总包装件数,如 FOUR HUNDRED CARTONS ONLY,必须与数字表示的包装件数一致。

16. 签署

通常情况下,装箱单由出口商进行签署。如果信用证没有规定要求签署装箱单,银行接受不经过签署的装箱单;如果信用证要求中性包装单据,则出口商不能签署。

(三) 缮制包装单据的注意事项

出口商在缮制包装单据时,需要注意以下事项:

(1) 出口商可以根据商品的特点以及信用证的要求,提供适当的包装单据,做到既能符合信用证规定,又能满足客户对商品包装的要求。

(2) 不同种类的包装单据,主要内容或者侧重点有所不同。装箱单着重表现货物的包装情况,内容包括包装材料、包装方式等;重量单在装箱单的基础上,主要列明货物的毛重、净重、皮重;尺码单着重要体现货物的体积。

(3) 包装单据一般不记载货物的单价和总值,因为进口商不想让实际买主了解货物的详细成本、价格情况。

任务三　原产地证明书

一、原产地证明书认知

(一) 原产地证明书的定义

在国际贸易中,原产地这个概念是指货物生产的国家或地区,就是货物的"国籍"。随着经济全球化和生产国际化的发展,准确认定进出口货物的"国籍"变得更为重要。因为确定了进口货物的"国籍",就确定了其依照进口国的贸易政策所适用的关税和非关税待遇。原产地的不同决定了进口商品所享受的待遇不同。原产地证明书(certificate of origin)简称产地证,是出口商应进口商要求而提供的,由政府有关当局、公证机构、出口商或制造厂商出具的,证明货物原产地或制造地的一种证明文件。原产地证明书是进出口双方交接货物、结算货款、索赔理赔、进口国通关征税的有效凭证,是进口国实施国别贸易政策的依据。

(二) 原产地证明书的种类

1. 按签发机构分类

现阶段,国内一般的原产地证明书,根据签发人的不同,分为海关部门签发的原产地证明书、中国国际贸易促进委员会(以下简称中国贸促会)出具的产地证、出口商出具的产地证、生产厂商出具的产地证。

对于实施最惠国待遇、反倾销和反补贴、保障措施、原产地标记管理、国别数量限制、关税配额等非优惠性贸易措施的货物,海关依据《中华人民共和国进出口货物原产地条例》及《中华人民共和国非优惠原产地证书签证管理办法》签发原产地证明书;对于实施优惠性贸易措施的进出口货物,海关依据中国缔结或者参加的国际条约、协定的有关规定及对应协定项下的《中华人民共和国海关进出口货物原产地管理办法》签发原产地证明书。

中国贸促会及其地方分会依据《中华人民共和国进出口货物原产地条例》签发原产地证明书。如明确要求原产地证明书由商会出具,企业应向中国贸促会及其地方分会申请。中国贸促会及其地方分会可签发一般原产地证明书、部分区域优惠贸易协定项下优惠原产地证明书、加工装配证书、转口证书等。

2. 按应用范围分类

根据应用范围的不同,原产地证明书可分为优惠性原产地证明书、非优惠性原产地证明书和专用原产地证明书。

1) 优惠性原产地证明书

优惠性原产地证明书是指出口地签证机构出具的,能使出口货物在进口地享受关税优惠待遇的原产地证明书。常见的优惠性原产地证明书包括普惠制原产地证书和区域优惠贸易协定项下原产地证明书。

普惠制(generalized system of preference,GSP)是发达国家对于来自发展中国家的商品,特别是制成品和半制成品,普遍给予优惠待遇的一种制度,是发达国家给予发展中国家的一种普遍的、非歧视的、非互惠的优惠待遇。普惠制原产地证书是享受普惠制待遇的重要凭证,书面格式名称为"格式 A(Form A)"。我国海关对我国出口到普惠制给惠国且享受普惠制关税优惠待遇的商品,签发普惠制原产地证书。近年来,随着中国经济的快速发展,欧盟、日本等发达国家和地区相继调整了普惠制方案,取消了给予中国的普惠制待遇,普惠制优惠逐渐弱化。

随着世界经济一体化的加快,区域间自由贸易快速增长。为了营造和维护更为良好可持续的经贸发展环境,我国加快实施自由贸易区战略,努力加强双边、多边经贸合作,使优惠贸易政策真正惠及我国企业,降低交易成本,对提高我国企业国际竞争力,促进国民经济持续稳定发展,具有重要意义。截至 2020 年,我国已与 26 个国家和地区签署了 19 个自贸协定,自贸伙伴覆盖亚洲、大洋洲、拉丁美洲、欧洲和非洲,如图表 5-5 所示,我国与自贸伙伴的贸易额占我国外贸总额的 35% 左右。区域性优惠原产地证明书是我国的原产货物出口到自贸伙伴海关通关时,国外客户享受关税减免待遇的必要凭证。按规定,我国海关、中国贸促会及其地方分会有权签发优惠贸易协定项下出口货物原产地证明书。

图表 5-5 中国对外自贸协定一览

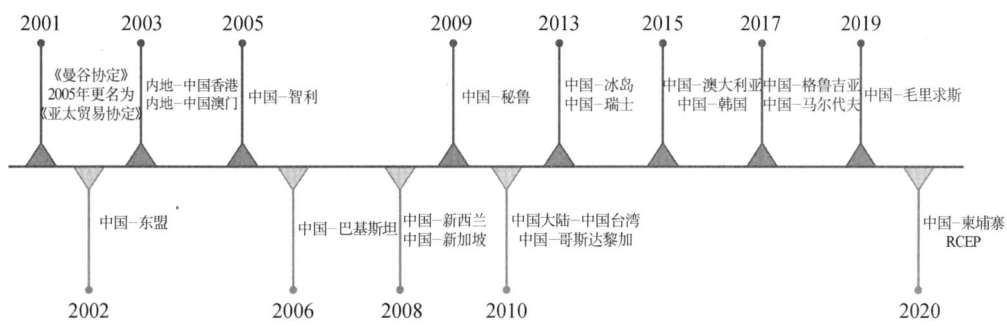

2) 非优惠性原产地证明书

非优惠性原产地证明书是指出口地签证机构出具的,适用于实施最惠国待遇、反倾销和反补贴、保障措施、原产地标记管理、国别数量限制、关税配额等非优惠性贸易措施,以及进行政府采购、贸易统计等活动中,为确定出口货物原产于中华人民共和国境内所签发的书面证明文件。非优惠性原产地证明书主要有一般原产地证明书、加工装配证明书和转口证明书三种类型。实际业务中,合理利用非优惠性原产地证明书,也可以为企业降低成本、减少损失。根据中国贸促会发布的案例,江苏一家外贸企业在接到欧盟的反倾销调查后,积极与盐城贸促会进行了深入的研究和探讨,在盐城贸促会的指导下,该企业在遵守我国原产地法律法规的前提下,通过改进加工工序,合法地将产品由中国原产变为中国加工,并申请加工装配证书。由于货物不再是中国原产,德国海关决定不再对该企业征收反倾销税,为企业避免了重大经济损失。

3)专用原产地证明书

专用原产地证明书主要是一些国际组织或国家(地区)根据政治和贸易措施的特殊需要,针对某一特殊行业的特定产品规定的原产地证明书。专用原产地证明书上所列的商品均属某一特殊行业的某项特定产品,且符合我国政府与外国政府或国际组织签订的相关协议所规定的原产地规则,由协议规定的签证机构签发。专用原产地证明书主要有金伯利进程证明书、输欧盟农产品原产地证明书、输欧盟烟草真实性证明书、手工制品原产地证明书、濒危动植物原产地证明书等。

(三)原产地证明书的作用

原产地证明书的基本作用是证明货物的原产国或地区,并由此派生出其他作用,也成为进口国实施进口管制和国别贸易政策的重要手段。

(1)进口地实行差别关税待遇的证明文件。截至目前,大多数国家或地区的关税税则为复式税则,即通常进口国家或地区对来自不同国家或地区的同一种产品给予不同的关税待遇。不同的关税待遇对进口企业的利益影响甚大。例如,8703214010 税号越野车进口关税税率,如图表 5-6 所示,普通税率高达 230%,正常关税 15%,部分协定税率 0%。进口商要享受到优惠关税,必须提供符合海关要求的原产地证明书,以证明商品的原产地是受惠国家或地区。

图表 5-6 8703214010 税号越野车进口关税税率一览表

税号	商品名称	进口最惠国税率	进口普通税率	进口协定税率									
				内地与中国香港紧密经贸关系安排	中国毛里求斯自贸协定	中新自贸协定	亚太贸易协定	中巴自贸区	内地与中国澳门紧密经贸关系安排	中国澳大利亚自贸协定	中国-哥斯达黎加自贸协定	中智自贸区	中国-冰岛自由贸易协定
8703214010	仅装有排量≤1升的点燃式活塞内燃发动机的越野车(4轮驱动)	15.00%	230.00%	0	17.90%	0	13.50%	22.50%	0	0	0	0	0

(2) 进口国海关贸易统计的重要依据。编制海关统计是海关的重要职能之一,尤其进口国在实施配额和许可证管理等贸易措施时,海关往往以货物的原产地为依据统计特定国家或地区年度内货物进口量,原产地证明书也因此成为相应出口商必须提供的通关单证之一。

(3) 进口国实施进口限制措施的重要工具。进口国根据某些限制规定,对来自不同国家或地区的货物给予不同待遇,则必须首先确定进口货物的原产地。这些限制规定的范围非常广泛,如实施反倾销、反补贴、保障措施及国家间实行贸易报复、检验检疫等,原产地证明书要求往往成为这些限制规定的重要组成部分。进口国不但将原产地证明书作为允许进口的文件之一,还通过加大原产地证明书签发的难度、提高费用等办法来强化限制进口的措施效果,从而使之成为一种非关税壁垒措施。

(4) 出口商品的促销手段。在实施差别关税待遇的进口国家或地区,有效的原产地证明书有助于进口商获得相应的低税率待遇,降低进口费用,降低售价,增强价格竞争力。同时,对于某些质量优于其他国家且国际市场竞争激烈的本国货物,原产地证明书本身也是质量证明。

另外,在进出口贸易中,原产地证明书也是买卖双方办理交接货物、结算货款、索赔理赔等业务的常用单证之一。

(四)原产地证明书的申领流程

中国海关对原产地证明书的申请和签发目前已基本实现电子化,企业可以在中国国际贸易单一窗口网站(http://www.singlewindow.cn)申领原产地证明书,具体流程如下:

第一步,企业备案。自2019年10月15日起,海关和商务部完成了对外贸易经营者备案和原产地企业备案"两证合一"。企业的基本信息已通过数据共享获得,不再要求企业重复申报。但在申请原产地证明书前,应添加与原产地签证有关的信息,具体包括企业中英文印章、申领员信息、产品信息(贸易公司除外)。企业可登录"互联网+海关"平台(http://online.customs.gov.cn)办理。

第二步,产品预审。海关需对出口产品是否具备中国原产资格进行确认。企业可通过"互联网+海关"平台提交产品预审申请,申报产品HS编码、中英文名称、原材料情况、生产工序等,进行预审。海关将依据《中华人民共和国进出口货物原产地条例》以及各自由贸易协定中原产地规则审核该产品是否具备中国原产资格。值得注意的是,海关为确认产品原产资格可能需要进行实地调查,企业应当配合调查工作,及时提供有关资料。

第三步,证书申报。企业应在货物出口前或出口时向海关申请办理原产地证明书,可登录中国国际贸易单一窗口网站,进行网上申报。其中,进出口双方信息、运输细节、商品描述、适用原产地标准等栏内容应依据各自贸协定相关规定如实申报。

第四步,证书签发。企业收到证书审核通过回执后,即可在中国国际贸易单一窗口网站自行打印带有海关签章和签名的原产地证明书。对于尚未开通自助打印的原产地证明书,企业可到海关现场办理签发手续。

二、原产地证明书的缮制

(一) 信用证中关于原产地证明书的规定

信用证中关于原产地证明书的条款主要包括原产地证明书的类型、出具人等内容。根据 ISBP 821 的规定,当信用证要求提交特定格式的原产地证明书,如普惠制原产地证明书格式 A(GSP Form A),应仅提交该特定格式的单据。关于原产地证明书的出具人,根据 ISBP 821 规定,原产地证明书应当由信用证规定的实体出具。当信用证没有规定出具人名称时,原产地证明书可以由任何实体出具。当信用证要求提交由受益人、出口商或制造商出具的原产地证明书时,只要原产地证明书相应注明受益人、出口商或制造商,提交的原产地证明书由商会或类似机构,比如但不限于行会、行业协会、经济协会、海关和贸易部门等类似机构出具也满足要求。当信用证要求提交由商会出具的原产地证明书时,提交的原产地证明书由行会、行业协会、经济协会、海关和贸易部门等类似机构出具也满足要求。

信用证中原产地证明书条款的具体示例如下:

示例 1:

CERTIFICATE OF ORIGIN ISSUED BY CHAMBER OF COMMERCE IN CHINA CERTIFYING THAT THE GOODS ARE OF CHINESE ORIGIN.(由中国商会签发的原产地证明书,证明货物产自中国。)

示例 2:

CERTIFICATE OF ORIGIN OF THE GOODS ISSUED BY CCPIT OR RELATIVE COMPETENT ORGANIZATION IN 1 ORIGINAL AND 1 COPY.(由 CCPIT 或相关主管机构出具的货物原产地证明书,1 份正本、1 份副本。)

(二) 一般原产地证明书的填制

一般原产地证明书是证明货物原产于某一特定国家或地区,享受进口国正常关税待遇的证明文件。在我国,一般原产地证明书由商务部统一规定和印制,并由海关或中国贸促会签发。

一般原产地证明书样本如图表 5-7 所示,共有十二栏,各栏的填写方法如下。

1. 出口商的名称、地址、国别

出口商的名称、地址、国别(Exporter)栏是带有强制性的,应填明在中国境内的出口商详细地址,包括街道名、门牌号码等。出口商必须是已办理产地证登记的企业,且公司英文名称应与签证机构注册备案的名称一致。

2. 收货人的名称、地址、国别

收货人的名称、地址、国别(Consignee)栏一般应填写外贸合同中的买方、信用证上规定的提单通知人或特别声明的收货人,如果最终收货人不明确,可填写发票抬头人。为方便外贸需要,此栏也可填写"TO ORDER"或"TO WHOM IT MAY CONCERN"。

图表 5-7　一般原产地证明书样本

ORIGINAL

1. Exporter		Certificate No. **CERTIFICATE OF ORIGIN OF THE PEOPLE'S REPUBLIC OF CHINA**		
2. Consignee				
3. Means of transport and route		5. For certifying authority use only		
4. Country/region of destination				
6. Marks and numbers	7. Number and kind of packages; description of goods	8. H. S. Code	9. Quantity	10. Number and date of invoices
11. Declaration by the exporter 　　The undersigned hereby declares that the above details and statements are correct; that all the goods were produced in China and that they comply with the Rules of Origin of the People's Republic of China.		12. Certification 　　It is hereby certified that the declaration by the exporter is correct.		
Place and date, signature and stamp of authorized signatory		Place and date, signature and stamp of certifying authority		

3. 运输方式及路线

运输方式及路线(Means of transport and route)栏一般填写货物起运地、目的地以及运输方式。运输路线起运地应填中国大陆最后一道离境地,如为转运货物,应加上转运地。运输方式有海运、陆运、空运、海空联运等。具体示例如下:

示例: FROM ALASHANKOU CHINA TO PIRAEUS GREECE VIA HONGKONG CHINA BY SEA(从中国阿拉山口经中国香港通过海运运往希腊比雷埃夫斯)

4. 目的地国家(地区)

目的地国家(地区)(Country/region of destination)栏指货物最终运抵目的地的国家或地区,即最终进口国(地区),一般与最终收货人所在国家(地区)一致,不能填写中间商国家(地区)名称。

5. 签证机构专用

签证机构专用(For certifying authority use only)栏由签证机构填写,申请单位应将此栏留空。

6. 唛头及包装号

唛头及包装号(Marks and numbers)栏按实际货物和发票上的唛头,填写完整的图案文字标记及包装号。

7. 包装数量与种类及商品说明

包装数量与种类及商品说明(Number and kind of packages; description of goods)栏请勿忘记填写包件数量及种类,并在包装数量的英文数字描述后用括号加上阿拉伯数字。如果信用证中品名笼统或拼写错误,必须在括号内加注具体描述或正确品名。商品名称等项列完后,应在末行加上截止线,以防止外商加填伪造内容。国外信用证有时要求填写合同、信用证号码等,可加在此栏截止线下方。具体示例如下:

示例 1:

COLOUR TV SETS

ONE HUNDRED AND FIFTY(150) CARTONS ONLY

示例 2:

ONE HUNDRED AND FIFTY(150) CARTONS OF COLOUR TV SETS

填写该栏目时,需要注意以下事项:

(1) 要求填写具体商品名称,如睡袋(SLEEPINGBAGS)、杯子(CUPS)等。

(2) 不得用概括性的表述,如服装(GARMENT),必须要分类是男装衬衣还是童装裤子或者女装裙子,以便于能确定相对应的 4 位 HS 编码。

(3) 如果该栏货描过多打不下时,可填写在第 7 栏、第 8 栏、第 9 栏的空白处,然后加上结束符号。如还打不下,则可另加附页,由签证机构加盖齐缝章,此栏应注明"ATTACHED LIST"或"SEE ATTACHED"(见附页),并在右上角打上相应原产地证明书号码,左下角由申请单位签章。

（4）该栏经常会出现商品的商标,在审核中应该要求申请人提供商标注册证明或者被授权使用证明,防止发生商标侵权行为。

（5）客户要求在产地证上显示信用证相关内容时,应在本栏填写。

（6）该栏经常会出现申请人的声明或者限制性条款等,以下内容不能显示:有关货物价格的内容;第8栏海关编码以外的其他海关编码;该票货物为其他国家制造的字样。

8. H.S.海关编码

H.S.海关编码(H.S.Code)栏填写商品HS编码,填写时注意以下事项：

（1）HS编码不少于4位,且必须是偶数,并与报关单一致。如同一证书包含几种商品,则应将相应的税目号全部填写。

（2）使用阿拉伯数字,之间不能留空或用圆点表示品目号、子目号。

（3）此栏不能留空。

9. 数量

数量(Quantity)栏应以商品的正常计量单位填制,如"只""件""匹""双""台""打"等。以重量计算的可填毛重,也可填净重,如为毛重须加注"G.W.(GROSS WEIGHT)",净重则加注"N.W.(NET WEIGHT)"。

10. 发票号及日期

发票号及日期(Number and date of invoices)栏内容应与正式商业发票一致,不得留空。为避免误解,月份一般用英文缩写"JAN.、FEB.、MAR."等表示,发票日期年份要填全,如"2022"不能写成"22"。发票日期不能迟于提单日期和申报日期。

11. 出口商声明

申请单位的申报人员应在出口商声明(Declaration by the exporter)栏签字,加盖已注册备案的企业中英文名称签证章,填上申报地点、日期。印章应清晰,申报日期不得早于第10栏的发票日期。

12. 签证机构证明

签证机构证明(Certification)栏填写签证地点和日期,一般情况下签证日期不得早于发票日期和申报日期。签证机构授权签证人员在此栏手签,并加盖签证机构印章。

（三）普惠制原产地证书的填制

中华人民共和国海关对我国出口到普惠制的给惠国且享受普惠制关税优惠待遇的商品,签发普惠制原产地证书。近年来,随着中国经济的快速发展,欧盟、日本等发达国家或地区相继调整了普惠制方案,取消了给予中国的普惠制待遇,普惠制优惠逐渐弱化。截至目前,中国输往挪威、澳大利亚和新西兰货物可继续申领普惠制原产地证书。

普惠制原产地证书如图表5-8所示,共有十二栏,各栏的填写方法如下。

图表 5-8　普惠制原产地证书样本

ORIGINAL

1. Goods consigned from (Exporter's business name, address, Country)	Reference No.
	GENERALIZED SYSTEM OF PREFERENCES CERTIFICATE OF ORIGIN (**Combined declaration and certificate**) **FORM A** Issued in **THE PEOPLE'S REPUBLIC OF CHINA** (country) See Notes. overleaf
2. Goods consigned to (Consignee's name, address, country)	
3. Means of transport and route (as far as known)	4. For official use

5. Item number	6. Marks and numbers of packages	7. Number and kind of packages; description of goods	8. Origin criterion (see Notes overleaf)	9. Gross weight or other quantity	10. Number and date of invoices

11. Certification It is hereby certified, on the basis of control carried out, that the declaration by the exporter is correct.	12. Declaration by the exporter The undersigned hereby declares that the above details and statements are correct; that all the goods were produced in **CHINA**　　　(Country) and that they comply with the origin requirement specified for those goods in the Generalized System of Preferences for goods exported to .... (Importing Country)
Place and date, signature and stamp of certifying authority	Place and date, signature of authorized signatory

1. 出口商的名称、地址、国别

出口商的名称、地址、国别(Goods consigned from)栏填写带有强制性,应填明在中国境内的出口商详细地址,包括街道名、门牌号码等。出口商必须是已办理原产地备案的企业,且公司英文名称应与签证机构注册备案的一致。此栏切勿填写境外中间商名称。

2. 收货人的名称、地址、国家

收货人的名称、地址、国家(Goods consigned to)栏应填写普惠制给惠国最终收货人名称,信用证方式下通常为信用证上规定的提单通知人或特别声明的收货人。此栏不得留空,不能填写境外中间商的名称。挪威对此栏为非强制性要求,也可填"TO ORDER"或"TO WHOM IT MAY CONCERN"。

3. 运输路线及方式

运输路线及方式(Means of transport and route)栏一般填写起运地、目的地、运输方式。转运商品应加上转运地。第2栏、第3栏国别内容与第12栏进口国保持一致。一般填写格式为"From＋起运地＋To＋目的地＋By＋运输方式＋Via＋转运地",英文填写。

4. 签证机构专用

签证机构专用(For official use)栏由签证机构填写,一般在签发后发证书、重发证书或加注其他声明时使用。申请单位应将此栏留空。

5. 项目编号

如果同一批出口货物有不同税则号的商品,按税则号归类,用阿拉伯数字"1、2、3……"按顺序编号填入项目编号(Item number)栏。

6. 唛头及包装编号

唛头及包装编号(Marks and numbers of packages)栏的填写方法与一般原产地证明书相应栏目填写方法相同。

7. 包装数量及种类与商品说明

包装数量及种类与商品说明(Number and kind of packages; description of goods)栏的填写方法与一般原产地证明书相应栏目填写方法相同。

8. 原产地标准

原产地标准(Origin criterion)栏是普惠制原产地证书的核心内容,是国外海关审核的主要项目。对含有进口成分的商品,国外要求严格且容易退证,应根据原产地标准准确填写。

普惠制原产地证书原产地标准填写说明如图表5-9所示。

图表5-9 普惠制原产地证书原产地标准填写说明

填报内容	出口国家(普惠制给惠国)	原产地标准
P	所有给惠国	完全原产

(续表)

填报内容	出口国家(普惠制给惠国)	原产地标准
W+HS编码	挪威	(1)产品列入了上述给惠国的"加工清单"符合其加工条件; (2)产品未列入"加工清单",但产品生产过程中使用的进口原材料和零部件要经过充分的加工,产品的HS编码不同于所用的原材料或零部HS编码
留空	澳大利亚和新西兰	本国原料和劳务不低于产品出厂成本的50%

9. 毛重及其他数量

毛重及其他数量(Gross weight or other quantity)栏的填写方法与一般原产地证明书相应栏目填写方法相同。

10. 发票号及日期

发票号及日期(Number and date of invoices)栏的填写方法与一般原产地证明书相应栏目填写方法相同。

11. 签证机构证明

签证机构证明(Certification)栏的填写方法与一般原产地证明书第12栏填写方法相同。

12. 出口商声明

生产国的横线上应填上"CHINA"(证书上已印制)。进口国横线上的国名一定要填写正确,进口国必须是普惠制的给惠国,一般与最终收货人或目的港的国别一致。货物发往欧盟,进口国不明确时,进口国可填写"E. U."。申请单位的申报员应在出口商声明(Declaration by the exporter)栏签字,加盖已注册备案的企业中英文名称签证章,填上申报地点、时间,印章应清晰。需要注意的是,申报日期不要填法定休息日,日期不得早于发票日期,一般也不要迟于提单日期,如果迟于提单日期,则要申请后发普惠制原产地证书。在普惠制原产地证书正本和所有副本上盖章签字时避免覆盖进口国名称、原产国名称、申报地点和申报时间。

(四) 中国-东盟自由贸易区优惠原产地证书的填制

中国-东盟自由贸易区原产地证,又称格式E或FORM E,是根据中国与东盟签署的《中国-东盟全面经济合作框架协议货物贸易协定》的规定签署的一种优惠性原产地证明书。

FORM E证书样本如图表5-10所示,共有十三栏,与一般原产地证明书和普惠制原产地证书相对应栏目的填写方法基本一致,下面主要介绍以下几栏的填写。

图表 5-10 中国-东盟自由贸易区原产地证书样本

ORIGINAL

1. Goods consigned from (Exporter's business name, address, country)	Reference No. **ASEAN-CHINA FREE TRADE AREA PREFERENTIAL TARIFF CERTIFICATE OF ORIGIN** (**Combined Declaration and Certificate**) **FORM E** Issued in <u>THE PEOPLE'S REPUBLIC OF CHINA</u> (Country) See Notes overleaf
2. Goods consigned to (Consignee's name, address, country)	
3. Means of transport and route (as far as known) Departure date Vessel's name/Aircraft etc. Port of discharge	4. For official use ☐ Preferential Treatment Given Under ASEAN-CHINA Free Trade Area Preferential Tariff _____ ☐ Preferential Treatment NOT Given (Please state reason/s) _____ .... Signature of Authorized Signatory of the Importing Country

5. Item number	6. Marks and numbers on packages	7. Number and type of packages, description of goods (including quantity where appropriate and HS number of the importing Country)	8. Origin criterion (see Notes overleaf)	9. Gross weight or other quantity and value (FOB) only when RVC criterion is applied	10. Number and date of invoices

11. Declaration by the exporter The undersigned hereby declares that the above details and Statement are correct; that all the goods were produced in CHINA .... (Country) and that they comply with the origin requirements specified for these goods in the ASEAN-CHINA Free Trade Area Preferential Tariff for the goods exported to (Importing Country) Place and date, signature of authorized signatory	12. Certification It is hereby certified, on the basis of control carried out, that the Declaration by the exporter is correct. Place and date, signature and stamp of certifying authority

1. 运输工具及路线

运输工具及路线(Means of transport and route)栏为中国-东盟自由贸易区原产地证书第3栏，主要填写离港日期、船舶名称/飞机等和卸货口岸。具体示例如下：

示例：

Departure date：26 May，2020

Vessel's name/Aircraft etc.：KMCT ULA V. 46S

Port of discharge：SURABAYA，INDONESIA

2. 官方使用

官方使用(For official use)栏为中国-东盟自由贸易区原产地证书中第4栏，与一般原产地证明书和普惠制原产地证书的填写不同，该栏由进口成员方的海关当局使用，简要说明根据《中国-东盟全面经济合作框架协议货物贸易协定》是否给予优惠待遇。申请单位应将此栏留空。

3. 原产地标准

原产地标准(Origin criterion)栏为中国-东盟自由贸易区原产地证书中第8栏，填写方法如下：

(1) 在中国完全获得或生产的产品，此栏填写"WO"，一般适用于初级产品，如水果、鱼类、初级矿产品等。

(2) 在中国生产的，只使用中国、东盟原产材料的产品，此栏填写"PE"，一般适用于工业品或加工制成品，如钢铁制品、服装、纺织品等。

(3) 在中国生产的，含有非中国、东盟原产材料的产品，区域价值成分大于40%的，适用RVC标准，此栏填写区域价值成分百分比，如60%。

(4) 在中国生产的，含有非中国、东盟原产材料的产品，非原产材料的4位品目发生改变，且包含在《中华人民共和国进出口税则》第25、26、28、29(29.01、29.02除外)、31(31.05除外)、39(39.01、39.02、39.03、39.07、39.08除外)、42~49、57~59、61、62、64、66~71、73~83、86、88、91~97章，此栏填写"CTH"。

(5) 对于符合产品特定原产地标准的产品，此栏填写"PSR"。

例如，国内某石材加工厂，以11美元/平米价格从印度进口板岩荒料(HS编码:251400)加工成粘聚板岩制品(文化石)(HS编码:680300)，再以离岸价16.5美元/平方米出口至泰国。非原产价值占产品离岸价67%，即区域成分价值低于40%，不适用RVC标准。但由于产品在(4)所列章节之中，且产品符合品目改变规则，可获原产资格，原产地标准应填"CTH"。

4. 毛重或其他数量及价格

毛重或其他数量及价格(FOB)(Gross weight or other quantity and value (FOB))栏为中国-东盟自由贸易区原产地证书中第9栏，填写方法与一般原产地证明书和普惠制原产地证书基本相同，但当产品适用RVC标准或者适用PSR清单中的RVC标准时，此栏还应填写产品 FOB 价值。

（五）RCEP 原产地证明书的填制

《区域全面经济伙伴关系协定》(RCEP)于 2020 年 11 月 15 日签署，并于 2022 年 1 月 1 日正式生效，涵盖东盟 10 国及中国、日本、韩国、澳大利亚、新西兰共 15 个成员国，是总人口、经济体量和贸易总额均占世界总量 30% 的全球最大自贸协定。RCEP 原产地证明书是《区域全面经济伙伴关系协定》项下的原产地证明书，可以帮助企业充分利用基于 RCEP 协定达成的多边关税减让优惠政策。RCEP 原产地证明书是原产货物在进口通关时证明原产资格及原产国，申请享受关税减让的重要凭证。RCEP 原产地证明书分为两种，分别是 RCEP 原产地证书和 RCEP 原产地声明，两者有效期皆为一年。

RCEP 原产地证书是 RCEP 成员国根据相关的原产地规则签发的商品原产地证明，即货物生产或制造地的一种具有法律效力的证明文件，是企业出口货物在进口方享受 RCEP 优惠关税待遇必要凭证。RCEP 原产地证书是传统的签证机构签发的原产地证明，具有唯一编号，由海关或中国贸促会签发。RCEP 原产地声明是由企业自主出具，无须向签证机构申领原产地证书的证明形式。使用 RCEP 原产地声明的优势在于显著提升通关速度，免除企业申领原产地证明书的行政成本、费用和时间成本，提升企业原产地合规管理水平，增强国际竞争力，节省政府行政管理执法成本。

RCEP 原产地证明书如图表 5-11 所示，共有十七栏，其中原产地标准为证书的核心内容，填写分为五种类型。

1. 完全获得货物

完全获得货物(WO)是指仅从一成员方获得的货物，包括了完全在一方获得的天然产品或由天然产品制成的货物。对于完全获得货物，在申办 RCEP 原产地证明书时，原产地标准栏应填写"WO"。

例如，出口至 RCEP 成员方的中国境内种植、收获的苹果，可视为中国境内完全获得货物，企业在申办 RCEP 原产地证明书时，原产地标准栏填写"WO"。采摘烟台种植的苹果，在国内加工成苹果汁后出口至 RCEP 成员方，货物可视为完全获得货物，原产地标准填写"WO"。

2. 完全生产货物

完全生产货物(PE)是指仅使用 RCEP 成员方原产材料生产的货物，即申请办理 RCEP 原产地证明书的货物生产过程中所采用的所有原材料应当在 RCEP 成员方生产制造而成并且符合 RCEP 原产地规则、具备 RCEP 原产资格。这里的"完全生产货物"只需确认生产该货物所用的原材料为 RCEP 成员方原产即可，不要求生产该原产材料所使用的上一级生产原料直至最初天然原材料必须为 RCEP 原产。对于"完全生产货物"，原产地标准栏填写"PE"。

例如，印度生产的棉花(HS52.03)在中国境内 A 工厂加工制成棉纱线(HS52.06)后，出售给 B 厂通过纺织加工制成全棉坯布(HS52.09)出口其他 RCEP 成员方。A 工厂棉纱线加工已满足了 RCEP 原产地规则对该项商品所要求的品目号改变标准，棉纱线可视为中国原产。B 工厂采用具备 RCEP 原产资格的棉纱线制成棉坯布，其出口坯布的 RCEP 原产地证明书上的原产地标准填写"PE"。

3. 符合 RCEP 原产地标准使用非原产材料生产的货物

符合 RCEP 原产地标准使用非原产材料生产的货物,根据下列三种不同情况分别填写原产地标准。

(1) 货物适用且符合"税则归类改变"原产地标准的,填写"CTC"。例如,RCEP 原产地规则对棉布(HS52.09)所规定的原产地标准为"品目改变",如果工厂采购了印度产棉纱加工制成棉布再出口到 RCEP 成员方,棉布符合"税则归类改变"标准,原产地标准填写"CTC"。

(2) 货物适用且符合"区域价值成分"原产地标准的,填写"RVC"。例如,RCEP 原产地规则中对铝合金条、杆和型材(HS76.04)所规定的原产地标准为"品目改变或区域价值成分 40",如果工厂生产采用了非原产的铝合金锭加工制成铝合金条再出口到 RCEP 成员方,采用了"区域价值成分 40"(即区域价值成分 40%或以上)的标准判定产品符合中国原产资格的,原产地标准应当填写"RVC"。

(3) 货物适用且符合"化学反应"原产地标准的,填写"CR"。例如,RCEP 原产地规则中对其他非金属无机酸酯(不包括卤化氢的酯)(HS29.20)所规定的原产地标准为"品目改变,区域价值成分 40,或化学反应",如果工厂生产采用了非原产材料加工制成该成品再出口 RCEP 成员方,采用了"化学反应"的标准判定产品符合中国原产资格的,原产地标准填写"CR"。

4. 运用原产地累积规则取得原产资格的货物

RCEP 原产地"累积"规则规定,产品生产中使用了协定其他成员方原产材料时,该成员方材料可视为产品生产所在成员方的原产材料,该规则使最终产品更加容易取得原产资格。在 RCEP 原产地标准填写方面,如企业货物在生产中运用了原产地"累积"规则取得原产资格的,在填写了符合相关原产地标准所适用字母符号外,还需要填写"ACU"。

例如,我国某企业生产出口泰国 H 产品(原产地标准:区域价值成分 40),生产所用原料中日本原料占产品 FOB 值比例为 40%,新西兰原料 15%,中国增值部分占 30%,其他非成员方占 15%。尽管中国增值部分不超过 40%,但使用"累积"规则,参与生产所有成员方(中国、日本、新西兰)合计区域价值成分超过 40%,符合 RCEP 原产标准,原产地标准一栏填写"RVC ACU"。

5. 运用"微小含量"规则取得原产资格的货物

RCEP 原产地规则"微小含量"规定了货物适用税则归类改变标准的情况下,对于第 1~97 章货物,如果用于生产的未发生税则归类改变的非原产材料的价值不超过货物 FOB 价值的 10%,或者对于第 50~63 章货物,用于生产的未发生税则归类改变的非原产材料的重量不超过货物总重量 10%的,货物仍可视为原产货物,原产地标准一栏须注明"DMI"。

例如,某企业生产 Y 产品(非第 50~63 章规定的货物,原产地标准为"品目改变")使用了非 RCEP 原产材料 a、b、c、d,占成品 FOB 价值比例分别为 15%、5%、10%、8%,其中 d 品目号与成品 Y 一样。由于 d 原料的品目号与成品 Y 一样,不符合"品目改变"的原产地标准要求,但 d 原料占成品 FOB 价值不超过 10%,运用"微小含量"规则,产品 Y 具备 RCEP 原产资格,原产地标准一栏应填写"CTC DMI"。

图表 5-11　RCEP 原产地证明书样本

ORIGINAL

1. Goods consigned from (Exporter's name, address and country)	Certificate No.　　　　　　　　Form RCEP
	REGIONAL COMPREHENSIVE ECONOMIC PARTNERSHIP AGREEMENT
2. Goods consigned to (Consignee's name, address, country)	
	CERTIFICATE OF ORIGIN
	Issued in <u>THE PEOPLE'S REPUBLIC OF CHINA</u>
3. Producer's name, address and country (if known)	(Country)
4. Means of transport and route (as far as known) Departure date Vessel's name/Aircraft etc. Port of discharge	5. For official use Preferential Treatment ☐Given　☐Not Given (Please state reason/s) .... Signature of Authorized Signatory of the Customs Authority of the Importing Country

6. Item number	7. Marks and numbers on packages	8. Number and kind of packages; and description of goods	9. HS Code of the goods (6-digit-level)	10. Origin Conferring Criterion	11. RCEP Country of Origin	12. Quantity (Gross weight or other measurement) and value (FOB) where RVC is applied	13. Number and date of invoices

14. Remarks

15. Declaration by the exporter or producer The undersigned hereby declares that the above details and statements are correct and that the goods covered in this Certificate comply with the requirements specified for these goods in the Regional Comprehensive Economic Partnership Agreement. These goods are exported to: .... (Importing Country) .... Place and date, signature of authorized signatory	16. Certification On the basis of control carried out, it is hereby certified that the information herein is correct and that the goods described comply with the origin requirements specified in the Regional Comprehensive Economic Partnership Agreement. .... Place and date, signature and seal or stamp of Issuing Body
17.　☐Back-to-back Certificate of Origin　　☐Third-party invoicing　　☐ISSUED RETROACTIVELY	

（六）办理原产地证明书业务的注意事项

外贸企业在办理原产地证明书业务时，需要注意以下事项：

（1）合理利用优惠性原产地证明书。原产地证明书被誉为国际贸易中的"纸黄金"，是出口企业享受目的国关税减免的"优惠券"。充分利用优惠性原产地证明书，可以降低企业产品在进口国的关税成本，提高企业产品在进口国市场的竞争力。

（2）注意原产地证明书的不同格式，应按照合同或信用证的要求提交相应格式的原产地证明书。

（3）原产地标准是原产地证明书的核心内容，是出口货物具备原产资格所应具备的条件。作为外贸单证员，应深入理解不同贸易协定下的原产地规则，准确填写原产地标准。

任务四　检 验 证 书

一、检验证书认知

（一）出入境检验检疫认知

1. 出入境检验检疫的定义与目的

出入境检验检疫是指检验检疫机构依照《中华人民共和国进出口商品检验法》《中华人民共和国进出境动植物检疫法》《中华人民共和国国境卫生检疫法》《中华人民共和国食品安全法》及相应的行政法规和国际惯例等要求，对出入境的货物、交通运输工具、人员等进行检验检疫、认证及签发检验检疫证明等的监督管理工作。出入境检验检疫的目的是保护国家经济的顺利发展、保护人民的生命和生活环境的安全与健康。

2018年3月，为进一步深化全国通关一体化，优化进出口货物检验检疫管理，促进贸易便利化，国务院机构改革方案明确将国家质量监督检验检疫总局的出入境检验检疫管理职责和队伍划入海关总署。同年4月，中国出入境检验检疫局正式并入海关，实现"关检合一"。

2. 出入境检验检疫的实施范围

根据国家法律、行政法规的规定和目前我国对外贸易的实际情况，出入境检验检疫的报检范围主要包括以下四个方面。

1) 法律、行政法规规定必须由海关实施检验检疫的

根据《中华人民共和国进出口商品检验法》及其实施条例、《中华人民共和国进出境动植物检疫法》及其实施条例、《中华人民共和国国境卫生检疫法》及其实施细则、《食品安全法》及其实施条例等有关法律、行政法规的规定，以下对象在出入境时必须向海关报检，由海关实施检验检疫或鉴定工作。

（1）列入《出入境检验检疫机构实施检验检疫的进出境商品目录》（以下简称《法检目录》）内的货物。

(2) 入境废物、进口旧机电产品。

(3) 出口危险货物包装容器的性能检验和使用鉴定。

(4) 进出境集装箱。

(5) 进境、出境、过境的动植物,动植物产品及其他检疫物。

(6) 装载动植物、动植物产品和其他检疫物的装载容器、包装物、铺垫材料,进境动植物性包装物、铺垫材料。

(7) 来自动植物疫区的运输工具,装载进境、出境、过境的动植物、动植物产品及其他检疫物的运输工具。

(8) 进境拆解的废旧船舶。

(9) 出入境人员、交通工具、运输设备及可能传播检疫传染病的行李、货物和邮包等物品。

(10) 旅客携带物(包括微生物、人体组织、生物制品、血液及其制品、骸骨、骨灰、废旧物品和可能传播传染病的物品,以及动植物、动植物产品和其他检疫物)和携带伴侣动物。

(11) 国际邮寄物(包括动植物、动植物产品和其他检疫物、微生物、人体组织、生物制品、血液及其制品,以及其他需要实施检疫的国际邮寄物)。

(12) 其他法律、行政法规规定需经海关实施检验检疫的其他应检对象。

2) 输入国家(地区)规定必须凭海关出具的证书方准入境的

有的国家发布法令或行政规定要求,对某些来自我国的入境货物须凭海关签发的证书方可入境。如一些国家(地区)规定,对来自我国的动植物、动植物产品,凭我国海关签发的动植物检疫证书及有关证书方可入境。因此,凡出口货物输入国家(地区)有此类要求的,报检人须报经海关实施检验检疫或进行除害处理,取得相关证书或标识。

3) 有关国际条约或与我国有协议(协定)必须经检验检疫并取得有关证书方准入境的

随着加入世界贸易组织和其他一些区域性经济组织,我国已成为一些国际条约、公约和协定的成员。此外,我国还与全球几十个国家和地区缔结了有关商品检验或动植物检疫的双边协定、协议,认真履行国际条约、公约、协议(协定)中的检验检疫条款是我们的义务。例如,根据双边协定,输往塞拉利昂、埃塞俄比亚、埃及等国家的商品,都必须向海关报检,并取得装运前检验证书后才允许出口。因此,凡国际条约、公约或协议(协定)规定须经我国海关实施检验检疫的出入境货物,报检人必须向海关报检,由海关实施检验检疫。

4) 对外贸易合同约定须凭海关签发的证书进行交接、结算的

凡对外贸易合同、协议中规定以我国海关签发的检验检疫证书为交接、结算依据的进出境货物,报检人必须向海关报检,由海关按照合同、协议的要求实施检验检疫或鉴定并签发检验检疫证书。

(二) 检验证书的定义与作用

检验证书(inspection certificate)是检验机构对进出口商品进行检验后签发的书面证明

文件。检验证书的作用体现在以下几个方面。

1. 检验证书是证明卖方所交货物符合合同规定的依据

检验证书是证明卖方所交货物的品质、数量、包装以及卫生条件等方面符合合同规定的依据。在国际货物买卖中,交付与合同相符的货物是卖方的基本义务之一。因此,合同或信用证中通常都规定,卖方交货时必须提交规定的检验证书,以证明所交货物与合同规定一致。

2. 检验证书是报关验放的有效证件

为维护本国的政治经济利益,许多国家对某些进出口商品的品质、数量、包装、卫生、安全、检疫都制定了严格的法律法规,在有关货物进出口时,当事人必须向海关提交符合规定的检验证书,否则,海关不予放行。检验检疫机构签发的检疫证书、卫生证书、兽医证书等,是进口国海关和卫生、检疫部门准予进口的有效文件凭证。如在我国,凡属法定检验范围的商品,在办理进出口清关手续时,必须向海关提供检验检疫机构签发的检验证书,海关方予以验放。

3. 检验证书是买卖双方办理货款结算的依据

当合同或信用证规定在出口国检验,或规定在出口国检验、进口国复验时,一般合同或信用证都规定卖方须提交相应的检验证书。在此种情况下,卖方向银行办理货款结算时,在所提交的单据中,必须包括检验证书。此外,在某些特定商品的交易中,为充分体现公正合理的原则,买卖双方往往以检验证书中所确定的货物等级、规格、重量、数量来计算货款。此时,检验证书是卖方向银行办理货款结算时必须提交的文件。例如,羊毛、棉花交易以检验证书所确定的公量来计算交接货物的重量及费用;铁矿石交易以检验证书中所验明的含铁量来确定等级和计价标准。

4. 检验证书是明确责任归属、办理索赔和理赔的依据

当报验货物与合同规定不符时,检验检疫机构签发的有关品质、数量、重量、残损证书,是收货人向有关责任方提出索赔和有关责任方办理理赔的重要依据。

(三) 检验证书的种类

进出口业务中的检验证书,种类繁多,出口商究竟要提供哪种证书取决于商品的特性、政府的有关法令、贸易习惯以及买卖双方的约定等。常见的检验证书有以下几种类型:

(1) 品质检验证书(inspection certificate of quality),即证明进出口商品品质的证书。

(2) 数量检验证书(inspection certificate of quantity),即证明进出口商品数量的证书。

(3) 重量检验证书(inspection certificate of weight),即证明进出口商品重量的证书。

(4) 价值检验证书(inspection certificate of value),即证明出口商品价值的证书,通常用于证明发货人发票所载的商品价值正确、属实。

(5) 产地检验证书(inspection certificate of origin),即证明出口商品原生产地的

证书。

(6) 卫生检验证书(sanitary inspection of certificate),即证明食用动物产品、食品在出口前已经过卫生检验、可供食用的证书。

(7) 兽医检验证书(veterinary inspection of certificate),即证明动物产品在出口前已经过兽医检验、符合检疫要求的证书。

(8) 消毒检验证书(disinfection inspection of certificate),即证明产品在出口前已经过消毒处理、符合安全及卫生要求的证书。

(9) 验残检验证书(inspection certificate on damaged cargo),即证明进口商品残损情况、估算残损贬值程度、判定致损原因的证书。

此外,常见的检验证书还有植物检疫证明、积货鉴定证书、船舱检验证书、货载衡量检验证书等。

(四) 信用证中有关检验证书的条款

信用证中关于检验证书的条款主要包括证书类型、证书份数、证书出具人等内容。具体示例如下:

示例1:CERTIFICATE OF WEIGHT AND QUANTITY IN TRIPLICATE.(重量数量证明书一式三份。)

示例2:INSPECTION CERTIFICATE OF QUALITY AND QUANTITY IN DUPLICATE ISSUED BY CHINA COMMODITY INSPECTION BUREAU.(由中国商检机构出具的品质和数量检验证书一式两份。)

二、出境货物检验检疫申请单的填制

尽管已经实现"关检合一",但是对于法定检验检疫的货物,除了活动物由口岸检验检疫外,原则上应在产地检验检疫。审批、许可证等有关政府批文中规定了检验检疫地点的,应在规定的地点报检。出口商、生产厂家或其代理人应当持合同、发票、装箱单、出境货物检验检疫申请等必要的单据,向生产地所在的海关提出申请。

出境货物检验检疫申请如图表5-12所示,需要填写三十一项,具体填写要求如下:

(1) 申请单位:此栏应填写向海关申报检验、检疫、鉴定业务的单位,在自理申请的情况下,一般是生产厂家或出口公司。在实务中,申请单位加盖公章即可。

(2) 申请单位登记号:此栏应填写申请单位在海关登记时由海关给予的编号。

(3) 联系人:此栏应填写单证员的姓名。

(4) 电话:此栏应填写单证员的联系电话。

(5) 申请日期:此栏应填写申请日期。按照规定,一般产品的最迟申请时间为货物装运前7天。

(6) 发货人:此栏应填写出口商或信用证的受益人名称,一般填写中文即可,外文处用

"***"表示。如果信用证规定要海关出具商检证书,则要在外文处加填出口商或信用证中的受益人的英文名称。

(7) 收货人:此栏应填写申请检验检疫的出口货物的收货人或信用证中的开证申请人名称,一般不用填写,中、外文处皆用 *** 表示。如果信用证规定要海关出具检验证书,则要在外文处填写进口商或信用证开证申请人的英文名称,中文处用 *** 表示。

(8) 货物名称:此栏应填写出口货物的中/外文名称,注意不能填写货物的统称(如纺织品/TEXTILES),而必须填写具体货品(如男衬衣/MEN'S SHIRTS)。

(9) H. S. 编码:此栏应填写申报的出口货物的商品编码(税则号),填写10位数或13位数。

(10) 产地:此栏应填写申报的出口货物的生产加工的省(自治区、直辖市)以及地区(市)名称,如浙江义乌、福建厦门等。

(11) 数/重量:此栏应填写申报商品的计量计价数量,如果以重量计量计价的,就填写净重。若填写的是"毛重"或者"以毛作净"的,需要说明。此外,此栏的数/重量须和报关单上的法定计量单位一致,必要时要同时显示商品的数量和净重。

(12) 货物总值:此栏应填写申报所附的商业发票上所列的产品总值。如果同一申请单申报多种货物,则要分别列明,再注明总值。

(13) 包装种类及数量:此栏应填写申报货物的包装种类及数量,如1 400捆、200包、30箱等,须与托运单、提单、保险单等其他单据中所显示的包装种类及数量一致。

(14) 运输工具名称号码:从理论上来说,此栏应填写货物实际装载的运输工具名称(如船名),以及运输工具编号(如航次)。但因申请的最晚时间是装运前7天,那时尚不知船名或飞机的航班号码,因此,此栏可以填写船舶与飞机等运输工具类别。但是如果在出境地申请,以换证凭单换取出境货物通关单时,此栏必须照实填写船名、航次等内容。

(15) 贸易方式:此栏在"一般贸易""来料加工""进料加工""其他"四项中任选一个,不能同时填写两种或两种以上的贸易方式。如果是两种以上的贸易方式同时申报时,要分开填写。

(16) 货物存放地点:此栏应填写申报货物的存放地点。

(17) 合同号:此栏应填写申报货物所属的合同号码。

(18) 信用证号:此栏应填写申报货物的信用证号码,如非信用证方式结算,此栏填写"***"。

(19) 用途:此栏应根据产品特性在下列九种用途中选一种,而且也只能选一种。这九种用途包括:繁殖或种用、奶用、药用、饲用、食用、实验、动物伴侣、观赏或演艺、其他。若出口产品有两种用途,则要分开申报。

(20) 发货日期:此栏应填写申报货物的实际装运日期,即托运单上的装运日期。在实务中,此日期可以略早于合同或信用证规定的最晚装运日期。

(21) 输往国家(地区):此栏应填写合同或信用证规定的进口国(地区)。

(22) 许可证/审批号:此栏应填写许可证/审批号。对于限制出口的商品,申报时必须填写许可证或审批单号码;对自由出口的商品,此栏填写"＊＊＊"。

（23）启运地:此栏应填写合同或信用证规定的装货港(地)。如果合同或信用证规定的是"CHINA",此栏必须填写实际的启运港,如上海、宁波等,不能只写"CHINA"。

（24）到达口岸:此栏应填写合同或信用证规定的卸货港。如果采用国际多式联运,到达地点是一个内陆城市,则填写最终目的地。如果合同或信用证规定的是"JAPAN",此栏必须填写实际到达口岸城市,如横滨、大阪等,而不能只写"JAPAN"。

（25）生产单位注册号:此栏应填写生产加工出口商品的厂家在海关的注册号码。

（26）集装箱规格、数量及号码:从理论上来说,此栏应填写载货的集装箱的规格(如20英尺或40英尺)、数量(如1个还是2个集装箱),以及集装箱号码(如APU2341253)。由于申请时间最晚不能迟于货物装运前7天,而此时生产企业或出口商无法知道集装箱号码,此栏可以仅填写"集装箱",如果已事先知道集装箱的规格数量,一起填入亦可,如"一个20英尺集装箱"。如果是拼箱出口,由工厂自送货物到码头仓库,此栏可填写"＊＊＊"。

（27）合同、信用证订立的检验检疫条款或特殊要求:如果仅是法定检验商品,无纸化通关,要求出具电子底账,可以在此栏填写"＊＊＊",如果合同或信用证要求海关出具检验证书,可以在此栏填写"详见信用证副本",并在报检时提供信用证副本。

（28）标记及号码:此栏应填写包装箱外的唛头(运输标志),必须与发票上显示的唛头一致。如果唛头太多写不下,可以用附页。若没有唛头,此栏不得留空,须填写"N/M"。

（29）随附单据:一般情况下,出口检验检疫申请时随附的单据有发票(副本)、装箱单(副本)、合同(副本)和包装性能结果单(正本),大型企业可能还提供厂检单,企业可以在对应的框内打"√"。如果有申请单上没有印刷的但却需要提供的单据,可以在空的框内打"√",并在后面填上提供的单据名称。如果合同或信用证要求海关出具检验证书,企业提供了信用证副本,就不再需要提供合同副本。一般货物的出口,还需在"合理保证"前的框内打"√",代理申请的情况下,需要在"代理报关委托书"前的框内打"√"。

（30）需要证单名称:按照合同或信用证要求,在所需证书前的框内打"√",并填写上正本和副本的数量。如果仅仅是法定检验产品,又是无纸化通关的,可以在"电子底账"前面的框内打"√",其他的可根据需要在"出境货物工作联系单"前面的框内打"√"或者在"出境货物换证凭单"前面的框内打"√"。如果有申请单上没有印刷的但却需要出具的单据,则可以在空的框内打"√",并在后面加上需要出具的单据名称。

（31）报检人郑重声明及签名:报检人声明报检单中已印制,报检员必须亲笔签名,此时报检单才真正缮制完毕。

图表 5-12 出境货物检验检疫申请样本

中华人民共和国海关
出境货物检验检疫申请

申请单位(加盖公章):(1)　　　　　　　　　　　　　　　　　　＊编号

申请单位登记号:(2)　　　　联系人:(3)　　　电话:(4)　　　申请日期:(5)年　月　日

发货人(6)	(中文)
	(外文)
收货人(7)	(中文)
	(外文)

货物名称(中/外文)	H.S.编码	产地	数/重量	货物总值	包装种类及数量
(8)	(9)	(10)	(11)	(12)	(13)

运输工具名称号码	(14)	贸易方式	(15)	货物存放地点	(16)
合同号	(17)	信用证号	(18)	用途	(19)
发货日期	(20)	输往国家(地区)	(21)	许可证/审批号	(22)
启运地	(23)	到达口岸	(24)	生产单位注册号	(25)
集装箱规格、数量及号码	(26)				

合同、信用证订立的检验检疫条款或特殊要求	标记及号码	随附单据(划"√"或补填)(29)	
(27)	(28)	□合同 □信用证 □发票 □换证凭单 □装箱单 □厂检单	□包装性能结果单 □许可/审批文件 □代理报关委托书 □合理保证 □ □

需要证单名称(划"√"或补填)(30)		＊检验检疫费
□品质证书　　__正 __副 □重量证书　　__正 __副 □数量证书　　__正 __副 □兽医卫生证书　__正 __副 □健康证书　　__正 __副 □卫生证书　　__正 __副 □动物卫生证书　__正 __副	□植物检疫证书　　__正 __副 □熏蒸/消毒证书　　__正 __副 □出境货物换证凭单　__正 __副 □电子底账　　　　__正 __副 □出境货物工作联系单 __正 __副	总金额 (人民币元) 计费人 收费人

申请人郑重声明:	领取证单
1. 本人被授权申请检验检疫。 2. 上列填写内容正确属实,货物无伪造或冒用他人的厂名、标志、认证标志,并承担货物质量责任。 　　　　　　签名:___(31)___	日期 签名

注:有"＊"号栏由海关填写。

任务五 运输单据

一、运输单据认知

运输单据是承运人收到承运货物后签发给托运人的证明文件,它是交接货物、处理索赔和理赔以及结算货款的重要单据。在国际货物运输中,因运输方式不同,运输单据的种类也多种多样。常见的运输单据包括以下几种。

(一)海运提单

海运提单简称提单,是船方或其代理人签发的,证明已收到货物,承诺将货物运至目的地,并交付给托运人的书面凭证。它是承运人和托运人之间的契约证明,在法律上具有物权证书的效用。

按不同的分类标准,提单可以划分为许多种类,具体如下。

1. 记名提单、不记名提单和指示提单

根据收货人的不同,提单可分为记名提单、不记名提单和指示提单。

记名提单(straight B/L)又称收货人抬头提单,是指提单上的收货人栏中已具体填写收货人名称的提单。提单所记载的货物只能由提单上特定的收货人提取,或者承运人在卸货港只能把货物交给提单上所指定的收货人。这种提单不可背书转让,但可以避免在转让过程中可能带来的风险。使用记名提单时,如果货物的交付不涉及贸易合同下的义务,则可不通过银行而由托运人将其邮寄收货人,或由船长随船带交。这样,提单就可以及时送达收货人,而不致延误。因此,记名提单一般只适用于运输展览品或贵重物品,特别是短途运输中使用较有优势,而在国际贸易中较少使用。

不记名提单(bearer B/L)是指提单上收货人一栏没有指明任何收货人,而注明"Bearer"(提单持有人)字样或将这一栏空白,不填写任何人名称的提单。这种提单不需要任何背书手续即可转让,或提取货物,极为简便。承运人应将货物交给提单持有人,谁持有提单,谁就可以提货,承运人交付货物只凭单,不凭人。这种提单丢失或被窃,风险极大,若转入恶意的第三者手中,极易引起纠纷,故国际上较少使用这种提单。另外,根据有些班轮公会的规定,凡使用不记名提单,在给大副的提单副本中必须注明卸货港通知人的名称和地址。

指示提单(order B/L)是指收货人一栏填写"To order"(凭指示)或"To order of ..."(凭某人指示)字样的提单。按照表示指示人的方法不同,指示提单又分为托运人指示提单、记名指示人提单和选择指示人提单。如果在收货人一栏只填写"To order"字样,则称为托运人指示提单。这种提单在托运人未指定收货人或受让人之前,货物所有权仍属于卖方,在跟单信用证支付方式下,托运人就是以议付银行或收货人为受让人,通过转让提单而取得议付货款。如果收货人一栏填写"To order of ×××",则称为记名指示提单,如果收货人一栏填写"××× or order",则称为选择指示人提单。记名指示提单或选择指示人提单中所列的

"×××"既可以是银行的名称,也可以是托运人。

指示提单是一种可转让提单。提单的持有人可以通过背书的方式把它转让给第三者,而不须经过承运人认可,所以这种提单在国际海运业务中使用较广泛。

2. 已装船提单和备运提单

按货物是否已装船,提单可分为已装船提单和备运提单。

已装船提单(shipped B/L 或 on board B/L)是指货物装船后由承运人或其授权代理人根据大副收据签发给托运人的提单。如果承运人签发了已装船提单,就是确认他已将货物装在船上。这种提单除载明一般事项外,通常还必须注明装载货物的船舶名称和货物装船日期。在 FOB、CFR 或 CIF 贸易术语下,货物在装运港上船之后卖方完成交货义务,因此,作为结汇单据的通常是已装船提单。

备运提单(received for shipment B/L)是承运人在收到托运人交来的货物但还没有装船时,应托运人的要求而签发的提单。签发这种提单时,说明承运人确认货物已交由承运人保管并存于其所控制的仓库或场地,但还未装船。所以,备运提单未载明所装船名和装船时间,在跟单信用证支付方式下,银行一般都不肯接受这种提单。但当货物装船,承运人在提单上加注装运船名和装船日期并签字盖章后,备运提单即成为已装船提单。

3. 清洁提单和不清洁提单

根据有无对货物外表、外包装情况的不良批注,提单可分为清洁提单和不清洁提单。

清洁提单(clean B/L)是指未加注任何有关货物残损、包装不良,或其他妨碍结汇的批注的提单。使用清洁提单在国际贸易业务中非常重要,买方要想收到完好无损的货物,首先必须要求卖方在装船时保持货物外观良好,并要求卖方提供清洁提单。根据 UCP 600 的规定,银行只接受清洁运输单据,清洁运输单据指未载有明确宣称货物或包装有缺陷的条款或批注的运输单据。"清洁"一词并不需要在运输单据上出现,即使信用证要求运输单据为"清洁已装船"的。《中华人民共和国海商法》规定:"承运人或者代其签发提单的人未在提单上批注货物表面状况的,视为货物的表面状况良好。"在实际业务中,承运人一旦签发了清洁提单,货物在卸货港卸下后,如发现有残损,除非是由于承运人可以免责的原因所致,承运人必须负责赔偿。

不清洁提单(unclean B/L or foul B/L)是指加注诸如货物包装不牢、破残、渗漏、沾污、标志不清等批注的提单。在进出口业务中,银行是拒绝出口商以不清洁提单办理结汇的。为此,托运人应将损坏或外表状况有缺陷的货物进行修补或更换。

4. 直达提单、转船提单和联运提单

根据运输方式不同,提单可分为直达提单、转船提单和联运提单。

直达提单(direct B/L)又称直运提单,是指货物从装货港装船后,中途不经转船,直接运至目的港卸货交与收货人的提单。直达提单上不得有"转船"或"在某港转船"的批注。如果信用证中规定禁止转船,必须使用这种直达提单。如果提单背面条款印有承运人有权转船的"自由转船"条款,则不影响该提单成为直达提单的性质。

使用直达提单,货物由同一船舶直运目的港,对买方来说比中途转船有利,它既可以节省费用、减少风险,又可以节省时间,及早到货。因此,通常买方只有在无直达船时才同意转船。在贸易实务中,如信用证规定不准转船,则买方必须取得直达提单才能结汇。

转船提单(transshipment B/L)是指货物从起运港装载的船舶不直接驶往目的港,需要在中途港口换装其他船舶转运至目的港卸货的提单。提单上注明"转运"或在"某某港转船"字样。转船提单往往由第一程船的承运人签发。由于货物中途转船,增加了转船费用和风险,并影响到货时间,除非从起运港至目的港间直达船少或者没有直达船,一般情况下合同或信用证内会规定不允许转船。

联运提单(through B/L)是指一批货物需要经过两种或两种以上不同运输方式,其中一种是海上运输方式,由一个承运人负责全程运输,负责将货物从接收地运至目的地交付收货人,并收取全程运费所签发的提单。提单内的项目不仅包括起运港和目的港,而且列明各程运输路线,以及收货地和交货地。

5. 全式提单和简式提单

按单据内容的简繁,提单可分为全式提单和简式提单。

全式提单(long form B/L)是指除正面印就当事人、货物、货物运输等提单格式所记载的事项,背面列有关于承运人与托运人及收货人之间权利、义务等详细条款的提单。由于条款繁多,又称繁式提单,在实际海运业务中广泛使用。

简式提单(short form B/L 或 simple B/L)又称短式提单、略式提单,是相对于全式提单而言的,是指提单背面没有关于承运人与托运人及收货人之间的权利义务等详细条款的提单。这种提单一般在正面印有"Short Form"(简式)字样,以示区别。简式提单中通常列有如下条款:"本提单货物的收受、保管、运输和运费等事项,均按本提单全式提单的正面、背面的铅印、手写、印章和打字等书面条款和例外条款办理,该全式提单存该公司及其分支机构或代理处,可供托运人随时查阅。"

6. 船东提单和货代提单

根据签发人的不同,提单可分为船东提单和货代提单。

船东提单(master B/L)又称主单,简称M单,是指船公司签发的海运提单,提单中的托运人可以是货主,也可以是货运代理。

货代提单(house B/L)又称分单,简称H单,是经中华人民共和国交通运输部批准并备案取得无船承运人(NVOCC)资格的货运代理所签发的提单,托运人一般是直接货主。

对于出口商而言,两种提单都可以作为议付单据使用,银行都会接受。

7. 倒签提单、顺签提单和预借提单

按签发时间的不同,提单可分为划分倒签提单、顺签提单和预借提单等几种类型。

倒签提单(anti-dated B/L)是指承运人或其代理人应托运人的要求,在货物装船完毕后,以早于货物实际装船日期为签发日期的提单。当货物实际装船日期晚于信用证规定的装船日期,若仍按实际装船日期签发提单,托运人就无法顺利结汇。为了使签发提单的日期与信用证规定的装运日期相符,以利结汇,承运人应托运人的要求,并在对方出具保函的情况下,在提单上仍以信用证的装运日期填写签发日期,以免违约。

顺签提单(post-date B/L)是指在货物装船完毕后,应托运人的要求,由承运人或其代理人签发的提单日期晚于货物实际装船完毕日期的提单。在货物的实际装船日期早于合同有关装运期限规定的情况下,为了不影响合同的履行,出口商通常会要求承运人签发这类提单。

预借提单(advanced B/L)是指货物尚未装船或尚未装船完毕的情况下,信用证规定的交单期即将届满,托运人为了能及时结汇,而要求承运人或其代理人提前签发的已装船清洁提单。

倒签提单和预借提单都是违法提单,提单中所列的装船日期与事实不符,对善意的收货人构成欺诈,各国法律和海运习惯做法都是不允许的。

8. 其他类型的提单

过期提单(stale B/L)有两种含义,一是超过信用证规定的交单期、有效期或者国际贸易惯例中规定的有关时间所提交的提单;二是在近洋运输中晚于货物到达目的港的提单。

舱面提单(on deck B/L)又称甲板货提单,是指表明货物装在船舶甲板上的提单。根据 UCP 600 的规定,运输单据不得表明货物装于或者将装于舱面。声明货物可能装于舱面的运输单据条款可以接受。

(二) 海运单

海运单(sea waybill)又称海上运送单或海上货运单,它是承运人签发的、向托运人或其代理人表明货物已收妥待装的单据,是一种不可转让的单据,即不须以目的港出示该单据作为收货条件,不须待单据寄到,船主或其代理人可凭收货人收到的货到通知或其身份证明而向其交货。

海运单与提单的区别和联系体现在以下几个方面:

(1) 提单是货物收据、运输合同的证明以及物权凭证;海运单只具有货物收据和运输合同证明这两项功能,它不是物权凭证。

(2) 提单可以是指示抬头形式,可以背书流通转让;海运单是一种非流通性单据,海运单上标明了确定的收货人,不能背书转让。

(3) 提单的合法持有人和承运人凭提单提货和交货;海运单上的收货人并不出示海运单,仅凭提货通知或其身份证明提货,承运人凭收货人出示适当身份证明交付货物。

(4) 提单有全式和简式提单之分,而海运单是简式单证,背面不列详细货运条款但载有一条可援用海运提单背面内容的条款。

(三) 铁路运单

铁路运单是由铁路运输承运人签发的货运单据,是收、发货人同铁路承运人之间的运输契约。铁路运单一律以目的地收货人作记名抬头,一式两份。正本随货物同行,到目的地交收货人作为提货通知;副本交托运人作为收到托运货物的收据。在货物尚未到达目的地之前,托运人可凭运单副本指示承运人停运,或将货物运给另一个收货人。

铁路运单只是运输合约和货物收据,不是物权凭证,但在托收或信用证支付方式下,托运人可凭运单副本办理托收或议付。

铁路运输可分为国际铁路联运和国内铁路运输两种方式,前者使用国际铁路联运运单,后者使用国内铁路运单。通过铁路对港、澳出口货物时,由于国内铁路运单不能作为对外结汇的凭证,使用"承运货物收据"这种特定性质和格式的单据。

(四) 航空运单

航空运单(airway bill)是指航空运输承运人与托运人之间签订的运输合同。航空运单不是物权凭证,不能通过背书转让。收货人提货不是凭借航空运单,而是航空公司的提货通知单。

1. 航空运单的性质和作用

航空运单与海运提单有很大不同,却与国际铁路运单相似。航空运单的性质和作用体现在以下几个方面:

(1) 航空运单是发货人与航空承运人之间的运输合同。与海运提单不同,航空运单不仅证明航空运输合同的存在,而且航空运单本身就是发货人与航空运输承运人之间缔结的货物运输合同,在双方共同签署后产生效力,并在货物到达目的地交付给运单上所记载的收货人后失效。

(2) 航空运单是承运人签发的已接收货物的证明。航空运单的正本一式三联,其中一联交发货人,作为已经接收货物的证明。除非另外注明,它是承运人收到货物并在良好条件下装运的证明。

(3) 航空运单是承运人据以核收运费的账单。航空运单分别记载着属于收货人负担的费用,属于应支付给承运人的费用和应支付给代理人的费用,并详细列明费用的种类、金额,因此可作为运费账单和发票。承运人往往也将其中的承运人联作为记账凭证。

(4) 航空运单是报关单证之一。出口时航空运单是报关单证之一;在货物到达目的地机场进行进口报关时,航空运单也通常是海关查验放行的基本单证。

(5) 航空运单同时可作为保险证书。如果承运人承办保险或发货人要求承运人代办保险,则航空运单也可用来作为保险证书。

(6) 航空运单是收货人核收货物的依据。航空运单正本中的收货人联随同货物送至目的地,在收货人提取货物时交付。

2. 航空运单的分类

根据签发人的不同,航空运单可分为主运单和分运单。

主运单(master air waybill, MAWB)是指由航空运输公司签发的航空运单。它是航空运输公司据以办理货物运输和交付的依据,是航空公司和托运人订立的运输合同,每一批航空运输的货物都有自己相对应的航空主运单。

分运单(house air waybill, HAWB)是指集中托运人在办理集中托运业务时签发的航空运单。在集中托运的情况下,除了航空运输公司签发主运单外,集中托运人还要签发航空分运单。

航空分运单作为集中托运人与托运人之间的货物运输合同,双方当事人货主和集中托运人;而航空主运单作为航空运输公司与集中托运人之间的货物运输合同,当事人则为集中托运人和航空运输公司。货主与航空运输公司没有直接的契约关系。不仅如此,由于在起运地货物由集中托运人将货物交付航空运输公司,在目的地由集中托运人或其代理从航空运输公司处提取货物,再转交给收货人,货主与航空运输公司没有直接的货物交接关系。

(五) 多式联运单据

多式联运单据(multimodal transport document,MTD)是指证明多式联运合同以及证明多式联运经营人接管货物并负责按照合同条款交付货物的单据。多式联运公约规定,多式联运单据是多式联运合同的证明,也是多式联运经营人收到货物的收据和凭以交付货物的凭证。根据发货人的要求,它可以做成可转让的,也可以做成不可转让的。多式联运单据如签发一套一份以上的正本单据,应注明份数,其中一份完成交货后,其余各份正本即失效。副本单据没有法律效力。在实际业务中,对多式联运单据正本和副本的份数规定不一,主要视发货人的要求而定。

多式联运单据与联运提单在形式上有相同之处,但在性质上不同:

(1) 签发人不同:多式联运单据由多式联运经营人签发,全程运输均安排各分承运人负责,而联运提单由承运人或其代理人签发。

(2) 签发人的责任不同:多式联运单据的签发人对全程运输负责,而联运提单的签发人仅对第一程运输负责。

(3) 运输方式不同:多式联运单据项下的运输可用各种运输方式的联运,而联运提单项下的运输限于海运与其他运输方式的联合运输。

(4) 已装运证明不同:多式联运单据可以不表明货物已装上运输工具;而联运提单必须是已装船提单。

(六) 邮政收据

邮政收据(parcel post receipt)是邮政运输的主要单据,它既是邮局收到寄件人的邮包后所签发的凭证,也是收件人凭以提取邮件的凭证,当邮包发生损坏或丢失时,它还可以作为索赔和理赔的依据,但邮政收据不是物权凭证。

邮寄证明(certificate of posting)是邮政局出具的证明文件,据此证实所寄发的单据或邮包确已寄出和作为邮寄日期的证明。有的信用证规定,出口商寄送有关单据、样品或包裹后,除要出具邮政收据外,还要提供邮寄证明,作为结汇的一种单据。

专递收据(courier receipt)是特快专递机构收到寄件人的邮件后签发的凭证。

根据 UCP 600 的规定,如信用证要求邮政收据或邮寄证明,银行将接受的邮政收据或邮寄证明表面上应有信用证规定的寄发地盖戳并加注日期,该日期即为装运或发运日期;如信用证要求专递或快递机构出具的单据,银行将接受的快递单据的表面应注明专递或快递机构的名称并盖戳、签字并经证实,表明取件或收件日期,此日期即为装运日期或发运日期。

二、托运单与海运提单的填制

国际货物的运输70%以上是通过海洋运输完成的,主要原因在于海洋运输具有通过能力强、运量大、运费低廉等特点。海洋运输方式下用于结汇的运输单据主要就是海运提单。要想保证出口商或受益人提交的海运提单符合信用证及有关国际贸易惯例的规定,保证其顺利结汇,我们必须了解信用证中有关运输单据的条款、运输单据在实际业务中的流转以及相关单据的填制。

(一)信用证中关于运输单据的条款

信用证中关于运输单据的条款主要包括运输单据的名称、份数、抬头、背书、运费标记和被通知人等。具体示例如下:

示例:FULL SET ORIGINAL CLEAN ON BOARD OCEAN BILLS OF LADING MADE OUT TO ORDER, BLANK ENDORSED, MARKED FREIGHT PREPAID AND NOTIFYING THE APPLICANT WITH FULL ADDRESS.(全套清洁已装船海运提单,做成空白抬头,空白背书,注明运费预付,并通知开证申请人同时写明详细地址。)

(二)海洋运输单据的流转

海洋运输有两种运输方式,一种是传统的散货运输,另一种是现代化的集装箱运输。由于集装箱运输具有高效率、高效益、高质量等特点,实际业务中大多数的货物都使用集装箱托运。集装箱运输方式下,运输单据的流转以集装箱货物托运单为主。

集装箱货物托运单又称场站收据,是集装箱运输专用的出口单证,采用联单的形式,把货物托运单、装货单大副收据、理货单、配舱回单、运费通知等单证汇成了一份,对于提高集装箱货物托运的效率有很大的意义。不同的港口、货运站使用的联数不同,有10联、12联、7联不等。一式十联的场站收据各联用途如下:

第1联:货主留底(货主缮制并留存)。

第2联:船代留底(船代据以缮制载货清单,船公司据以编制预配图)。

第3联:运费通知1(船代用)。

第4联:运费通知2(货代向发货人结算用)。

第5联:装货单(又称场站收据副本或关单)。

第6联:场站收据副本大副联(理货公司留存)。

第7联:场站收据正本(又称收货单或大副收据,船代凭此联签发提单)。

第8联:货代留底。

第9联:配舱回单1(交还发货人或货代)。

第10联:配舱回单2(根据此联回单批注修改提单)。

场站收据十联单的流转程序如下:

(1) 托运人填制集装箱货物托运单即场站收据一式十联,委托货运代理人代办托运手续。

(2) 货运代理人接单后审核托运单,若能接受委托,将货主留底联(第1联)退还托运人备查。

(3) 货运代理人持剩余的九联单到船公司或船公司的代理人处办理托运手续。

(4) 船公司或其代理人接单后审核托运单,同意接收托运,在第5联即装货单上盖签单章,确认订舱承运货物,并加填船名、航次和提单号,留下第2联至第4联共三联后,将余下的第5联至第10联共六联退还给货运代理人。

(5) 货运代理人留存第8联货代留底,缮制货物流向单以备日后查询;将第9联、第10联退托运人作配舱回执。

(6) 货运代理人持第5联至第7联共三联:装货单、大副联和场站收据正本,随同出口货物报关单和其他有关货物出口单证至海关办理货物出口报关手续。

(7) 海关审核有关报关单证后,同意出口,在装货单上加盖放行章,并将各联退还货运代理人。

(8) 货运代理人将此三联送交集装箱堆场或集装箱货运站,据此验收集装箱或货物。

(9) 集装箱装船后,港口场站留下装货单用作结算费用及日后查询,大副联交理货部门送大副留存。

(10) 发货人或其货运代理人持场站签收的正本场站收据到船公司或其代理人处,办理换取提单手续,船公司或其代理人收回场站收据,签发提单。在集装箱装船前可换取船舶代理签发的待装提单,或在装船后换取船公司或船舶代理签发的装船提单。

综上可见,海运提单的内容主要来自货主最初填写的托运单,出口商欲获得合格的海运提单,必须准确填写托运单。

(三) 托运单的填制

集装箱货物托运单样表如图表5-13所示,具体填写方法如下。

1. 托运人

托运人(Shipper)栏应填写托运人的名称、地址及联系方式。在整箱货运输中,托运人通常为出口商,在拼箱货运输中,托运人通常为货代公司。

2. 收货人

由于海运提单的物权凭证属性,收货人(Consignee)栏与实际收货人的意义有所不同,填写时主要依据信用证中对于提单抬头的要求。例如,信用证规定"OCEAN BILLS OF LADING MADE OUT TO ORDER",此栏应填写"TO ORDER";信用证规定"OCEAN BILLS OF LADING MADE OUT TO ORDER OF SHIPPER",此栏应填写"TO ORDER OF SHIPPER"或者"TO ORDER OF 托运人公司名称";信用证规定"OCEAN BILLS OF LADING MADE OUT TO ORDER OF ISSUING BANK",此栏应填写"TO ORDER OF 开证行名称"。

3. 通知人

通知人(Notify Party)栏应填写船公司在货物到达目的港时发送到货通知的收件人的名称和地址,通常为进口商或者货运代理公司。信用证方式结算下,应根据信用证中的要求填写。例如,信用证规定"OCEAN BILLS OF LADING … NOTIFYING THE APPLICANT",托运单中通知人一栏应填写开证申请人的公司名称和地址。此栏填写务必准确,否则船方无法与收货人联系,收货人也不能及时报关提货。

图表 5-13 集装箱货物托运单样表

Shipper(托运人)		D/R No.(编号)		集装箱货物托运单	
Consignee(收货人)					
Notify Party(通知人)					
Pre-carriage by(前程运输)		Place of Receipt(收货地点)			
Ocean Vessel(船名)		Voy. No.(航次)		Port of Loading(装货港)	
Port of Discharge(卸货港)		Place of Delivery(交货地点)		Final Destination(目的地)	
Container No.(集装箱号)	Seal No.(封志号) Marks & Nos.(标记与号码)	No. of Containers or Pkgs(箱数或件数)	Kind of Pkgs; Description of Goods(包装种类与货名)	Gross Weight(毛重/千克)	Measurement(尺码/立方米)
Total Number of containers or Packages (IN WORDS) 集装箱数或件数合计(大写)					
Freight &Charges(运费)	Revenue Tons(运费吨)	Rate(运费率)	Per(每)	Prepaid(运费预付)	Collect(运费到付)
Ex Tate(兑换率)	Prepaid at(预付地点)		Payable at(到付地点)	Place of Issue(签发地点)	
	Total Prepaid(预付总额)			No. of Original B(S)/L(正本提单份数)	
Service Type on Receiving □CY □CFS □DOOR		Service Type on Delivery □CY □CFS □DOOR		Reefer-Temperature Required(冷藏温度)	F C
Type of Goods(种类)	□Ordinary(普通) □Liquid(液体)	□Reefer(冷藏) □Live Animal(活动物)	□Dangerous(危险品) □Bulk(散货)	□Auto(裸装车辆)	危险品 Class: Property: IMDG Code Page: UN No.
可否转船		可否分批			
装 期		有 效 期			
金 额					
制单日期					

4. 前程运输

前程运输(Pre-carriage by)栏只有在联运方式下才需填写,一般填写第一程运输方式的名称。

5. 收货地点

收货地点(Place of Receipt)栏只有在联运方式下才需填写,一般填写托运人把货物交给承运人的地点,即承运人的接货地点。

6. 船名

船名(Ocean Vessel)栏填写海洋运输段运载货物的船只的名称,由于托运人在填写托运单时可能无法确定,此栏可以不用填写。

7. 航次

航次(Voy. No.)栏填写载运货物的船舶的航次编号,填写托运单时此栏可以不填。

8. 装货港

装货港(Port of Loading)栏应按照合同或信用证的规定填写。在信用证结算方式下,如果信用证只笼统规定装货港,如"CHINESE MAIN PORT",制单时应根据实际情况填写具体港口名称;如果有重名,应加注地区名以示区别;如"XINGANG/DALIAN/CHINA"或"XINGANG/TIANJIN/CHINA";如果信用证规定多个选择港,如"XINGANG/QINGHUANGDAO/TANGSHAN",制单时应只填实际装运港。

9. 卸货港

卸货港(Port of Discharge)栏应按照合同或信用证的规定填写,具体填写方法与装货港一栏相同。

10. 交货地点

交货地点(Place of Delivery)栏只有在联运方式下才需填写,填写承运人将货物交付给收货人的地点。

11. 目的地

目的地(Final Destination)栏只有在联运方式下才需填写,填写货物运输的最终目的地。

12. 集装箱号

集装箱号(Container No.)栏填写装运出口货物的集装箱箱号。如果填写托运单时,该箱号待定,可以不填。

13. 封志号 & 标记与号码

封志号(Seal No.)是指货物装入集装箱并正确地关闭箱门后,由特定人员施加的铅封的编号标识。如果填写托运单时,封志号未定,可以不填。标记与号码(Marks & Nos.)为货物的唛头,与其他单据填写一致。

14. 箱数或件数

如果出运货物为整箱货,箱数或件数(No. of Containers or Pkgs)栏可只填写集装箱数量;如果是拼箱货,此栏填写最大外包装件数。

15. 包装种类与货名

包装种类与货名(Kind of Pkgs;Description of Goods)栏包括两项内容,一是包装的材料及形式,必须与合同或信用证要求一致;二是商品的名称,可以只填写统称,但应符合信用证的规定,如果同时出口两种及两种以上货物,应分别填写。

16. 毛重

毛重(Gross Weight)栏填写货物总毛重,通常以千克为单位,此栏应与装箱单等单据的内容一致。

17. 尺码

尺码(Measurement)栏填写货物总体积,通常以立方米为单位,此栏应与装箱单等单据的内容一致。

18. 运费预付

运费预付(Prepaid)栏填写主要依据贸易术语的选择和信用证中关于提单运费批注的规定。通常情况下,贸易术语为FOB时,应由买方支付运费,此栏应填写"NO";贸易术语为CFR或CIF时,应由卖方支付运费,此栏应填写"YES"。

19. 运费到付

运费到付(Collect)栏的填写原理与上一栏相同。通常情况下,贸易术语为FOB时,应由买方支付运费,此栏应填写"YES";贸易术语为CFR或CIF时,应由卖方支付运费,此栏应填写"NO"。

20. 预付地点

如果运费预付一栏填写"YES",预付地点(Prepaid at)栏应填写提单缮制和运费支付地点,通常为起运地或起运港;如果运费预付一栏填写"NO",此栏应不填。

21. 到付地点

如果运费到付一栏填写"YES",到付地点(Payable at)栏应填写运费到付的地点,通常为目的地或目的港;如果运费到付一栏填写"NO",此栏应不填。

22. 签发地点

签发地点(Place of Issue)栏填写要求签发提单的地点,通常为起运港。

23. 正本提单份数

正本提单份数(No. of Original B(S)/L)栏填写要求承运人签发正本提单的份数,通常为三份。

24. 收货方式

收货方式和交货方式,也称之为集装箱货物的交接方式,根据交接地点的不同,共有9种选择,包括 CY/CY、CY/CFS、CY/DOOR、CFS/CY、CFS/CFS、CFS/DOOR、DOOR/CY、DOOR/CFS、DOOR/DOOR。其中,CY为集装箱堆场,是集装箱整箱货交接的场所;CFS为集装箱货运站,是集装箱货物进行拼箱或拆箱的场所;DOOR的中文释义为"门",实际指收发货人的工厂或仓库。交接方式不同,承运人提供的服务以及相应的费用也有所不同。

收货方式(Service Type on Receiving)栏应填写托运人将货物交与承运人的地点与方式,如果出运货物为整箱货,托运人可以选择自行对货物装箱,并将货物运往集装箱堆场交与承运人,也可以选择在其仓库或工厂将整箱货物交与承运人;如果出运货物为拼箱货,托运人需要自行将货物送往集装箱货运站,然后由承运人对货物进行拼箱。

25. 交货方式

交货方式(Service Type on Delivery)栏为承运人将货物交与收货人的地点与方式,如果出运货物为整箱货,承运人通常于集装箱堆场与收货人进行货物交接,也可以负责将货物送往收货人的工厂或仓库;如果货物为拼箱货,承运人需要在货运站对集装箱进行拆箱,然后将货物交与收货人。

26. 货物种类

货物种类(Type of Goods)栏主要包括普通、冷藏、危险品、裸装车辆、液体等,应根据实际出运货物的属性如实填写。

27. 冷藏温度

如果实际业务需要使用冷藏集装箱,冷藏温度(Reefer-Temperature Required)栏应填写集装箱所需要的冷藏温度。

28. 其他事项

其他事项主要包括可否转船、可否分批、装运期限、有效期等,这些栏目可根据合同或信用证的规定进行填写。

(四) 海运提单的填制

根据《中华人民共和国海商法》,海运提单包含以下内容:

(1) 货物的品名、标志、包数或者件数、重量或者体积,以及运输危险货物时对危险性质的说明。

(2) 承运人的名称和主营业所。

(3) 船舶名称。

(4) 托运人的名称。

(5) 收货人的名称。

(6) 装货港和在装货港接收货物的日期。

(7) 卸货港。

(8) 多式联运提单增列接收货物地点和交付货物地点。

(9) 提单的签发日期、地点和份数。

(10) 运费的支付。

(11) 承运人或者其代表的签字。

由于海运提单的内容与托运单相似,此处不再赘述。海运提单样表如图表5-14所示。

图表 5-14 海运提单样表

Shipper	B/L No.
	CIFA INTERNATIONAL MULTIMODAL TRANSPORT BILL OF LADING China international freight forwarders association 中国国际货运代理协会国际多式联运提单
Consignee or to order	
Notify party and address	RECEIVED the goods in apparent good order and condition as specified below unless otherwise stated herein. The Carrier in accordance with the provisions contained in this document: 1) undertakes to perform or to procure the performance of the entire transport from the place at which the goods are taken in charge to the place designated for delivery in this document, and 2) assumes liability as prescribed in this document for such transport. In accepting this Bill of Lading the Merchant expressly accepts and agrees to all the printed, stamped or written provisions, exceptions and conditions of this B/L, including those on the back hereof. One of the Bills of Lading must be surrendered duly endorsed in exchange for the goods or delivery order. In Witness whereof the number of original B/L as stated have been signed, one of which being accomplished, the other(s) to be void.
Pre-carriage by	

Mode of transport ☐By Sea: Ocean Vessel & Voyage ☐By Train: Train No. ☐By Air: Flight No. ☐By Road	Place of receipt	Port of loading
	Port of discharge	Place of delivery

PARTICULARS FURNISHED BY SHIPPER-CARRIER NOT RESPONSIBLE

Marks and No.	Container/Seal No.	No. of containers or packages	Description of Goods	Gross weight(kgs)	Measurement(m^3)

TOTAL NUMBER OF PACKAGES

Freight and charges	Declared Value

Place and date of issue	Number of original B/L

For delivery of Goods please contact	Stamp and signature

任务六 保 险 单 据

一、保险单据认知

(一) 保险单据的定义

保险单据是保险人对被保险人签发的保险证明。进出口业务中所涉及的运输保险单据是保险人在接到货主投保申请后签发的保险凭证。

保险单据中主要涉及保险人和被保险人两个当事人。

保险人,也称承保人,是收取保费并按照保险合同的规定负责赔偿损失的当事人,通常为保险公司。被保险人指在保险保障范围内的保险事故发生时受到损失的一方当事人。国际货物运输保险合同中的投保人一般也是被保险人。

(二) 保险单据的作用

保险单据的作用主要体现在以下几个方面:

(1) 保险单据是保险人与被保险人之间签订的保险合同的证明。按保险业惯例,只要承担保险的保险公司在被保险人填写的保险单据上签字,保险合同就告成立,成为双方之间权利义务的契约。

(2) 保险单据是出口商履行保险义务的证明。根据 INCOTERMS® 2020 的规定,在 CIF 或 CIP 贸易术语下,出口商对进口商有义务办理货物运输保险,支付相应的保费。此外,合同或信用证中还会规定保险金额以及出口商应投保的险别等内容。因此,保险单据可以反映出口商是否按合同或信用证中保险条款的规定办理保险。

(3) 保险单据是常见结汇单据之一。在 CIF 或 CIP 贸易术语下的合同中,出口商履行交单义务,必须要提交保险单据,保险单据因而也成为出口商交单收汇或信用证项下议付的重要单证。出口商有权在保险单据上背书,向买方移交保险单及转让其保险利益。

(4) 保险单据是保险索赔和理赔的依据。保险单据是保险人承担赔偿责任的证明文件,在被保险货物遭受保险责任范围内的损失时,又是被保险人索赔和保险人理赔的主要依据。

(三) 保险单据的种类

按照单据的内容、效力及作用,保险单据有多种形式。

1. 保险单

保险单(insurance policy)也称为正式保险单,俗称大保单,是投保人与保险人之间订立的正式的保险合同,既是保险人签发的表明接受保险的正式凭证,又是一份完整独立的保险文件。保险单的正面包括保险人名称、被保险人名称、货物标志、包装及数量、保险货物、保险金额、保费、保费费率、运输工具名称、启航日期、启运港与目的港、承保险别、勘查人名称与地点、赔付地点、出单日期及保险人签字或盖章等;背面印有货物运输保险条款,一般表明承保的基本险别条款的内容,还列有保险人的责任范围及保险人与被保险人各自的权利、义务等方面的条款。

2. 保险凭证

保险凭证(insurance certificate)又称为小保单,是保险公司签发给被保险人的一种内容简化的保险单据,与保险单具有同等效力。保险凭证是一种简化的保险合同,除了背面没有详列保险条款外,其正面内容与保险单相同。保险凭证目前较少使用。在信用证方式结算下,如果信用证规定提交保险凭证,银行可接受受益人提交的正式保险单或保险凭证,如果信用证中只规定有保险单,则银行只能接受保险单。

3. 预约保险单

预约保险单(open policy)又称为开口保险单,它是保险人和被保险人之间预先订立的一种长期性的货物运输总保险合同。这种保险单据在我国主要适用于以 FOB 或 CFR 价格条件等成交的进口货物,保险单上载明保险货物的范围、险别、保险费率、每批运输货物的最高保险金额及保险费的结付、赔款处理等项目,凡属于此保险单范围内的进口货物,一经起运,保险人即自动按保险单所列条件承保。预约保单的优点是减少了逐笔签订保险合同的手续,并可以防止因漏保或迟保而造成的无法弥补的损失。

4. 联合保险凭证

联合保险凭证(combined insurance certificate)简称为联合凭证,是我国保险公司特别使用的一种将发票与保险单相结合的、比保险凭证更为简化的保险单据。承保时,保险公司在出口商提交的商业发票上加上保险编号、承保险别、保险金额、装载船只、开船日期等内容,并加盖保险公司印章,即作为已经保险的证明。联合凭证不是保险专用单据,不能转让,曾在我国对某些特定地区的出口业务中使用。

(四) 保险单据的内容

根据《中华人民共和国海商法》的规定,海上保险合同主要包含以下几项内容:

(1) 保险人名称。

(2) 被保险人名称。

(3) 保险标的。

(4) 保险价值。

(5) 保险金额。

(6) 保险责任和除外责任。

(7) 保险期间。

(8) 保险费。

二、保险单据的缮制

(一) 信用证中有关保险单据的条款

在 CIF 或 CIP 贸易术语下,出口商有办理保险的义务,因此信用证中通常会规定保险单据的条款。关于保险单据的要求主要包括保险单据的类型、保险单据的份数、保险单据的背书方式、保险金额、保险险别、赔付地点等方面。具体示例如下:

示例: INSURANCE POLICY/CERTIFICATE IN DUPLICATE ENDORSED IN BLANK FOR 110% OF INVOICE VALUE, COVERING ALL RISKS AS PER CIC OF PICC WITH CLAIMS PAYABLE AT SINGAPORE IN THE CURRENCY OF DRAFT. (保险单或保险凭证一式两份,空白背书,保险金额为发票金额的110%,按中国人民保险公司的中国保险条款投保一切险,以汇票所使用货币在新加坡赔付。)

(二) 投保单的缮制

投保单是投保人向保险公司提出的投保申请,投保人必须按照买卖双方的约定以及实际业务情况填写投保单上所列项目,以供保险公司进行风险评估及决定是否承保或以何种条件、何种费率承保,并据以签发正式的保险单。

投保单是由保险公司事先准备、具有统一格式的书面文件。不同保险公司的投保单格式不同,但内容基本一致。投保单样本如图表5-15所示,缮制方法如下。

1. 被保险人

被保险人(Insured)栏又称为保单的抬头,此栏填写投保人公司名称。被保险人是保险合同保障的对象,应按照可保利益的实际有关人填写。

一般情况下,按照CIF或CIP条件出口的,应由出口方以投保人的身份办理保险,出口方应以本人作为被保险人,所以应填写卖方名称。实务中也有填写买方名称的,但考虑到货物在装运港装上船前或交付承运人接管之前的风险由卖方承担,为保障发生损失时出口方可以向保险公司索赔,因此此栏最好填写卖方名称。货物在装运港装上船后或交付承运人接管之后,出口方只需根据信用证或其他文件的要求在保险单上背书签字,即可将保险单转让给进口方或指定的第三方(如银行)。

以FOB、FCA或CFR、CPT条件成交的,应由进口方自行办理国际货运保险,投保人与被保险人一般均为进口方,保险责任从货物在装运港装上船或从卖方将货物交付承运人接管、买方对货物享有可保利益之时开始。出口方承担的货物在装运港装上船或从卖方交付承运人接管之前的风险可通过投保国内短途货运险予以保障。

有的保险公司将被保险人分为"客户抬头"和"过户"两栏。货物出运后,风险转由进口商负担。因此,如属出口商投保,可将自己公司的中文名称填在"客户抬头"栏,而将进口商公司名称填在"过户"栏,便于货物发生意外后进口商向保险公司索赔;如属进口商投保,则直接将自己公司名称填写在"客户抬头"栏,而"过户"栏留空。

2. 关联号码

关联号码栏主要包括发票号码(INVOICE NO.)、合同号码(CONTRACT NO.)和信用证号(L/C NO.)三个号码,用以确定保险保障的对象,便于发生索赔时进行核对。

图表 5-15 投保单样本

投保单序号：PICC No. 0000060

中 国 人 民 保 险 公 司
The People's Insurance Company of China

地址 ADD：　　　　　　　　　　　　邮编(POST CODE)：
电话(TEL)：　　　　　　　　　　　　传真(FAX)：

货物运输保险投保单
APPLICATION FORM FOR CARGO TRANSPORTATION INSURANCE POLICY

被保险人：
Insured: ....

发票号(INVOICE NO.)
合同号(CONTRACT NO.)
信用证号(L/C NO.)
发票金额(INVOICE AMOUNT) .... 投保加成(PLUS) .... %

兹有下列物品向中国人民保险公司河北省分公司投保：
(INSURANCE IS REQUIRED ON THE FOLLOWING COMMODITIES)：

标　记 MARKS & NOS.	包装及数量 QUANTITY	保险货物项目 DESCRIPTION OF GOODS	保险金额 AMOUNT INSURED

启运日期：　　　　　　　　　　装载运输工具：
DATE OF COMMENCEMENT　　　 PER CONVEYANCE: ....
自　　　　　　经　　　　　　　至
FROM ....　VIA ....　TO ....

提单号：　　　　　　　　　赔款偿付地点：
B/L NO. ....　　　 CLAIM PAYABLE AT ....

投保条款和险别：(CONDITIONS &/OR SPECIAL COVERAGES)：
....

请如实告知下列情况：(如'是'在[　]中打'√'，'不是'在[　]中打'×'IF ANY, PLEASE MARK '√' OR '×')
1. 货物种类：袋装[ ]　散装[ ]　冷藏[ ]　液体[ ]　活动物[ ]　机器/汽车[ ]　危险品等级[ ]
　 GOODS: 　BAG/ 　　BULK 　　REEFER 　LIQUID 　　LIVE 　　　MACHINE/ 　　AUTODANGEROUS
　　　　　　JUMBO 　　　　　　　　　　　　　　　　　ANIMAL 　　　　　　　　　　　　　　　CLASS
2. 集装箱种类：普通[ ]　开顶[ ]　框架[ ]　平板[ ]　冷藏[ ]
　 CONTAINER: ORDINARY　OPEN　　FRAME　　FLAT　 REFRIGERATOR
3. 转运工具：海轮[ ]　飞机[ ]　驳船[ ]　火车[ ]　汽车[ ]
　 BY TRANSIT: SHIP　　PLANE　　BARGE　　TRAIN　　TRUCK
4. 船舶资料：　　船籍[ ]　船龄[ ]
　 PARTICULAR OF SHIP: REGISTRY　AGE

备注：被保险人确认本保险合同条款和内容已经完全了解。投保人(签名盖章) APPLICANT'S SIGNATURE
　　　THE ASSURED CONFIRMS HEREWITH THE
　　　TERMS AND CONDITIONS OF THESE IN-
　　　SURANCE CONTRACT FULLY UNDERSTOOD _____
　　　　　　　　　　　　　　　　　　　　　　　　　电话：(TEL.)_____
投保日期：(DATE) _____　　　　　　　　地址：(ADD)_____
....

　　　　　　　　　　　　　　　　　本公司自用(FOR OFFICE USE ONLY)
费率：　　　　　　　保费：　　　　　　　　备注：
RATE: _____　PREMIUM: _____　NOTE: _____
经办人：　　　　　　核保人：　　　　　　　　负责人：
BY _____　　UNDER WRITER _____　MANAGER _____

3. 发票金额

发票金额(INVOICE AMOUNT)栏应填写商业发票载明的实际出运货物的总金额。

4. 投保加成

投保加成(PLUS)栏应填写合同或信用证规定的投保加成率。在进出口贸易中,投保加成率通常为10%,出口商也可以根据进口商的要求与保险公司约定不同的投保加成率。在CIF或CIP条件的合同中,若合同或信用证没有约定加成率,出口商可按国际惯例填写10%。

5. 标记

标记(MARKS & NOS.)栏应与提单上所填写的标记一致,特别是要同刷在货物外包装上的实际标记相同,以免在发生索赔和理赔时引起检验、核赔、确定责任上的混乱。

6. 包装及数量

包装及数量(QUANTITY)栏应填写商品外包装的最大包装件数,对货物的包装方式(如箱、袋、桶、捆等)及数量均需填写清楚。例如,出口1万件全棉衬衫,100件装一纸箱,共100箱,此栏应填写"100CTNS",而不是"10 000PCS"。如果出口货物有若干种,包装方式和材料完全不同,则应先填写每种货物的最大包装件数。例如,20Pallets,10Cartons,25Cases,然后合计总件数为55Packages。散装货物应填写重量及散装,如250M/T IN BULK,如果采用集装箱,应予以注明。

7. 保险货物项目

保险货物项目(DESCRIPTION OF GOODS)栏应填写保险货物的具体类别、名称。例如棉布、袜子、玻璃器皿等,一般不要笼统地写纺织品、百货或杂货等大类统称,以便保险公司确定适用的保险费率。

8. 保险金额

保险金额(AMOUNT INSURED)栏一般填写按照发票的CIF或CIP价格以及加成率计算的保险金额,注意货币名称要与发票一致。具体计算公式如下:

$$保险金额 = CIF 或 CIP 价格 \times (1 + 投保加成率)$$

进口贸易中,如果采用FOB、FCA或CFR、CPT贸易术语,则应先在发票价格基础上加上运费及/或保险费,即换算为CIF或CIP价格,再加成计算保险金额。

9. 启运日期

启运日期(DATE OF COMMENCEMENT)栏一般有两种填写方式,有确切日期的,一般填写具体的出运日期;没有确切日期的,一般填写"AS PER B/L",中文意思是根据提单的日期。

10. 装载运输工具

装载运输工具(PER CONVEYANCE)栏的填写视运输方式不同而异。海运方式下,填写船名加航次,如FENGNING V.9103。中途需要转船的,如果已知第二程船名时,应分别填写第一程船名及第二程船名,中间用"/"隔开。如果第二程船名未知,则只需打上"with transshipment"(转船)字样。铁路运输填写"By Railway"加火车班次,航空运输填写"By Air"加航班号,邮包运输填写"By Parcel Post"。

11. 运输路线

运输路线(FROM … VIA … TO …)栏应按提单填写起运港、转运港和目的港。不转船则无须填写转运港名称。

12. 提单号

提单号(B/L NO.)栏应如实填写清楚,以备保险公司核对。

13. 赔款偿付地点

赔款偿付地点(CLAIM PAYABLE AT)栏通常填写货物运往的目的港或目的地。如果被保险人要求在目的地以外的地点赔付,应在此栏注明。信用证结算方式下应严格按照信用证规定填写,如信用证中未规定,则应填写目的地或目的港;如信用证规定两个及两个以上目的港或赔付地,则应全部填写。

14. 投保条款和险别

投保条款和险别(CONDITIONS &/OR SPECIAL COVERAGES)栏应根据合同或信用证的规定填写保险条款和相应的保险险别。根据 UCP 600 的规定,如果信用证使用诸如"通常风险"或"惯常风险"等含义不确切的用语,则无论是否有漏保之风险,保险单据将被照样接受。也就是说,这种情况下可投保中国保险条款海运货物保险最低险别平安险"FPA"或者伦敦保险协会 ICC(C)即可。

15. 如实告知部分

最大被信是保险的基本原则之一,有些保险公司要求投保人在投保单上对货物性质、包装类型、运输工具等情况进行说明,投保人应当如实告知。如果存在隐瞒或欺骗,将导致保险合同无效。

16. 投保日期

投保日期(DATE)栏填写投保单的日期。投保日期应该是船舶开航或运输工具开行之前的日期。

17. 投保人签章(APPLICANT'S SIGNATURE)及企业电话(TEL)、地址(ADD)

投保人签章栏填写投保人的公司名称、地址等具体信息,并签名盖章。

(三)保险单的缮制

在签署投保单、收取保费后,保险公司应当及时向被保险人签发保险单或其他保险凭证。国际货物运输保险单一般包括保险公司与被保险人的名称、保险标的和保险金额、保险险别、保险费、保险期间、保险责任和除外责任、勘查理赔人或代理人、运输工具和运输路线等内容。保险单的内容与投保单比较接近,此处不再赘述。保险单样本如图表5-16所示。

图表 5-16 保险单样本

中国人民保险公司 山东省分公司
The People's Insurance Company Of China Shandong Branch

总公司设于北京 一九四九年创立
HEAD OFFICE BEIJING ESTABLISHED IN 1949

货物运输保险单　ORINGINAL
CARGO TRANSPORTATION INSURANCE POLICY

发票号(INVOICE NO.)　　　　　　　保险单号次
信用证号(L/C NO.)　　　　　　　　POLICY NO.
被保险人
INSURED:

中国人民保险公司(以下简称本公司)根据被保险人的要求,由被保险人向本公司缴付约定的保险费,按照本保险单承保险别和背面所载条款与下列特款承保下述货物运输保险,特立本保险单。

THIS POLICY OF INSURANCE WITNESSES THAT THE PEOPLE'S INSURANCE COMPANY OF CHINA (HEREINAFTER CALLED THE COMPANY) AT THE REQUEST OF THE INSURED AND IN CONSIDERATION OF THE AGREED PREMIUM PAID BY THE INSURED, UNDERTAKES TO INSURE THE UNDER MENTIONED GOODS IN TRANSPORTATION SUBJECT TO THE CONDITIONS OF THIS POLICY AS PER THE CLAUSES PRINTED OVERLEAF AND OTHER SPECIAL CLAUSES ATTACHES HEREON.

标记 MARKS & NOS	包装及数量 QUANTITY	保险货物项目 DESCRIPTION OF GOODS	保险金额 AMOUNT ISSURED

总保险金额
TOTAL AMOUNT INSURED:

保费:　　　　　　　　　　　费率:　　　　　　　　　　装载运输工具:
PREMIUM: AS ARRANGED　　　RATE: AS ARRANGED　　　PER CONVEYANCE S. S
开航日期　　　　　　　　　　自　　　　　　　　　　　　至
SLG. ON OR ABT.　　　　　　FROM　　　　　　　　　　　TO
承保险别:
CONDITIONS:

所保货物,如发生本保险单项下可能引起赔偿的损失或损坏,应立即通知本公司下属代理人查勘。如有索赔,应向本公司提交保险单正本(本保险单共有正本　份)及有关文件。如一份正本已用于赔偿,其余正本自动失效。

IN THE EVENT OF LOSS OR DAMAGE WHICH MAY RESULT IN A CLAIM UNDER THIS POLICY, IMMEDIATE NOTICE MUST BE GIVEN TO THE COMPANY AGENT AS MENTIONED HEREUNDER. IN THE EVENT OF CLAIMS, IF ANY, ONE OF THE ORIGINAL POLICY WHICH HAS BEEN ISSUED IN ORIGINAL(S) TOGETHER WITH THE RELEVANT DOCUMENTS SHALL BE SURRENDERED TO THE COMPANY. IF ONE OF THE ORIGINAL POLICIES HAS BEEN ACCOMPLISHED, THE OTHERS SHALL BE VOID.

赔款偿付地点　　　　　　　　　　中国人民保险公司山东分公司
CLAIM PAYABLE AT:　　　　　　　THE PEOPLE'S INSURANCE COMPANY OF CHINA SHANDONG
出单日期　　　　　　　　　　　　BRANCH
ISSUING DATE:
　　　　　　　　　　　　　　　　　　　　　　　　　　Authorized Signature

(四) 缮制保险单据的注意事项

在缮制或准备保险单据时,出口企业应注意以下事项。

1. 保单的抬头与背书应符合信用证的规定与要求

信用证下,受益人在制作保单抬头时,应依据信用证的有关条款。根据 ISBP 821 的规定,保险单据应做成信用证所要求的形式,如有必要,还应当由有权索赔的实体背书。例如,信用证规定"INSURANCE POLICY MADE OUT TO THE APPLICANT"(保单开立给开证申请人),则卖方投保时,在收汇有保障的前提下,保单抬头一栏应填写开证申请人公司的名称,受益人交单时无须背书。当然,如果出口商收汇存在风险,或者出口商希望从起运地仓库至装运港运输的过程获得保障,则建议修改信用证,保单抬头改为受益人。如果信用证规定"INSURANCE POLICY ISSUED TO ORDER OF ABC BANK"(保单开立成凭 ABC 银行的指示),一种方式保单抬头做成"受益人 TO ORDER OF ABC BANK",受益人交单时须背书;另一种方式按信用证要求做成"TO ORDER OF ABC BANK",受益人无须背书。根据 ISBP 821 的规定,信用证不应要求保险单据出具成"TO BEARER"(凭来人)或"TO ORDER"(凭指示),信用证应当显示被保险人的名称。如果信用证仍然要求被保险人做成"TO BEARER"(凭来人)或"TO ORDER"(凭指示),根据国际商会的解释,将视为没有要求。

2. 保单的签发日期应早于提单日期

根据 UCP 600 以及 ISBP 821 的规定,保险单据日期不得晚于发运日期,除非保险单据表明保险责任不迟于发运日生效。否则,便会出现部分运输时段的货物并没有保险保障,一旦出险,无法向保险公司赔付。

3. 提交正本保单的份数应符合国际贸易惯例的规定

根据 ISBP 821 的规定,当信用证要求保险单据出具一份以上的正本,或者保险单据显示其已经出具一份以上的正本时,所有正本都应提交并看似已经被签署。例如,信用证中要求保险单一式两份(IN DUPLICATE),受益人收到的保险单上注明正本份数为三份(IN THREE ORIGINALS),受益人交单时既要满足信用证要求,也要符合国际贸易惯例的规定,因此要提交全套三份正本的保单,才能保证相符交单,顺利结汇。

任务七 装运通知

一、装运通知认知

(一) 装运通知的定义

装运通知(shipping advice),也称装船通知,是出口商在货物装运后以电传、传真、电子邮件等方式发送给进口商、收货人或其指定人的通知,目的是让进口商了解货物装运情况。出口商发送装运通知是国际贸易中的习惯做法。根据 INCOTERMS® 2020 的规定,通知买方是卖方的一项普遍义务,尤其在象征性交货合同中,出口商一般在装运货物后 3 天内立即发出装运通知。

(二) 装运通知的作用

装运通知的作用体现在以下几个方面:

（1）便于进口商采取必要的措施来确保受领货物。进口商可以通过装运通知及时了解货物装运情况，预计到达目的地的时间，准备付款与接货以及及时办理进口报关。

（2）在 FOB、FCA、CFR、CPT 等贸易术语下，出口商没有义务办理保险，但货物装上船之后损坏或灭失的风险由买方承担。因此，出口商发出的装运通知具有提醒进口商及时办理进口货物保险的作用。在实际业务中，进口商通常与保险公司签订预约保险合同，而装运通知就成为了进口商办理进口货物保险的凭证，保险公司一收到装运通知，该批货物的保险则自动生效。

（3）为了敦促出口商履行通知义务，防止出现装运和投保在时间上的脱节，合同或信用证会要求卖方及时发出装运通知，并要求出口商在交单时提交装运通知副本，这时，装运通知的副本就成为了结汇单据之一。

（三）装运通知的内容

装运通知没有统一格式，一般包括收件人名称和地址、合同号或信用证号、货名、数量、金额、船名船次、开航日期、提单号码、预计到达日期、通知日期等。如果信用证对装运通知的内容有具体规定，应严格按照信用证的要求缮制。

二、装运通知的缮制

（一）信用证中有关装运通知的条款

信用证中关于装运通知的条款主要包括受单人、通知时间以及通知内容等。具体示例如下：

示例：BENEFICIARY'S CERTIFIED COPY OF FAX SENT TO APPLICANT WITHIN 48 HOURS AFTER SHIPMENT INDICATING CONTRACT NO. , L/C NO. , GOODS NAME, QUANTITY, INVOICE VALUE, VESSEL'S NAME, PACKAGE/CONTAINER NO. , LOADING PORT, SHIPPING DATE AND ETA.（受益人传真件副本，证明已经在开航后 48 小时内通知开证申请人有关合同号码、信用证号码、货名、数量、发票价值、船名、外包装及集装箱数量、装运港、装船日期及预期到达时间。）

（二）装运通知的缮制

装运通知样本如图表 5-17 所示，填制方法如下：

（1）装运通知号码（NO.）栏：按照惯例一般填写发票号码。

（2）装运通知日期（DATE）栏：此日期不能超过合同或信用证约定的时间。例如，信用证规定"within 2 days after shipment"（装运后两天之内），应掌握在提单日期后的两天之内，如果超过规定的时间，将被认定为不符交单，出口商将无法顺利结汇。

（3）抬头（TO）栏：即通知对象，可以是进口商，也可以是指定的保险公司，具体情况视合同或信用证的规定。如果合同或信用证没有明确规定装运通知的抬头，此栏也可以填写"To whom it may concern"（敬启者）。

(4) 货物描述(DESCRIPTION OF GOODS)栏：填写出口货物的名称，须与发票、装箱单、提单等单据上的内容一致。

(5) 外包装的数量和种类(NO. AND KIND OF PACKAGES)栏：填写最大外包装的数量和种类，须与装箱单、提单等单据上的内容一致。

(6) 总毛重(TOTAL G. W.)栏：填写出口货物的总毛重，须与装箱单、提单等单据上的内容一致。

(7) 提单号码(B/L NO.)栏：填写出口货物提单的号码，进口商据此可跟踪货物的运输情况。

(8) 起运港(PORT OF LOADING)栏：填写出口货物的起运港，须与提单上的内容一致。

(9) 目的港(PORT OF DESTINATION)栏：填写出口货物的目的港，须与提单上的内容一致。

(10) 船名航次(OCEAN VESSEL)栏：填写载货船舶的船名航次，须与提单上的内容一致。

(11) 离港时间(DATE OF DEPARTURE)栏：填写出口货物的离港时间，须与提单上的内容一致。

(12) 预计到达时间(ESTIMATED TIME OF ARRIVAL)栏：填写出口货物预计到达目的港的时间，进口商可据此安排接运货物事宜。

图表5-17 装运通知样本

烟台蓝星进出口贸易公司
YANTAI BLUESTAR IMP. & EXP. CORPORATION
123HUANSHAN ROAD, YANTAI, CHINA
SHIPPING ADVICE

TEL：0535-6578887	NO.：_____
FAX：0535-6578886	DATE：_____
	S/C NO.：_____
	L/C NO.：_____

TO：
DEAR SIRS,
WE HEREBY INFORM YOU THAT THE GOODS UNDER THE ABOVE MENTIONED CREDIT HAVE BEEN SHIPPED, THE DETAILS OF THE SHIPMENT ARE STATED BELOW.

DESCRIPTION OF GOODS：
NO. AND KIND OF PACKAGES：
TOTAL G. W.：
B/L NO.：
PORT OF LOADING：
PORT OF DESTINATION：
OCEAN VESSEL：
DATE OF DEPARTURE：
ESTIMATED TIME OF ARRIVAL：

YANTAI BLUESTAR IMP. & EXP. CORPORATION
×××

任务八 受益人证明

一、受益人证明认知

(一) 受益人证明的定义

受益人证明(beneficiary's certificate),也称为受益人声明(beneficiary's statement),是一种由受益人出具的证明文件,用以证实自己已经履行了合同或信用证规定的条款,如证明所交的货物品质符合合同规定、证明货物的原产地、证明按要求寄送了样品或者单据等。

受益人证明一般没有固定格式,是一种格式比较简单的单据。如果信用证有此要求,则受益人证明成为出口商结汇的单据之一。

(二) 受益人证明的种类

根据证明事项的不同,受益人证明主要包括以下几种类型。

1. 寄单证明

寄单证明是最常见的受益人证明文件,通常是受益人根据信用证的规定,在货物装运前后一定期限内将全套或部分结汇单据的副本邮寄/传真/快递给指定的收件人,并出具证明,将其随附其他单据交银行议付。

2. 寄样证明

寄样证明也是常见的受益人证明文件,证明受益人已经按照信用证的规定在货物出运之前将船样(或样卡、码样等)寄送指定的收货人。

3. 履约证明

履约证明是由受益人出具的、证明自己已履行了信用证所规定的条款,如证明自己所交付的货物品质符合合同规定、证明出口货物的运输包装无虫害、证明包装和标签按要求办理等。

二、受益人证明的缮制

(一) 信用证中有关受益人证明的条款

信用证中关于受益人证明的条款主要包括单据名称以及证明事项等内容。具体示例如下:

示例1:BENEFICIARY'S CERTIFICATE STATING THAT ONE COPY OF THE DOCUMENTS CALLED FOR UNDER THE LC HAS BEEN DISPATCHED BY COURIER SERVICE DIRECT TO THE APPLICANT WITHIN 3 DAYS AFTER SHIPMENT. (受益人的证明,说明信用证要求的单据副本已在装运后3天内通过快递方式直接寄送给开证申请人。)

示例 2:BENEFICIARY'S CERTIFICATE CERTIFYING THAT 2 YARDS OF SHIPMENT SAMPLE IN RESPECT OF THIS ORDER HAVE BEEN SENT TO

APPLICANT 7 DAYS PRIOR TO THE DATE OF BILLS OF LADING.(受益人证明,证明本订单下两码船样已在提单签发日前7天寄送开证申请人。)

示例 3:BENEFICIARY'S CERTIFICATE CONFIRMING THAT ALL GOODS ARE LABELLED IN ENGLISH.(受益人证明,证明所有货物加贴英文标签。)

(二) 受益人证明的缮制

受益人证明没有固定格式,但主要内容基本相似,样本如图表5-18所示。受益人证明填制方法如下。

1. 单据名称

单据名称根据合同或信用证的要求填写,一般有 BENEFICIARY'S CERTIFICATE(受益人证明)、BENEFICIARY'S STATEMENT(受益人说明)、BENEFICIARY'S DECLARATION(受益人声明)等。

2. 单据号码

受益人证明的编号按惯例一般填写商业发票号码。

3. 单据日期

单证人员应保证受益人证明日期与证明事项的衔接,使其符合逻辑性。例如,证明的事项为受益人在货物装运后两天之内寄送了一套副本单据给买方,相关提单的日期是2022年7月10日,则受益人证明的日期既不能早于提单日期7月10日,也不能晚于提单日后两天的时间7月12日。

4. 抬头

受益人证明的抬头也称为受单人,通常为进口商,如果信用证有指定的抬头,应按信用证的要求填写。如果不知道具体的受单人,也可填写"TO WHOM IT MAY CONCERN"。

5. 证明事项

受益人证明的证明事项(WE HEREBY CERTIFY THAT …)栏须根据合同或信用证的规定填写。例如,信用证规定"BENEFICIARY'S CERTIFICATE CERTIFYING THAT ONE SET OF N/N SHIPPING DOCUMENTS CALLED FOR UNDER THE LC HAS BEEN DISPATCHED TO THE APPLICANT IMMEDIATELY AFTER SHIPMENT",证明事项部分应写成"WE HEREBY CERTIFY THAT ONE SET OF N/N SHIPPING DOCUMENTS CALLED FOR UNDER THE LC HAS BEEN DISPATCHED TO THE APPLICANT IMMEDIATELY AFTER SHIPMENT"。

6. 签署

根据国际贸易惯例的规定,证明类单据需要由证明人签署,因此受益人证明应由受益人出具并正式签章。

图表 5-18 受益人证明样本

烟台蓝星进出口贸易公司
YANTAI BLUESTAR IMP. & EXP. CORPORATION
123HUANSHAN ROAD, YANTAI, CHINA
BENEFICIARY'S CERTIFICATE

NO.：

DATE：

TO:

WE HEREBY CERTIFY THAT …

YANTAI BLUESTAR IMP. & EXP. CORPORATION

(SIGNATURE)

任务九 汇 票

一、汇票认知

（一）汇票的定义

根据《中华人民共和国票据法》的规定，汇票是出票人签发的，委托付款人在见票时或者在指定日期无条件支付确定金额给收款人或者持票人的票据。

通过定义我们可以看出，汇票有三个基本的当事人，即出票人、付款人、收款人。在进出口业务中，结算方式不同，三个基本当事人也有所不同。在汇款中票汇方式下，结算工具为银行汇票，其中出票人为进口地的汇出行，付款人为出口地的汇入行，收款人通常为出口商。在托收方式下，因其逆汇和商业信用的属性，出票人为出口商，付款人为进口商，收款人为出口商或出口地的托收银行。在信用证方式下，因其逆汇和银行信用的属性，出票人仍为出口商，但付款人不是进口商，而是承担第一性付款责任的开证行或其指定银行，收款人为出口商或出口地的议付行。

（二）汇票的种类

1. 即期汇票和远期汇票

根据付款时间的不同，汇票可分为即期汇票和远期汇票。

即期汇票(sight bill 或 demand draft)是指见票即付的汇票，付款期限部分通常为"AT SIGHT"或者"ON DEMAND"。如果汇票上没有标明付款期限，则该汇票也为即期汇票。

远期汇票(time bill 或 usance bill)是指付款期限为将来某一天或某一可以确定的日期的汇票。在进出口业务中，远期汇票中规定付款时间的方式通常有以下几种：

（1）规定某一特定日期，即定日付款。

（2）见票后若干天付款，如 AT 30 DAYS AFTER SIGHT。

(3) 出票后若干天付款，如 AT 30 DAYS AFTER DATE。

(4) 运输单据签发日后若干天付款，如 AT 30 DAYS AFTER B/L DATE。

2. 光票和跟单汇票

按照是否随附货运单据，汇票可分为光票和跟单汇票。

光票(clean bill)是指不附带货运单据的汇票，在国际贸易结算中一般用于贸易货款尾数、佣金等的收取或支付。

跟单汇票(documentary bill)是指附带货运单据的汇票，一般用于主要货款的结算。

3. 商业汇票和银行汇票

根据出票人的不同，汇票可分为银行汇票和商业汇票。

银行汇票(banker's bill)是指出票人为银行的汇票，一般为光票。汇付方式之一的票汇中用到的是银行汇票。

商业汇票(commercial bill)是指出票人为公司或个人的汇票。它可能是光票，也可能是跟单汇票。托收、信用证等结算方式下的汇票一般由出口企业出具，因此为商业汇票。

4. 银行承兑汇票和商业承兑汇票

根据承兑人的不同，汇票可分为银行承兑汇票和商业承兑汇票。

银行承兑汇票(banker's acceptance bill)是指由银行承兑的远期汇票。

商业承兑汇票(commercial acceptance bill)是指由公司、企业或个人承兑的远期汇票。

(三) 汇票的内容

各国票据法对汇票内容的规定有所不同。根据《中华人民共和国票据法》的规定，汇票必须记载下列事项：

绝对必要记载项目：

(1) 写明"汇票"字样(Exchange，Draft)。

(2) 无条件书面支付命令(Unconditional Order to Pay)。

(3) 确定的金额(Certain in Money)。

(4) 付款人名称(Drawee)。

(5) 收款人名称(Payee)。

(6) 出票日期(Date of Issue)。

(7) 出票人签字(Signature of Drawer)。

相对必要记载项目：

(1) 出票地点(Place of Issue)。

(2) 付款地点(Place of Payment)。

(3) 付款期限(Tenor)。

(四) 汇票的票据行为

1. 出票

出票(issue)是指出票人签发汇票并将其交付收款人的票据行为。

出票由做成票据和向收款人交付票据两个环节构成。出票人必须依照票据法的规定，作成票据，即在空白票据凭证上记载票据法规定的出票的必要记载事项，使票据产生。出票人向收款人交付票据，票据交付收款人，收款人即成为持票人，取得票据权利。

可见，作成票据和交付票据，是出票的两个构成部分，仅有前者而无后者时，收款人没有取得票据，当然无从产生票据权利。

2. 背书

背书(endorsement)是指持票人在汇票的背面签字或再加上被背书人的名字，并把汇票交给被背书人或受让人的票据行为。汇票经背书转让后，受让人享有汇票的收款权利，还可以通过再次背书继续转让汇票。对于受让人而言，所有在他之前的背书人和出票人都是他的"前手"，对于出让人来说，所有在他之后的受让人都是他的"后手"，前手必须保证后手票据权利的行使，即负有担保汇票必然会被承兑或付款的责任。

背书主要有三种形式：

(1) 特别背书(special endorsement)又称记名背书，需要记载"支付给被背书人名称的指定人"字样，并经背书人签字。从安全性方面看，记名背书与无记名背书相比有较可靠的安全性。记名背书的票据发生遗失、被盗等情况时，一般很难为第三人善意取得，或者冒领款项；而无记名背书的票据，则极易发生这些不安全现象。

(2) 空白背书(blank endorsement 或 endorsement in blank)又称不记名背书，即不记载被背书人名称，只有背书人的签字。从记载事项方面讲，无记名背书稍为简便，记名背书则略显麻烦。记名若有疏漏，发生错写，就会给被背书人行使票据权利或再背书转让，带来困难。无记名背书无此弊端。另外，从转让方式上看，无记名背书的票据可采单纯交付，手续极简。但是，无记名背书的票据，单纯交付的出让人退出票据关系，持票人行使追索权时责任人减少，不如记名背书那样，票据出让人均为票据责任人，持票人可有较大选择范围，以最有利的条件实现票据权利。

(3) 限制性背书(restrictive endorsement)是指带有"支付给被背书人"的指示等限制性的词语的背书。

3. 提示

持票人将汇票提交付款人要求承兑或要求付款的行为称为提示(presentation)。根据目的的不同，提示可分为承兑提示和付款提示。对于即期汇票，只有付款提示；对于远期汇票，先进行承兑提示，到期后再进行付款提示。持票人要行使票据权利，不能采用口头声明的方式，必须按照法律规定的期限向付款人提示书面的票据。

根据《中华人民共和国票据法》，定日付款的汇票、出票后定期付款的汇票，持票人应当在汇票到期日前向付款人提示承兑；见票后定期付款的汇票，持票人应当自出票日起1个月内向付款人提示承兑。对于见票即付的汇票，持票人应自出票日期1个月内向付款人提示付款；对于定日付款、出票后定期付款、见票后定期付款的汇票，持票人应自票据到期日起10天内向承兑人提示付款。

持票人应当在票据法规定的期限内提示承兑、付款,未按规定期限提示承兑、付款,丧失对其前手的追索权。

4. 承兑

承兑(acceptance)是指远期汇票的付款人承诺在汇票到期日支付汇票金额的票据行为。承兑行为同样包含两个环节:付款人在汇票正面写上"承兑"字样,注明承兑日期并签署;付款人将经其承兑的汇票交还持票人。远期汇票一经承兑,承兑人则成为主要债务人,承担保证持票人票据权利行使的主要责任。

5. 付款

付款(payment)是指汇票付款人向持票人支付汇票金额以结束票据关系的行为。即期汇票提示日即为付款到期日,见票后若干天付款的远期汇票从承兑日推算到期日。持票人获得付款时,应当在汇票上签收,并将汇票交付给付款人作为收据存查。汇票一经付款,汇票上的债权债务关系即告消失或结束。

6. 退票

持票人向付款人提示汇票时,付款人拒绝承兑或拒绝付款,均称退票(dishonour),也称拒付。除了明确表示拒付外,付款人避而不见、死亡或宣告破产,以致付款事实上已经不可能执行时,也可视为拒付。

当持票人遭到退票时,他可以依法行使追索权,即请求前手或其他票据债务人偿还票据金额、利息和有关费用。持票人行使追索权需要注意以下事项:

(1) 追索权是票据到期未得到付款、到期前未得到承兑时才能行使的票据权利。

(2) 追索权的请求对象,是持票人前手和其他有关票据债务人。

(3) 持票人行使追索权时,应当提供被拒绝承兑或者被拒绝付款的有关证明,不能出示拒绝证明、退票理由书或者其他合法证明的,丧失对其前手的追索权。

二、汇票的缮制

(一) 信用证中有关汇票的条款

信用证中关于汇票的条款主要包括汇票的期限、金额、出票人和付款人等内容。具体示例如下:

示例1:BENEFICIARY'S DRAFT AT 30 DAYS AFTER SIGHT DRAWN ON ISSUING BANK.(受益人出具的汇票,付款期限为见票后30天,付款人为开证行。)

示例2:

DRAFTS AT 42C: AT SIGHT FOR FULL INVOICE VALUE.(汇票付款期限为即期,金额为发票全额。)

DRAWEE 42A: BANK OF CHINA SHANGHAI BRANCH.(汇票付款人为中国银行上海分行。)

(二) 汇票的填制规范

进出口业务中,汇票的格式并不统一,但内容大致相同。汇票样本如图表 5-19 所示,填制方法如下。

1. 汇票号码

汇票号码(No.)栏由出票人自行填入编号,一般使用发票号兼作汇票的编号。

2. 汇票小写金额

汇票小写金额(For)栏填写汇票的小写金额,即用数字表示具体金额。信用证方式下,汇票的金额即为受益人支取的金额,因此除非信用证另有规定,汇票金额不得超过信用证金额,而且汇票金额通常与发票金额一致,汇票币别必须与信用证规定以及发票所使用的币别一致。如果一笔交易使用多种结算方式,例如部分货款采用信用证结算,剩余货款采用汇款或托收结算,则信用证项下汇票的金额低于发票金额,仅为发票金额的一部分,剩余部分采用其他方式结清。

3. 出票日期

出票日期(Date)栏填写汇票出具的日期。根据各国票据法以及 ISBP 821 的规定,汇票必须加注出票日期。因为不同的出票日期将约束票据的不同效力以及不同当事人的票据权利和责任。汇票出票日期通常为一套结汇单据中日期最晚的一天,即受益人备好全部单据去银行交单议付或结汇的日期。在信用证方式下,此日期不能晚于信用证规定的交单期以及信用证的有效期。

4. 付款期限

付款期限(At ... sight)栏填写汇票的付款期限,一般可分为即期付款和远期付款两类。

即期付款只需在横线上打"＊＊＊＊＊＊""－－－－－"或"××××××",表示见票即付。

远期付款一般有四种表示方法,具体如下:

(1) 见票后××天付款,填上"at ×× days after sight",即以付款人见票承兑日为起算日,××天后到期付款。

(2) 出票后××天付款,填上"at ×× days after date",即以汇票出票日为起算日,××天后到期付款,将汇票上印就的"sight"划掉。

(3) 提单日后××天付款,填上"at ×× days after B/L date",即付款人以提单签发日为起算日,××天后到期付款,将汇票上印就的"sight"划掉。

(4) 指定日期付款,指定××年××月××日为付款日。例如,"On Feb. 25th, 2020",汇票上印就的"sight"应划掉。这种汇票也称为"定期付款汇票"。

实际业务中汇票付款期限的填写一定要符合信用证的规定。

5. 收款人

汇票的收款人(pay to the order of)也称汇票的抬头。在实际操作中,如果信用证是自由议付信用证,则出口商可以在此栏填写任何银行的名称;如果信用证为限制性议付信用证,出口商在此栏应填写指定的议付银行的名称。

汇票的抬头通常有指示性抬头、限制性抬头和来人抬头三种。在我国对外贸易中,指示性抬头使用较多,在信用证业务中要按照信用证规定填写。

6. 汇票大写金额

汇票大写金额(the sum of)栏填写汇票的大写金额,大小写金额应保持一致。根据ISBP 821 的规定,当汇票大小写金额矛盾时,大写金额将作为支款金额予以审核。填大写金额,先填写货币全称,再用英文填写汇票金额,句尾加"only"以防篡改。具体示例如下:

示例:

U. S. DOLLARS ONE THOUSAND TWO HUNDRED AND THIRTY ONLY (USD1 230.00)

7. 出票依据

出票依据(Drawn under … L/C No. … Dated …)栏填写汇票开立的依据,信用证结算方式下主要填写有关信用证的信息,包括开证银行、信用证号码以及信用证开立的时间。托收结算方式下则主要填写合同的信息,包括合同号码和合同日期等。

8. 受票人

汇票的受票人(To),即汇票的付款人,在信用证方式下通常为开证行或者其指定的银行。实际业务中,依据信用证中有关规定填写。例如,信用证规定"Drawee:SUMITOMO MITSUI BANKING CORP., OKAYAMA, JAPAN",则此栏应填写"SUMITOMO MITSUI BANKING CORP., OKAYAMA, JAPAN"。有的信用证规定"DRAWN ON US",其中的"US"指的就是开证银行,填写时应将开证行的名称和地址填入。

9. 出票人签章

根据 ISBP 821 的规定,汇票应由受益人出具并签署。当受益人已变更名称,而信用证中提到的是原名称时,只要汇票注明该实体"formerly known as …(原名称为……)",就可以新名称出具。

图表 5-19　汇票样本

```
No.
For                          BILL OF EXCHANGE           Date:_____
At _____ sight of this FIRST BILL of EXCHANGE (second of the same tenor and date unpaid) pay to the order of
_____ the sum of


Drawn under _____
L/C No. _____ Dated _____
To: _____
    _____
                                              _____
                                                        (Signature)
```

 思政课堂

为什么要扩大面向全球的高标准自由贸易区网络

习近平总书记在党的二十大报告中提出,"扩大面向全球的高标准自由贸易区网络"。这为新的历史条件下建设我国高标准自由贸易区和推进高水平对外开放指明了方向、明确了目标、提出了要求。

经过长期发展特别是新时代10年的努力,我国自由贸易区建设取得了历史性成就,伙伴不断增加,内容日益充实,初步构筑起立足周边、辐射"一带一路"、面向全球的高标准自由贸易区网络。据商务部统计,我国已同26个国家和地区签署了19个自由贸易协定,覆盖亚洲、大洋洲、拉丁美洲、欧洲、非洲。2022年1月1日,世界上人口最多、经贸规模最大、最具发展潜力的自由贸易区协定——《区域全面经济伙伴关系协定》(RCEP)生效。从我国已签署的自由贸易协定内容看,货物贸易领域,我国与自由贸易区伙伴的货物关税水平大幅降低;服务贸易领域,我国在履行加入世贸组织承诺基础上,协定项下服务业开放部门更多,原有承诺部门的开放水平进一步提升。我国在自由贸易区规则议题上也进行了有益尝试,逐步将谈判领域拓展到竞争政策、电子商务、环境保护等方面,全方位、多角度推进规则谈判和规制合作。我国不断提升自由贸易区建设水平,兼顾灵活性与务实性,创新合作模式,得到合作伙伴的支持;我国提出开放包容、平衡互惠等合作理念,得到合作伙伴的认同。

扩大面向全球的高标准自由贸易区网络,是我国实行更高水平对外开放的战略举措。对外开放是中国发展的关键一招。加快构建新发展格局,要求更好发挥对外开放作用,以提升国际循环质量和水平,增强国内大循环内生动力和可靠性。党的二十大报告提出,稳步扩大规则、规制、管理、标准等制度型开放。在国际高标准自由贸易协定中,货物贸易、服务贸易和投资、政府采购等市场准入领域开放水平越来越高,规则领域进一步延伸至包括环境在内的多方面"边境后"措施。扩大面向全球的高标准自由贸易区网络,推动自由贸易区建设"扩围、提质、增效",有利于增强国内国际两个市场两种资源联动效应,提升贸易投资合作质量和水平。

扩大面向全球的高标准自由贸易区网络,是我国推动更深层次体制改革的重要动力。改革开放推动社会主义市场经济体制不断完善,激发了市场活力和社会创造力,使中国大踏步赶上了时代。改革开放只有进行时,没有完成时。我国仍存在一些体制障碍,重点领域改革还有不少硬骨头要啃,推进高质量发展还有许多卡点瓶颈。扩大面向全球的高标准自由贸易区网络,深度对接高标准国际经贸规则,营造市场化、法治化、国际化一流营商环境,有利于更好发挥高水平对外开放对改革、发展、创新的强大牵引作用,为推进国家治理体系和治理能力现代化提供强劲动力。

扩大面向全球的高标准自由贸易区网络,是推动国际经贸治理体系改革完善的客观要求。近年来,区域经济一体化不断深化,区域自由贸易安排蓬勃发展,成为驱动经济全球化的重要引擎。世界主要经济体加快推动国际经贸规则重构,高水平自由贸易区成为国际经济合作和竞争的重要平台。扩大面向全球的高标准自由贸易区网络,积极参与国际经贸规则制定,有利于我国顺应和引领经济全球化发展和国际经贸规则重构新趋势,推动构建更加公正合理的国际经贸治理体系。

我国将从"扩围、提质、增效"三方面推进自由贸易区建设,扩大面向全球的高标准自由贸易区网络,为推进高水平对外开放提供机制性保障,更好服务构建以国内大循环为主体、国内国际双循环相互促进的新发展格局。

资料来源:《党的二十大报告学习辅导百问》。

思考:扩大面向全球的高标准自由贸易区网络能为从事外贸的企业带来哪些福利?从贸易单证的视角,外贸企业应该如何保障这些福利价值的实现?

项 目 实 训

根据背景资料,填写有关结汇单据,并将结果填入图表 5-20 至图表 5-25 中。

信用证资料:

Input Message Type:700 Issue of a Documentary Credit

Input Date/Time:200321/1016

Sender:National Australia Bank Ltd.

Receiver:BANK OF CHINA TIANJIN BRANCH

Priority:Normal ＊ ＊ ＊ ＊ ＊ ＊ ＊ ＊ ＊

:27/Sequence of total   1/1

:40A/Form of documentary credit   IRREVOCABLE

:20/Documentary credit number   5494WH171868

:31C/Date of issue20200321

:40E(＊)/Applicable rules   UCP LATEST VERSION

:31D/Date and place of expiry   20200531 CHINA

:50/Applicant   ABC INTERNATIONAL PTY LTD.

    50 MCLACHLAN AVE, DARLINGHURST NSW 2010

:59/Beneficiary   SUZHOU WENHAI INDUSTRIES CO., LTD.

    NO. 159 TONGYUAN ROAD, SUZHOU CITY, CHINA

:32B/Currency code amount   USD 26 700.00

:41D/Available with ... by ...   ANY BANK BY NEGOTIATION

:42C/Drafts at   AT SIGHT FOR FULL INVOICE VALUE

:42D/Drawee   NATIONAL AUSTRALIA BANK LTD.

    235 CLARENCE ST, SYDNEY NSW 2000

:43P/Partial shipments   PROHIBITED

:43T/Transshipments   PERMITTED

:44E(＊)/Port of loading/Airport of departure   SHANGHAI PORT, CHINA

:44F(＊)/Port of discharge/Airport of destination   SYDNEY PORT, AUSTRALIA

:44C/Latest date of shipment   20200516

:45A/Description of goods or services

MICROWAVE OVEN

CAPACITY:23L, POWER:800-1100W

ABC2008   150SETS@USD82.00/SET

ABC2009   150SETS@USD96.00/SET

AS PER S/C NO. ABC2020005 DATED 20200301

CIF SYDNEY

:46A/Documents required

+SIGNED COMMERCIAL INVOICE IN FIVE (5) COPIES INDICATING S/C NO. AND L/C NO.

+PACKING LIST IN FIVE (5) COPIES.

+FULL SET 3/3 CLEAN ON BOARD OCEAN BILL OF LADING, PLUS TWO (2) NON-NEGOTIABLE COPIES, ISSUED TO ORDER OF ISSUING BANK, NOTIFYING THE APPLICANT, MARKED FREIGHT PREPAID, AND SHOWING DOCUMENTARY CREDIT NUMBER.

+INSURANCE POLICY/CERTIFICATE IN DUPLICATE ENDORSED IN BLANK FOR 120% INVOICE VALUE, COVERING ALL RISKS AND WAR RISK OF CIC OF PICC (1/1/1981).

+FORM A CERTIFICATE STATING THAT GOODS ARE OF CHINA ORIGIN.

:47A/Additional conditions   ALL DOCUMENTS MUST INDICATE THE S/C NO.

:71B/Charges   ALL CHARGES OUTSIDE AUSTRALIA ARE FOR BENEFICIARY'S ACCOUNT.

:48/Period of presentation   DOCUMENTS MUST BE PRESENTED FOR PAYMENT WITHIN 15 DAYS AFTER THE DATE OF SHIPMENT.

:49/Confirmation instructions   WITHOUT

:57D/Advise through bank   BANK OF CHINA SUZHOU BRANCH

其他相关资料：

G.W./CTN：19KGS   N.W./CTN：17.5KGS

MEASURMENT/CTN：0.084CBM   60CM×40CM×35CM

PACKING：1SET/CTN

SHIPPING MARKS：ABC/ABC2020005/SYDNEY/No.1-UP

发票号：SW20200012   发票日期：2020年5月6日

船名、航次：COSCO V.007W

提单号 B/L No.：COSCO12345   提单日期：2020年5月16日

开航日期：2020年5月15日

集装箱号/封号：GSTU201230/010503   1×20'FCL   CY/CY

总运费：4 200美元

保险费率：1%   保单号码：IP202005001

原产地证明书编号：G20XXXXXXXX0120，交易商品完全产自中国

商品编码：8516500000

议付日期：2020年5月25日

议付银行：BANK OF CHINA SUZHOU BRANCH

图表 5-20　商业发票

ISSUER	商业发票　COMMERCIAL INVOICE		
TO			
	NO.		DATE
TRANSPORT DETAILS	S/C NO.		L/C NO.
	TERMS OF PAYMENT		
Marks and Numbers	Description of goods	Quantity	Unit Price	Amount
	TOTAL:			
SAY TOTAL:				

图表 5-21　装箱单

装箱单
PACKING LIST

ISSUER:	
TO:	

No.		Date	
S/C No.		L/C No.	

MARKS & NOS.	DESCRIPTION OF GOODS	QUANTITY	PACKAGE	G. W.	N. W.	MEASUREMENT
TOTAL						

SAY TOTAL:

图表 5-22 海运提单

Shipper	BILL OF LADING　　B/L No.
Consignee	
Notify Party	**COSCO** 中国远洋运输公司 CHINA OCEAN SHIPPING COMPANY ORIGINAL

Pre-carriage by	Port of loading
Vessel	Port of transshipment
Port of discharge	Final destination

Container No., seal No. or marks and Nos.	Number and kind of package Description of goods	Gross weight (kgs.)	Measurement (m³)

Freight and charges	REGARDING TRANSHIPMENT INFORMATION PLEASE CONTACT

Ex. rate	Prepaid at	Freight payable at	Place and date of issue
	Total prepaid	Number of original Bs/L	Signed for or on behalf of the Master
			As Agent

图表 5-23 保险单

中国人民保险公司 天津分公司
The People's Insurance Company Of China Tianjin Branch

货物运输保险单　ORINGINAL
CARGO TRANSPORTATION INSURANCE POLICY

发票号(INVOICE NO.)　　　　　　保险单号次
信用证号(L/C NO.)　　　　　　　POLICY NO.
被保险人
INSURED:

中国人民保险公司(以下简称本公司)根据被保险人的要求,由被保险人向本公司缴付约定的保险费,按照本保险单承保险别和背面所载条款与下列特款承保下述货物运输保险,特立本保险单。

THIS POLICY OF INSURANCE WITNESSES THAT THE PEOPLE'S INSURANCE COMPANY OF CHINA (HEREINAFTER CALLED THE COMPANY) AT THE REQUEST OF THE INSURED AND IN CONSIDERATION OF THE AGREED PREMIUM PAID BY THE INSURED, UNDERTAKES TO INSURE THE UNDER MENTIONED GOODS IN TRANSPORTATION SUBJECT TO THE CONDITIONS OF THIS POLICY AS PER THE CLAUSES PRINTED OVERLEAF AND OTHER SPECIAL CLAUSES ATTACHES HEREON.

标记 MARKS & NOS	包装及数量 QUANTITY	保险货物项目 DESCRIPTION OF GOODS	保险金额 AMOUNT ISSUED

总保险金额
TOTAL AMOUNT INSURED:

保费:　　　　　　　　　　费率:　　　　　　　　　　装载运输工具:
PREMIUM: AS ARRANGED　　RATE: AS ARRANGED　　PER CONVEYANCE S. S
开航日期　　　　　　　　　自　　　　　　　　　　　至
SLG. ON OR ABT.　　　　　FROM　　　　　　　　　　TO
承保险别:
CONDITIONS:

所保货物,如发生本保险单项下可能引起赔偿的损失或损坏,应立即通知本公司下属代理人查勘。如有索赔,应向本公司提交保险单正本(本保险单共有正本　份)及有关文件。如一份正本已用于赔偿,其余正本自动失效。

IN THE EVENT OF LOSS OR DAMAGE WHICH MAY RESULT IN A CLAIM UNDER THIS POLICY, IMMEDIATE NOTICE MUST BE GIVEN TO THE COMPANY AGENT AS MENTIONED HEREUNDER. IN THE EVENT OF CLAIMS, IF ANY, ONE OF THE ORIGINAL POLICY WHICH HAS BEEN ISSUED IN ORIGINAL (S) TOGETHER WITH THE RELEVANT DOCUMENTS SHALL BE SURRENDERED TO THE COMPANY. IF ONE OF THE ORIGINAL POLICIES HAS BEEN ACCOMPLISHED, THE OTHERS SHALL BE VOID.

赔款偿付地点　　　　　　　中国人民保险公司天津分公司
CLAIM PAYABLE AT:　　　　THE PEOPLE'S INSURANCE COMPANY OF CHINA
出单日期　　　　　　　　　 TIANJIN BRANCH
ISSUING DATE:　　　　　　　　　　　Authorized Signature

图表 5-24 原产地证明书

ORIGINAL

1. Goods consigned from (Exporter's business name, address, Country).	Reference No. **GENERALIZED SYSTEM OF PREFERENCES CERTIFICATE OF ORIGIN** (Combined declaration and certificate) **FORM A** **Issued in THE PEOPLE'S REPUBLIC OF CHINA** (country) See Notes. overleaf				
2. Goods consigned to (Consignee's name, address, country)	^				
3. Means of transport and route (as far as known)	4. For official use				
5. Item number	6. Marks and numbers of packages	7. Number and kind of packages; description of goods	8. Origin criterion (see Notes overleaf)	9. Gross weight or other quantity	10. Number and date of invoices
11. Certification It is hereby certified, on the basis of control carried out, that the declaration by the exporter is correct. Place and date, signature and stamp of certifying authority	12. Declaration by the exporter The undersigned hereby declares that the above details and statements are correct; that all the goods were produced in **CHINA** ……………………………… (Country) and that they comply with the origin requirement specified for those goods in the Generalized System of Preferences for goods exported to ……………………………… (Importing Country) ……………………………… Place and date, signature of authorized signatory				

图表 5-25　汇票

No. _____		
For ▓▓▓▓▓▓	**BILL OF EXCHANGE**	Date: _____

At _____ sight of this FIRST BILL of EXCHANGE (second of the same tenor and date unpaid) pay to the order of _____ the sum of

▓▓

Drawn under _____
L/C No. _____ Dated _____
To: _____
　　_____

　　　　　　　　　　　　　　　　　　　　　_____
　　　　　　　　　　　　　　　　　　　　　　　　(Signature)

课 堂 测 试

班级_____ 姓名_____ 学号_____ 日期_____ 得分_____

一、单项选择题(每小题 2 分,共 40 分)

1. 下列单证中,(　　)可以不签署。
   A. 运输单据　　B. 包装单据　　C. 汇票　　D. 保险单

2. 信用证规定 Shipping documents must show P/O NO. 5237。出口商制作(　　)时,可不显示此 P/O 的编号。
   A. 保险单　　B. 发票　　C. 空运单　　D. 汇票

3. 出口单证中最重要的单据,能让有关当事人了解一笔交易的全貌,其他单据都是以其为依据的单据是(　　)。
   A. 装箱单　　B. 产地证书　　C. 发票　　D. 提单

4. 信用证规定不迟于 10 月底装运大约一万双皮鞋,单价为 6 美元,总金额为 6 万美元,出口商最多可装运(　　)双皮鞋。
   A. 11 000　　B. 10 000　　C. 10 500　　D. 10 300

5. 凡信用证中使用"约""大约"或类似的词语用于表示数量时,应理解为(　　)。
   A. 有关数量不超过 10% 的增减幅度　　B. 有关数量不超过 15% 的增减幅度
   C. 有关数量的增减幅度可双方协议　　D. 有关数量的增减幅度可按单方要求来定

6. 厂商发票是厂方出具给出口商的销售货物的凭证。来证要求提供厂商发票,其目的是(　　)。
   A. 检查是否有削价倾销行为,以便确定应否征收反倾销税
   B. 是按某些国家法令规定,出口商对其国家输入货物时必须取得进口国在出口国或其邻近地区的领事签证的、作为装运单据一部分和货物进口报关的前提条件之一的特殊发票
   C. 为进口商向其本国当局申请进口许可证或请求核批外汇之用
   D. 作为国际商务单据中的基础单据,是缮制报关单、原产地证明书、报检单、投保单等其他单据的依据

7. 结汇单据中的汇票,指用于托收和信用证收汇方式中,出口商向进口商或银行签发的,要求后者即期或在一个固定的日期或在可以确定的将来时间,对某人或某指定人或持票人支付一定金额的无条件的书面支付命令。大部分情况下,使用(　　)。

A. 光票   B. 跟单汇票   C. 银行汇票   D. 商业承兑汇票

8. 关于信用证结算方式下汇票的出票人,以下说法正确的是( )。

   A. 信用证的开证行

   B. 出票人通常为信用证申请人

   C. 出票人通常为信用证议付行

   D. 出票人一般位于汇票右下角,通常为出口人或信用证的受益人,应具企业全称和负责人的签字盖章

9. 一信用证在商品描述中显示:25 000pcs Men's Shirts, LC amount and quantity 5% more or less is acceptable, 15 000pcs to be delivered before July 31, 10 000pcs to be delivered before Aug20。下列( )做法是不正确的。

   A. 7月底之前出运15 000件,8月20日前出运10 000件

   B. 7月底之前出运15 000件,8月20日前出运11 500件

   C. 7月底之前出运15 500件,8月20日前出运10 500件

   D. 7月底之前出运14 500件,8月20日前出运9 500件

10. 包装单据一般不应显示货物的( ),因为进口商把商品转售时只要交付包装单据和货物,不愿泄漏其购买成本。

    A. 品名、数量   B. 单价、总金额

    C. 包装件数、体积   D. 品名、重量

11. 出口商应在( )通过传真、邮寄等方式,向进口商发出装运通知。

    A. 装运前   B. 装船完毕   C. 交单后   D. 报关前

12. 托收项下,汇票付款人应填写( )。

    A. 交单行   B. 托收行   C. 代收行   D. 进口商

13. 根据UCP 600的规定,海运提单的签发日期应理解为( )。

    A. 货物开始装船的日期   B. 货物装船完毕的日期

    C. 货物装运过程中的任何一天   D. 运输合同中的装运

14. 海运提单的抬头是指提单的( )。

    A. Shipper   B. Consignee   C. Notify Party   D. Carrier

15. 以下关于海运提单的说法不正确的是( )。

    A. 货物收据   B. 运输合同的证明

    C. 物权凭证   D. 无条件支付命令

16. 下列运输单据中,能同时具有货物收据、运输合同证明和物权凭证作用的是( )。

    A. 铁路运单   B. 航空运单   C. 海运提单   D. 海运单

17. 根据UCP 600的规定,正本运输单据受益人或其代表在不迟于发运日之后的21个日历日内交单,并不得迟于信用证的截止日。若发生正本提单交银行超过提单签发日期21天,这时,该正本提单为( )。

A. 过期提单　　　　B. 倒签提单　　　　C. 不清洁提单　　　D. 无效提单

18. 以下海运提单收货人不同,显示(　　)收货人时需要托运人背书。
    A. To Order   B. ABC Company
    C. To order of Issuing Bank   D. To order of applicant

19. 按照价格术语(　　)的解释,提单上应显示运费支付方式 freight prepaid。
    A. FCA   B. FOB   C. CIF   D. EXW

20. 有一批货物从杭州经由上海港海运至加拿大温哥华,再转铁路运至加拿大多伦多。以下多式联运单据中有关装运地和目的地的正确写法是(　　)。
    A. Place of Receipt：Hangzhou，Port of Discharge：Shanghai，Place of Delivery：Toronto，Port of loading：Vancouver
    B. Place of Receipt：Hangzhou，Port of Discharge：Vancouver，Place of Delivery：Toronto，Port of loading：Shanghai
    C. Place of Delivery：Hangzhou，Port of Delivery：Shanghai，Place of Receipt：Toronto，Port of loading：Vancouver
    D. Place of Delivery：Toronto，Port of loading：Hangzhou，Place of Receipt：Vancouver，Port of Discharge：Shanghai

二、多项选择题(每小题 3 分,共 45 分)

1. 常见的受益人证明有(　　)。
   A. 寄单证明   B. 寄样证明
   C. 保费收据   D. 货物补充证明
   E. 产地证明

2. 下列关于商业发票的说法,正确的有(　　)。
   A. 出口方向进口方开列的发货价目清单
   B. 买卖双方记账的依据,也是进出口报关交税的总说明
   C. 它是商务单证中最重要的单据,能让有关当事人了解一笔交易的全貌
   D. 在不使用汇票时,向进口商收取货款的凭证
   E. 商业发票与海关发票、领事发票内容完全相同,可以相互替代

3. 如果信用证没有规定货物数量有增减幅度,只要同时符合下述(　　)条件,对货物数量的容差允许有 5% 的增减幅度。
   A. 信用证未规定数量不得增减
   B. 信用证已有条款规定数量增减幅度
   C. 支取金额不超过信用证金额
   D. 货物数量不是按包装单位或个数计数的,如长度(米、码)、体积(立方米)、容量(升、加仑)、重量(吨、磅)等

E. 货物以自身个数或包装数量计量

4. 运输标志是货物的识别标志,运输企业在装卸、搬运时,根据运输标志来识别货物,作为交货清单的发票,必须正确显示这一装运标志。标准的运输标志一般包括(   )。
   A. 收货人简称   B. 合同号、目的港、件号等
   C. 重量、单价等   D. 体积和总价等
   E. 发货人简称

5. 发票中的价格术语十分重要,以下说法正确的有(   )。
   A. 因为它涉及买卖双方责任的承担、费用的负担和风险的划分问题
   B. 发票中的价格术语与运输单据上的运费支付的表述不能矛盾
   C. 发票中的价格术语也是进口地海关核定关税的依据
   D. 价格可以根据具体情况酌情修改
   E. 如果信用证中规定了价格术语的来源,商业发票中可以不用显示

6. 在下列情况中,(   )发票必须签署。
   A. 在信用证规定发票需要签字时   B. 采用信用证结算方式时
   C. 发票上包含有证明文句时   D. 用于向海关报关时
   E. 在任何情况下,发票都需要签字

7. 我国票据法规定,汇票必须记载的事项除汇票金额外,还应有(   )。
   A. 汇票字样   B. 无条件支付命令
   C. 付款人名称   D. 收款人名称
   E. 出票日期和出票人签章

8. 以下单据中,对发票起补充作用的有(   )。
   A. 装箱单   B. 运输单据
   C. 重量单   D. 保险单
   E. 原产地证明

9. 下面关于海关发票的描述中,正确的有(   )。
   A. 由出口商填写的
   B. 由进口商填写
   C. 出口人向出口地海关报关时提供的单据
   D. 是进口人向进口地海关报关时提供的单据
   E. 是进口地海关进行估价定税,征收差别关税或反倾销税的依据

10. 除非信用证另有规定,下列收汇单据中必须由出具人签字的有(   )。
    A. 运输单据   B. 汇票
    C. 发票   D. 装箱单
    E. 保险单

11. 由出口商签发的要求银行在一定的时间内付款的汇票不可能有(   )。

A. 商业汇票 B. 银行汇票

C. 即期汇票 D. 跟单汇票

E. 远期汇票

12. 根据 UCP 600 的规定,在出口业务中,卖方可凭以结汇的装运单据有(　　)。

    A. 提单 B. 不可转让的海运单

    C. 租船合同提单 D. 装货单

    E. 空运单据

13. 根据 UCP 600 的规定,海运提单中货物的描述(　　)。

    A. 只要不与信用证的描述相抵触,可使用货物的统称

    B. 必须使用货物的全称

    C. 必须与商业发票的货物描述完全一致

    D. 符合信用证或合同的规定,与实际货物的名称、规格、型号、成分、品牌等相一致

    E. 通常与保险单中的货物描述一致

14. 以下提单抬头中,需要由托运人背书才可以转让的有(　　)。

    A. to order B. to order of shipper

    C. to order of applicant D. to order of issuing Bank

    E. to applicant

15. 信用证规定:FULL SETS OF ORIGINAL CLEAN ON BOARD OCEAN BILL OF LADING MADE OUT TO ORDER OF ROYAL BANK CANADA AND MARKED FREIGHT PREPAID NOTIFY APPLICANT。这表示出口方提供的提单必须有(　　)。

    A. 三份正本提单

    B. 清洁提单

    C. 收货人显示"TO ORDER OF ROYAL BANK CANADA"

    D. 已装船提单

    E. 通知人必须显示"APPLICANT"

三、判断题(每小题 1 分,共 15 分)

1. 在出口发票上必须明确显示数量、单价、总值和贸易术语(价格条款)等。　　(　　)

2. 如果信用证没有规定不允许,出口发票的出票日期可早于信用证的开证日。　　(　　)

3. 汇票的出单日期可由交单行或托收行代填,但对外寄单时,此栏不能为空。　　(　　)

4. 信用证中注明"Invoice in three copies",受益人向银行交单时,提供了三张副本发票。此做法,违反了信用证的规定。　　(　　)

5. 在远期汇票中,用"60 days after date of draft"与"60 days from date of draft"表达汇票期限,到期日相同。　　(　　)

6. 信用证品名是"MEN'S TROUSERS",发票注明"MEN'S TROUSERS AND SOCKS

(FREE OF CHARGE)",单到开证行,开证行可认为是不符点。   （ ）

7. 如果采用信用证方式,出口商需要在所有单据上显示详细品名。   （ ）

8. 如信用证规定,发票要证实"THE CONTENTS OF INVOICE ARE TRUE AND CORRECT",制作发票时必须把这句话显示出来,并作签署。   （ ）

9. 出口商出口一批布匹,信用证规定 10 000 码,金额 4 万美金,现出运了 10 500 码,发票金额 USD42 000,导致了超装,给收汇带来了风险。   （ ）

10. 有一笔托收出口交易,价格条件是"CFR TOKYO",合同规定出口商装运后需向进口商发送装运通知。因为是采用托收方式收款,对此装运通知的发送日期没有限制。
                                                                （ ）

11. 货物外包装上的运输标志须在有关的托运单、商业发票、装箱单、提单上显示,但指示性标志、警告标志和危险性标志无须在上述文件上显示。   （ ）

12. 空白抬头提单是指提单收货人处空白,空白背书是指提单背面没有人背书。 （ ）

13. 海运提单的签发日期是指货物被全部装船完毕的日期。   （ ）

14. 海运提单的签发日期应早于保险单的日期。   （ ）

15. 海运出口货物,信用证规定的最迟装运期为 11 月 10 日,信用证的有效期为 11 月 20 日,实际出口日期是 11 月 15 日,出口人要求承运人将提单日期显示为 11 月 10 日,并在 11 月 16 日取得了该提单。这份提单是预借提单。   （ ）

项目六　结汇单据的审核

知识导航

```
                    ┌ 结汇单据审核的  ┌ 结汇单据审核的作用
                    │   作用与方法   ┤ 结汇单据审核的方法
                    │               └ 单据审核的标准
                    │               ┌ 商业发票的审核要点
结汇单据的审核 ─────┤  常用结汇单据 │ 运输单据的审核要点
                    │   审核的要点  ┤ 保险单据的审核要点
                    │               │ 汇票的审核要点
                    │               └ 其他单据的审核要点
                    │               ┌ 出口企业对不符单据的处理
                    └ 不符单据的处理┤
                                    └ 开证银行对不符交单的处理
```

学习目标

1. 了解结汇单据审核的作用
2. 熟悉结汇单据审核的标准
3. 熟悉各种结汇单据审核的要点
4. 掌握结汇单据审核的方法

 导入案例

烟台蓝星进出口公司(以下简称蓝星公司)向境外出口一批货物,采用信用证结算方式。进口商通过开证行如期开来信用证,蓝星公司也按要求发运货物并提交了相应的单据。单到开证行后,遭到银行拒付,拒付通知中提出信用证项下的交单存在两项不符点:①信用证要求提供"PACKING LIST",蓝星公司提交的单据名称为"PACKING NOTE",单据名称不符合信用证要求;②唛头不符合信用证规定,除了显示信用证规定的内容,还额外增加易碎品警告。隔日,开证行又提出商业发票显示商品款号为S323,而信用证中规定为S322。

思考:开证银行提出的3个不符点是否为实质性不符点?银行拒付是否有效?为什么?

任务一 结汇单据审核的作用与方法

一、结汇单据审核的作用

(一) 出口企业审单的作用

根据国际贸易惯例,出口企业不仅要提供符合合同规定的货物,还应提交符合合同或信用证规定的商业发票以及其他单据,因此,提交合格的结汇单据是出口企业履行合同的重要手段。尤其在信用证结算方式下,开证行履行付款义务的前提是受益人提交符合信用证规定的单据,因此,在向银行交单前,出口企业审单人员应该在理解和把握 UCP 600、ISBP 821 等国际贸易惯例条款的基础上,仔细对照信用证的要求审核单据,以确保做到相符交单,从而顺利结汇。其他结算方式下,审单人员应仔细对照合同要求进行审核。

(二) 银行审单的作用

托收方式下,银行只需按照托收申请书确认单据的名称、清点单据的份数以及传递单据,银行没有义务审核单据的具体内容。信用证方式下,议付行和所有参加承付的银行都应该在收到单据后,认真审核单据。但是,按照国际贸易惯例,银行对单据的真实性以及法律效力都是免责的。议付行虽然拥有议付后的追索权,即因为不符交单遭到开证行的拒付时可向受益人追索信用证下其已经偿付的款项,但未审核出受益人提交的单据中的实质性不符点会使其声誉受到影响。如果保兑行、付款行、承兑行或者开证行自身在承付前未审核出单据中的实质性不符点,他们将可能受到严重的经济损失。

银行审单人员必须具备一定的单证操作能力,理解熟悉 UCP 600 和 ISBP 821 各个条款,关注国际商会关于信用证及托收等问题所提出的各种意见,这些都是银行拒付或者抗辩的必要依据。由于银行审单人员面临的单据、所涉及的业务范围以及客户群体类型多样,不同业务下涉及的单据要求有所不同,不同客户的单据格式和制单习惯也可能不同,银行审单人员必须严格按照国际贸易惯例以及相关法律来审核单据,从而避免产生争议和造成利益损失。

(三) 进口企业审单的作用

由于信用证方式具有"纯单据业务"的特点,国际贸易惯例规定"银行对单据真实性、合法性等免责",进口商认真审核单据,及早发现出口商是否存在欺诈行为非常必要。虽然进口企业的审单人员可以在银行通知到单后,根据信用证条款或合同条款对单据进行审核,但是为了防止出口商利用单据诈骗,不管采用何种贸易术语,进口商可以要求出口商在货物装运后立即发出装运通知,必要时,进口商可以通过有关航运网络提供的服务,及时对船货实施全程监控,以防出口商有诈。进口商还可以要求出口商在装运后立即快递一套单据复印件,或用传真或电子邮件发送单据,以便提早审单,及早获取有关货物的详细信息。信用证方式下,进口商如果能在开证行付款前及时发现出口商确实存在欺诈行为,可以要求当地法院向银行下达"止付令",从而避免经济损失。

二、结汇单据审核的方法

出口企业可以根据自身的规模大小、目标市场分布情况、交易金额的多少等采用不同的审单程序或方法。但不管采用何种程序或方法,通常大多数企业最后都会将结汇单据汇总至贸易管理部门专职把关审单的人员手中做最后的审查。专职审单人员必须具备良好的业务素质和高度的责任感,必须熟悉有关国际贸易惯例和法律,熟悉外贸业务,并具有丰富的单证工作经验。常见的审单方法有"纵横审单法"和"两道审单法"。

(一)纵横审单法

纵横审单法是纵向审单法和横向审单法相结合的审单方法。纵向审单是指有关当事人以信用证条款为基础,对信用证规定的各项单据进行逐字逐句审核,要求每项单据的内容都符合信用证的规定,即"单证相符"。如果发现单据存在与信用证规定不一致的内容,应做好记录,以便后续的修改。即使每项单据的内容都符合信用证的规定,也并不说明单据不存在问题,因为信用证中的条款毕竟有限,不能涵盖每项单据的所有内容。因此,在纵向审单法的基础上,还需采用横向审单法,以商业发票为中心审核其他规定的单据,使单据与单据之间的内容一致,做到"单单相符"。

(二)两道审单法

两道审单法是"一缮一审"和"综合复审"相结合的审单方法。外贸业务环节众多,涉及的外贸单据也有所不同,这就要求各环节工作人员对该环节的单据进行初审,制、审相结合,保证无差错,而后再集中由专人复审。审核单据的两道工序不是简单重复,而是抓住扼要内容,一审再审,确保相符交单,以利企业顺利结汇。

对于规模较大的企业,还可以根据自身情况,采用分地区审单、分航线审单等方法,这样一定程度上可以避免不同地区、不同航线等对单据的不同要求导致的争议。

三、单据审核的标准

UCP 600中对于信用证结算方式下审核单据的标准进行了规定,具体如下。

(一)审核单据的基础

信用证是开证行做出的有条件的付款保证,而这一条件便是受益人做到相符交单。该条件适用于受益人与开证行、保兑行以及被指定银行之间,也适用于保兑行、被指定银行与开证行之间,同时,开证行能否从开证申请人处获得偿付也取决于该条件是否得到满足。因此,开证行、保兑行以及被指定银行必须对单据进行审核。国际贸易惯例强调了银行审核单据时仅以单据为基础决定其表面是否相符。"仅以单据为基础""表面相符"进一步赋予了银行独立于当事人基础交易之外的地位,银行只需根据信用证的内容、国际贸易惯例以及实务标准审查单据表面记载的内容,无须探究单据背后的实际情况,这是信用证独立性的体现。规定这一标准的主要原因在于,一方面银行作为第三方不了解交易的内容,另一方面银行也不具备探究单据背后情况的专业技能,不应对银行施加审核单据实质内容的责任。

(二)审核单据的时限

为保证银行及时完成审单工作、发出拒付或同意付款的通知,从而便于各方当事人对交易的下一个环节采取行动或者进行准备。例如,相符交单的情况下受益人能及时收款、申请人能及时提货,不符交单的情况下受益人能第一时间与申请人协商要求其放弃不符点,从而加速回款,或者办理货物退运,避免进一步损失。国际贸易惯例对银行审核单据的时限作出了规定,要求按指定行事的指定银行、保兑行(如有)及开证行,自其收到提示单据的翌日起算,应各自拥有最多不超过 5 个银行工作日的时间以确定交单是否相符。这一期限不因交单日适逢信用证到期日或最迟交单日或在其之后而受到缩减或其他影响。如果超过了这一时限,银行将失去拒绝接受不符交单的权利,从而造成利益损失。

(三)交单的时限

为保障进口商能及时获得货运单据,及时提货,避免发生货物滞港、失去市场先机,受益人交单也有一定时间的限制。一般而言,进口商为保障自身利益,会在申请开立信用证时,规定受益人最迟交单的日期,如 PERIOD FOR PRESENTATION:NOT LATER THAN 15 DAYS AFTER THE DATE OF ISSUANCE OF THE SHIPPING DOCUMENTS(不迟于运输单据签发后 15 天交单)。但是,即使信用证中未规定交单期,信用证项下的交单也不能超过信用证的有效期,超过有效期的交单将被视为不符交单。此外,UCP 600 还规定,如果交单中包含正本运输单据,则必须由受益人或其代表按照相关条款在不迟于装运日后的 21 个日历日内交单,但无论如何不能超过信用证的到期日。因此,信用证项下的交单不能超过 3 个时间,即交单日、信用证的到期日以及装运后的 21 天。出口商在外贸单证工作中务必掌控好交单时间,做到出单及时、审单及时、交单及时,保障能够顺利结汇。有关银行在审核单据时也要严格遵守国际贸易惯例的规定,从而保障自身以及进口商的利益。

(四)"相符交单"的定义与具体要求

有关当事人在审核单据时,应准确把握"相符交单"的定义与具体要求。根据国际贸易惯例中的定义,相符交单意为提交的单据符合信用证、UCP 600 可适用条款以及国际标准银行实务的要求。具体而言,按照信用证的规定、国际标准银行实务的做法以及单据本身的内容,单据内部信息之间、单据之间、单据与信用证之间不需要完全一样,但必须不冲突。例如,如果商业发票的货物描述除了显示商品名称还显示了具体规格,而装箱单的货物描述只显示了商品名称,尽管两者不完全一样,但并不冲突,不构成不符交单;而如果发票显示商品规格为"COTTON 100%",装箱单显示商品规格为"COTTON 80%",则被认为相互冲突,构成不符交单。

(五)各单据中货物描述的填写

根据前文中的内容,很多单据中都列有货物描述的内容。那是否要求每项单据中的货物描述完全一样呢?根据 UCP 600 的规定,除商业发票外,其他单据中的货物、服务或履约行为的描述,可使用与信用证中的描述不矛盾的概括性用语。简言之,除商业发票之外的其他单据的货物描述可以使用统称。

（六）单据的出具人以及内容

在信用证的单据条款中,通常会规定受益人提交单据的种类、份数、出具人以及显示的具体内容,但也有对出具人以及显示内容未作规定的情形。在具体业务中,审单人员应把握以下原则：

（1）对于已经规定单据出具人以及显示内容的,该单据应由规定的出具人出具,且单据应体现信用证规定的内容。如果认为信用证的要求不合理的,则应在审核信用证环节提出,并要求开证申请人修改。

（2）对于汇票、商业发票、运输单据和保险单据,因其特性及功能,国际贸易惯例中对相应的出具人有明确的规定,即使信用证中未作规定,也应由惯例所规定的当事人出具。例如,汇票是凭以结汇的债权凭证,应由受益人出具；在不可转让信用证项下,商业发票必须由受益人出具；运输单据是进口商凭以提货的重要凭证,因此应由承运人或其代理人出具；保险单据是进口商在货物出险后向保险公司索赔的重要凭证,因此应由保险公司出具。

（3）对于商业发票、运输单据和保险单据以外的单据,如果信用证未规定该单据由何人出具或单据的内容,只要提交的单据内容满足其功能需要且与信用证规定以及其他单据内容相符,银行将对提示的单据予以接受,无须审查单据的出具人。

（七）信用证未要求单据的处理

实际业务当中,受益人在提交单据时经常会在要求的单据之外再增加一套所有单据的副本,这往往是双方长期业务往来形成的习惯,抑或是满足银行存档的需要,甚或是申请人为办理进口清关而向受益人索要的额外单据。此外,开证申请人有可能在申请开立信用证时未列清所有需要受益人提交的单据,而后要求受益人在交单时随附额外的单据。根据UCP 600 的规定,提示信用证中未要求提交的单据,银行将不予置理。如果收到此类单据,可以退还提示人。由于受益人提交的额外单据有可能对申请人非常重要,银行在实务中应慎重使用退回信用证未要求单据的权利。同时,受益人应主动告知银行将未要求的单据递交申请人,以免单据被退回对申请人造成不利影响。

（八）非单据性条件的处理

信用证业务是单据业务,银行的职责在于审核单据,如果信用证中包含某项条件而未规定需提交与之相符的单据,银行将认为未列明此条件,并对此不予置理。例如,如果信用证规定"the goods required in the L/C must be brand new and of China origin"(信用证中要求的货物必须是全新的,且原产于中国),但未要求受益人提交与之相对应的单据,此类条款实际上就无法起到约束受益人的作用,信用证的独立性决定了银行无法审查合同履行的状况。如果开证申请人想对受益人加列此类要求,就必须以单据形式体现,例如,可将上述条件转化为品质证明和原产地证明两种单据列入信用证单据条款。

（九）单据的签发日期

通常情况下，信用证受益人会在收到信用证、对信用证条款审核完毕，认为能够接受信用证所有条款后才会备货、装运、准备各种单据，但实际业务中因交易双方以往合作经验、具体业务要求也有例外的情形，因此，国际贸易惯例规定银行可以接受签发时间早于信用证开立时间的单据。但是需要注意的是，外贸单证工作往往遵循一定的业务先后顺序，单据的签发日期应合理，具有逻辑性，且符合国际贸易惯例要求。例如，正常的单据操作顺序是先签发各类单据后提交至银行，如果单据的签发日期晚于交单日期，这明显不符合逻辑，因此，根据国际贸易惯例，银行将不接受签发日期晚于交单日期的交单。又如，对于一些货物需要通过法定检验或者获得出口许可证方能出口的交易，没有相关的检验证明或者出口许可证，海关不可能放行，货物也不可能装船出运，因此，检验证明和出口许可证的签发时间不可能晚于提单日期。

（十）关于各单据中显示的有关当事人的地址和联系信息

根据 UCP 600 的规定，当受益人和申请人的地址显示在任何规定的单据上时，不必与信用证或其他规定单据中显示的地址相同，但必须与信用证中述及的各自地址处于同一国家内。用于联系的资料（电传、电话、电子邮箱及类似方式）如作为受益人和申请人地址的组成部分将被不予置理；当申请人的地址及联系信息作为运输单据中收货人或通知方信息的组成部分时，则必须按照信用证规定予以显示。运输单据中收货人或通知方栏目中的信息往往被用于承运人或其代理人进行到货通知，因此，该信息的准确性对保证进口商及时提货有重要影响，UCP 600 要求其必须与信用证一致。

任务二　常用结汇单据审核的要点

一、商业发票的审核要点

商业发票是实际出运货物的价目清单，是结汇单据中的核心单据，必须严格按照合同或信用证的有关要求缮制。审核发票的要点如下：

（1）发票名称或类型是否符合合同或信用证的规定：如果信用证要求提交海关发票或领事发票等特殊格式或特殊要求的发票，受益人提交的发票是否符合要求；提交的发票是否显示"形式发票"或"临时发票"等不适宜的字样。

（2）信用证结算方式下，发票的开立人是否为信用证的受益人；托收或汇款方式下，发票的出具人是否是合同中的卖方。

（3）信用证结算方式下，发票的抬头人是否是信用证的开证申请人；托收或汇款方式下，发票的抬头人是否是合同中的买方。

（4）发票中的货物描述是否与信用证的规定相符；信用证中有关货物描述的内容是否在商业发票上显示齐全；商业发票中是否显示了导致货物的性质、等级或类别改变的额外信息。

（5）发票中的货物数量是否符合信用证的规定、是否在允许的机动范围之内。

（6）发票中的单价是否与信用证规定一致，包括币别、单位金额、计价单位以及贸易术语是否一致。如果信用证规定了贸易术语的来源，发票中是否显示了相同的来源。

（7）如果发票中显示了起运地和目的地等装运信息，发票信息是否与信用证规定相符，是否与提单等单据中的内容一致。

（8）发票中是否遗漏了信用证要求或者有关进口国规定显示的内容。

（9）发票是否按照信用证或者进口国的有关要求完成签署。

（10）提交发票份数是否符合要求。

二、运输单据的审核要点

运输单据是承运人或其代理人签发的，证明收到货物并且货物已经装船、已经发运或已经由承运人接受监管的单据。在进出口业务中，常见的运输单据包括海运提单、航空运单、铁路运单、国际多式联运单据、快递收据等。运输单据的审核要点如下：

（1）运输单据提交的种类是否与合同或信用证规定相符。

（2）托运人的名称是否与合同或信用证规定相符。如果信用证明确规定不接受"第三方"提单，托运人一栏显示信用证受益人以外的第三方的提单将不被银行接受。

（3）收货人的名称是否与合同或信用证规定相符。海运提单因其物权凭证的特性，收货人的填写与我们的惯常理解不同，一般为指示性的抬头形式，因此，收到提单后务必认真审核该栏目，确保与信用证规定一致。

（4）被通知人的详细信息是否与信用证规定相符。

（5）运输单据中的起运地（港）、目的地（港）等信息是否填写具体，是否与信用证规定一致。

（6）运输单据中是否显示了承运人对货物外表情况或外包装情况的不良批注。

（7）运输单据所列的货物名称、包装、数量等信息是否与信用证规定或装箱单等其他单据的内容一致。

（8）运输单据所列运费标记是否与信用证规定相符，是否与商业发票中贸易术语相对应。

（9）运输单据的签署是否符合信用证的规定；如果信用证没有规定，则审核是否符合国际贸易惯例的有关规定与要求。

（10）如果运输单据需要背书，审核是否按照信用证规定正确背书。

（11）运输单据的份数是否符合要求。

三、保险单据的审核要点

保险单据是 CIF 或 CIP 术语下出口商必须提交的结汇单据之一。保险单据是保险公司

出具的,所以出口商在收到保险单后,应仔细审核保险单上的内容,保证与合同或信用证的规定一致。保险单据的审核要点如下:

(1) 保险单据的种类是否符合信用证规定。如果信用证要求提交保险单,不能提交保险凭证替代。

(2) 保险单据所列货物名称、包装信息是否与合同或信用证相符。

(3) 保险金额是否符合合同或信用证的规定。如果信用证未作规定,保险单据所列保额是否达到 CIF 或 CIP 金额的 110%。

(4) 保险金额的大小写是否一致。

(5) 保险单据所列起运地(港)、目的地(港)等运输信息是否与信用证的规定以及提单中内容一致。

(6) 保险单据的投保险别是否与信用证规定相符。

(7) 如果保险单据需要背书,是否按照信用证的要求正确背书。

(8) 是否提交了全套正本保险单据。

(9) 保险单据的出具人是否符合信用证的要求以及国际贸易惯例的规定。

(10) 保险单据的签发日期是否早于或不迟于海运提单的签发日期。

四、汇票的审核要点

汇票从本质上来说是金融票据而不是商业单据,但在信用证结算方式下,汇票作为可以支取信用证金额的凭证,是全套结汇单据的组成部分,汇票缮制正确与否会影响受益人收汇的速度。因此,交单前出口商务必对汇票的内容逐一审核。汇票的审核要点如下:

(1) 汇票的出票日期是否合理。汇票是所有结汇单据中最晚签发的单据,出票日期通常为出口商交单议付的日期,因此不能晚于信用证规定的交单期以及信用证的有效期。

(2) 汇票的付款期限是否与信用证规定一致。当信用证要求的汇票付款期限不是见票即付或者见票后定期付款时,能否根据汇票自身的信息确定付款到期日。

(3) 汇票的金额是否超过信用证金额。

(4) 汇票的大小写金额是否一致,汇票大写金额是否拼写准确,大写金额后方是否有"ONLY"字样。

(5) 汇票受票人是否符合信用证的规定,是否为开证行或信用证指定的银行。

(6) 汇票的收款人是否填写准确。

(7) 汇票的出票人是否为受益人,汇票中是否有受益人的签字。

(8) 汇票中是否列明了信用证要求的其他条款,如出票依据等。

(9) 汇票中的其他信息是否与信用证的规定以及其他单据相符。

五、其他单据的审核要点

除了上述单据,常见的结汇单据还包括包装单据、原产地证明书、检验证书、受益人证明

等,交单之前,受益人务必认真审核,及时发现问题、及时修改,确保做到相符交单、顺利结汇。其他单据的审核要点如下:

(1) 提交单据的种类、份数是否符合信用证的规定。

(2) 单据的名称是否符合信用证的规定。

(3) 单据的出单日期是否符合信用证或国际贸易惯例规定,是否合理、符合逻辑。

(4) 单据的内容是否详尽、是否符合信用证的规定。

(5) 单据的签署是否符合信用证以及国际贸易惯例的要求。

任务三 不符单据的处理

在实际业务中,由于外贸单证人员的疏忽、信用证本身的缺陷、受益人在经营过程中的脱节等众多原因,时常出现受益人提交的单据与信用证规定不相符的情形。由于单证关系各方当事人的切身利益,对于不符单据的处理务必慎重。

一、出口企业对不符单据的处理

当出口企业在审核单据环节发现结汇单据中确实存在不符点时,如果时间充足,应在修改后再进行交单。如果单到银行后遭到拒付,受益人应按照以下步骤进行处理。

1. 判断银行拒付是否成立

信用证项下交单遭到拒付时,受益人首先要判断银行拒付的行为是否正当、拒付的理由是否成立。国际贸易惯例对于银行的有效拒付行为有所规定,如果开证行未按照限定的时间以及方式发出拒付通知,即使单据中确实存在不符点,银行也会丧失宣称单据为不符单据的权利。与此同时,受益人要判断开证行提出的不符点是否成立。开证行提出的不符点有可能是实质性不符点,也有可能是非实质性不符点。根据国际贸易惯例以及国际商会专家组的众多判例,银行不应以非实质性不符点为由拒付。根据我国《最高人民法院关于审理信用证纠纷案件若干问题的规定(2020修正)》,信用证项下单据与信用证条款之间、单据与单据之间在表面上不完全一致,但并不导致相互之间产生歧义的,不应认定为不符点。因此,在收到银行的拒付通知时,受益人务必根据国际贸易惯例判断不符点是否属实,据理力争,维护自身的利益。

2. 银行拒付成立时的妥善处理

如果银行提出的不符点确实成立,受益人应根据实际情况妥善处理。

(1) 如果时间允许,不符点可以修正,则应及时改正并重新寄单。

(2) 如果交单期临近或已过,则应说服进口商和开证行接受单据中的不符点,同时,要密切关注货物情况。

(3) 办理随证托收,由于受益人不符交单,开证行不再受付款约束,只能将银行信用转化为商业信用,以托收的方式收回货款。

二、开证银行对不符交单的处理

根据 UCP 600 的规定,当按照指定行事的指定银行、保兑行(如有)或者开证行确定交单不符时,可以拒绝承付或议付。同时,开证行有权利独自决定是否联系开证申请人放弃不符点。银行对不符单据有拒绝接受的权利,是对银行利益的保护,也是银行愿意参与到信用证交易中来的重要原因之一。但是,需要注意的是,如果决定拒付,开证行必须按照规定发出有效的拒付通知。拒付通知必须在形式与内容上同时满足下列五个条件才为有效:

(1) 拒付通知必须向交单人发出。通常,开证行的通知对象是信用证的保兑行或者被指定银行,保兑行或被指定银行的通知对象为信用证的受益人。

(2) 拒付通知应以电讯方式发出,如果不能,应采取其他快捷方式。

(3) 拒付通知应在不迟于自交单之翌日起第五个银行工作日结束前发出。

(4) 拒付通知必须明确表明三项内容:银行拒绝承付或议付;银行凭以拒付的每一个不符点;银行对不符单据的处理。其中,开证银行对不符单据的处理有四种方式:银行持有单据等候交单人进一步指示;开证行持有单据直到申请人申明放弃不符点并接受申请人的弃权声明,或直到接受弃权声明前收到交单人的进一步指示;银行正在退回单据;银行按照先前从交单人处收到的指示行事。

(5) 拒付通知必须一次性发出。

如果未按上述要求发出拒付通知,开证行和保兑行将被剥夺宣称单据不符并拒绝承付的权利,即只能接受单据,并承担承付义务。

有效拒付通知的具体示例如下:

示例:

We refuse to pay you due to the following two discrepancies:(我方因下列两个不符点拒绝向贵方付款:)

A. The port of discharge in the B/L is not the same as that stated in the L/C.(提单中卸货港与信用证规定不符)

B. Presentation after expiry.(信用证到期后交单。)

Meanwhile we are holding the documents at your disposal and risk.(由贵方自担风险的情况下,我方将持有单据等候贵方进一步指示。)

 思政课堂

信用证欺诈例外原则的适用

开证行对相符交单不可撤销的付款责任,使信用证在国际贸易领域广受进出口双方的青睐。作为相关银行只需根据"单单一致、单证相符"的表面审单原则来处理业务、无须处理实体货物交易,这种"独立性原则"看似为银行规避了部分责任,实则是把"双刃剑",实际业务中不法分子利用该原则恶意欺诈,使得相关银行、进口商等遭受巨大经济损失。

为了维护诚信，欺诈例外原则在许多国家的司法实践中得到了认可。欺诈例外是指在肯定信用证独立性原则的前提下，允许银行在存在欺诈的情况下，不予付款或承兑，法院亦可颁发禁止支付令禁止银行的付款或承兑行为。

《最高人民法院关于审理信用证纠纷案件若干问题的规定》(2020修正版)对信用证欺诈例外原则、欺诈例外之例外原则有所规定，详见下文。

第八条　凡有下列情形之一的，应当认定存在信用证欺诈：

(一) 受益人伪造单据或者提交记载内容虚假的单据；

(二) 受益人恶意不交付货物或者交付的货物无价值；

(三) 受益人和开证申请人或者其他第三方串通提交假单据，而没有真实的基础交易；

(四) 其他进行信用证欺诈的情形。

第九条　开证申请人、开证行或者其他利害关系人发现有本规定第八条的情形，并认为将会给其造成难以弥补的损害时，可以向有管辖权的人民法院申请中止支付信用证项下的款项。

第十条　人民法院认定存在信用证欺诈的，应当裁定中止支付或者判决终止支付信用证项下款项，但有下列情形之一的除外：

(一) 开证行的指定人、授权人已按照开证行的指令善意地进行了付款；

(二) 开证行或者其指定人、授权人已对信用证项下票据善意地作出了承兑；

(三) 保兑行善意地履行了付款义务；

(四) 议付行善意地进行了议付。

实际业务中，开证行开证前应仔细审查交易背景，了解交易双方的资信；来单时应仔细审核单据，如发现有欺诈的蛛丝马迹，应尽量找到不符点对外拒付；应加强与客户、境外银行、地方法院的沟通，多渠道进行风险的控制，保障自身以及企业的利益。

思考：开证银行及进口商如何利用欺诈例外原则维护自身利益？

项 目 实 训

请根据图表 6-1、图表 6-2，审核图表 6-3 至图表 6-9 所列结汇单据。

图表 6-1　信用证

MT700	ISSUE OF A DOCUMENTARY CREDIT
SENDER	BANK OF CHINA LONDON BRANCH
RECEIVER	BANK OF CHINA XIAMEN BRANCH
*27: SEQUENCE OF TOTAL	1/1
*40A: FORMOFDOC. CREDIT	IRREVOCABLE
*20: DOC. CREDITNUMBER	980625
*31C: DATE OF ISSUE	20200504
*40E: APPLICABLE RULES	UCP LATEST VERSION
*31D: EXPIRY	DATE 20200915 PLACE IN CHINA
*50: APPLICANT	KEVIN FOOTWARE INC. NO. 1 CAT ROAD, LONDON, U. K.
*59: BENEFICIARY	FUJIAN GONGPING I/E CO., LTD. NO. 5 RENMIN ROAD, FUZHOU, P. R. CHINA
*32B: AMOUNT	CURRENCY USD AMOUNT 36 480.00
*41D: AVAILABLE WITH/BY	BANK OF CHINA XIAMEN BRANCH BY NEGOTIATION
42C: DRAFT AT …	AT SIGHT
42A: DRAWEE	BANK OF CHINA LONDON BRANCH
43P: PARTIAL SHIPMENT	NOT ALLOWED
43T: TRANSSHIPMENT	ALLOWED
44E: PORT OF LOADING	XIAMEN, CHINA
44F: PORT OF DISCHARGE	LONDON, U. K.
44C: LATEST DATE OF SHIP	20200825
45A: DESCRIPT OF GOODS	PAC BOOTS AS PER CONTRACT NO. 8778 ART. NO.　　QUANTITY　　UNIT PRICE　　AMOUNT 5001　　　　1 200PAIRS　　USD15.60/PAIR　USD18 720.00 5002　　　　1 200PAIRS　　USD14.80/PAIR　USD17 760.00 CIF LONDON AS PER INCOTERMS® 2020
46A: DOCUMENTS REQUIRED	+SIGNED COMMERCIAL INVOICE IN 3 COPIES. +FULL SET (3/3) OF CLEAN ON BOARD BILL OF LADING MADE OUT TO ORDER OF SHIPPER AND BLANK ENDORSED, MARKED FREIGHT PREPAID AND NOTIFY APPLICANT. +INSURANCE POLICY IN DUPLICATE ENDORSED IN BLANK FOR 110% INVOICE VALUE COVERING ALL RISKS OF CIC OF PICC(1/1/1981). +PACKING LIST IN 3 COPIES. +CERTIFICATE OF ORIGIN ISSUED BY CCPIT. +SHIPPING ADVICE SHOWING THE NAME OF THE CARRYING VESSEL, DATE OF SHIPMENT, MARKS, QUANTITY, NET WEIGHT AND GROSS WEIGHT OF THE SHIPMENT TO APPLICANT WITHIN 3 DAYS AFTER THE DATE OF LOADING.

图表 6-2 包装情况

型号	纸箱尺寸	每箱净重	每箱毛重	装箱量
5001	70 厘米×46 厘米×40 厘米	12.6 千克	17.3 千克	6 双/箱
5002	70 厘米×46 厘米×40 厘米	10 千克	14.6 千克	6 双/箱

发票号码:20GP0101

发票日期:2020 年 8 月 5 日

提单号码:BL200101

提单日期:2020 年 8 月 15 日

保单号码:IP200101

保单签发日期:2020 年 8 月 14 日

议付日期:2020 年 8 月 22 日

集装箱号码：MSCU3214999

集装箱封号：2020456

船名:PRINCESS V. 045W

商品编码:64041900

图表 6-3 汇票

```
No. 20GP0101
For USD 36 480.00              BILL OF EXCHANGE            Date：  20200805
At    30 days after    sight of this FIRST BILL of EXCHANGE (second of the same tenor and date unpaid) pay to the
order of    BANK OF CHINA XIAMEN BRANCH       the sum of
U.S. DOLLARS THIRTY-SIX THOUSAND FOUR HUNDRED AND EIGHTY ONLY
Drawn under    BANK OF CHINA LONDON BRANCH
L/C NO.    980625        DATED    20200504
TO：    KEVIN FOOTWARE INC.
NO.1 CAT ROAD, LONDON, U.K.
                                                    FUJIAN GONGPING I/E CO., LTD.
```

图表 6-4 商业发票

ISSUER FUJIAN GONGPING I/E CO., LTD. NO. 5 RENMIN ROAD, FUZHOU, P. R. CHINA	商业发票 **COMMERCIAL INVOICE**	
TO KEVIN FOOTWARE INC. NO. 1 CAT ROAD, LONDON, U. K.		
	NO. 20GP0101	**DATE** 20200805
TRANSPORT DETAILS FROM XIAMEN, CHINA TO LONDON, U. K. BY VESSEL	**S/C NO.** KV8778	**L/C NO.** 980625
	TERMS OF PAYMENT L/C AT SIGHT	

Marks and Numbers	Description of goods	Quantity	Unit Price	Amount
KEVIN KV8778 LONDON C/NO. 1-400	PAC BOOTS 5001 5002	1 200PAIRS 1 200PAIRS	USD15.60 USD14.80	CIF LONDON USD18 720.00 USD17 760.00
	TOTAL:	2 400PAIRS		USD36 480.00

SAY TOTAL: U. S. DOLLARS THIRTY-SIX THOUSAND FOUR HUNDRED AND EIGHTY ONLY

图表6-5 海运提单

Shipper		B/L No. BL200101	
FUJIAN GONGPING I/E CO., LTD. NO. 5 RENMIN ROAD, FUZHOU, P.R. CHINA			
Consignee			
KEVIN FOOTWARE INC. NO. 1 CAT ROAD, LONDON, U.K.		**SINOTRANS** 中国外运运输总公司 **OCEAN BILL OF LADING**	
Notify Party			
KEVIN FOOTWARE INC. NO. 1 CAT ROAD, LONDON, U.K.			
Pre-carriage by	Port of loading XIAMEN, CHINA		
Vessel PRINCESS V. 045W	Port of transshipment		
Port of discharge LONDON, U.K.	Final destination		
Container No., seal No. or marks and Nos.	Number and kind of package Description of goods	Gross weight (kgs.)	Measurement (m³)
KEVIN KV8778 LONDON C/NO. 1-400 MSCU3214999/2020456	PAC BOOTS 400CTNS LOADED ON BOARD XIAMEN 20200815	6 380	51.52
Freight and charges FREIGHT TO COLLECT		REGARDING TRANSHIPMENT INFORMATION PLEASE CONTACT	
Ex. rate	Prepaid at	Freight payable at	Place and date of issue
			XIAMEN, 20200815
	Total prepaid	Number of original Bs/L THREE(3)	Signed for or on behalf of the Master As Agent

图表6-6 保险单

中国人民保险公司福建分公司
The People's Insurance Company Of China Shanghai Branch
货物运输保险单 ORINGINAL
CARGO TRANSPORTATION INSURANCE POLICY

发票号(INVOICE NO.)	20GP0101	保险单号次	
信用证号(L/C NO.)	980625	POLICY NO.	IP200101
被保险人 INSURED:	FUJIAN GONGPING I/E CO., LTD.		

中国人民保险公司(以下简称本公司)根据被保险人的要求,由被保险人向本公司缴付约定的保险费,按照本保险单承保险别和背面所载条款与下列特款承保下述货物运输保险,特立本保险单。

THIS POLICY OF INSURANCE WITNESSES THAT THE PEOPLE'S INSURANCE COMPANY OF CHINA (HEREINAFTER CALLED THE COMPANY) AT THE REQUEST OF THE INSURED AND IN CONSIDERATION OF THE AGREED PREMIUM PAID BY THE INSURED, UNDERTAKES TO INSURE THE UNDER MENTIONED GOODS IN TRANSPORTATION SUBJECT TO THE CONDITIONS OF THIS POLICY AS PER THE CLAUSES PRINTED OVERLEAF AND OTHER SPECIAL CLAUSES ATTACHES HEREON.

标记 MARKS & NOS	包装及数量 QUANTITY	保险货物项目 DESCRIPTION OF GOODS	保险金额 AMOUNT ISSUED
KEVIN KV8778 LONDON C/NO. 1-400	400CTNS	PAC BOOTS	USD40 128.00

总保险金额
TOTAL AMOUNT INSURED: U. S. DOLLARS THIRTY-SIX THOUSAND FOUR HUNDRED AND EIGHTY ONLY

保费:	费率:	装载运输工具:
PREMIUM: AS ARRANGED	RATE: AS ARRANGED	PRINCESS V. 045WPER CONVEYANCE S. S

开航日期	自	至
AS PER B/LSLG. ON OR ABT.	FROM XIAMEN, CHINA	TO LONDON, U. K.

承保险别:
CONDITIONS: COVERING ALL RISKS OF CIC OF PICC(1/1/1981)

所保货物,如发生本保险单项下可能引起赔偿的损失或损坏,应立即通知本公司下属代理人查勘。如有索赔,应向本公司提交保险单正本(本保险单共有正本 份)及有关文件。如一份正本已用于赔偿,其余正本自动失效。

IN THE EVENT OF LOSS OR DAMAGE WHICH MAY RESULT IN A CLAIM UNDER THIS POLICY, IMMEDIATE NOTICE MUST BE GIVEN TO THE COMPANY AGENT AS MENTIONED HEREUNDER. IN THE EVENT OF CLAIMS, IF ANY, ONE OF THE ORIGINAL POLICY WHICH HAS BEEN ISSUED IN ORIGINAL TWO (S) TOGETHER WITH THE RELEVANT DOCUMENTS SHALL BE SURRENDERED TO THE COMPANY. IF ONE OF THE ORIGINAL POLICIES HAS BEEN ACCOMPLISHED, THE OTHERS SHALL BE VOID.

赔款偿付地点
CLAIM PAYABLE AT: XIAMEN

中国人民保险公司上海分公司
THE PEOPLE'S INSURANCE COMPANY OF CHINA FUJIAN BRANCH

出单日期
ISSUING DATE: 20200814

Authorized Signature

图表 6-7　装箱单

FUJIAN GONGPING I/E CO., LTD.
NO. 5 RENMIN ROAD, FUZHOU, P. R. CHINA
PACKING LIST

To: KEVIN FOOTWARE INC.
　　NO. 1 CAT ROAD, LONDON, U. K.

From: XIAMEN, CHINA
Letter of Credit No.: 980625

Invoice No.: 20GP0101
Invoice Date: 20200805
S/C No.: KV8778
To: LONDON, U. K.
Date of Shipment: ON OR BEFORE 20200825

Marks and Numbers	Number and kind of package Description of goods	Quantity	Package	G. W (kgs)	N. W (kgs)	Meas. (cbm)
KEVIN KV8778 LONDON C/NO. 1-40	PAC BOOTS 5001 5002	1 200PAIRS 1 200PAIRS	200CTNS 200CTNS	2 520 2 000	3 460 2 920	25.76 25.76
	TOTAL:	2 400PAIRSS	400CTNS	4 520	6 380	51.52

SAY TOTAL: FOUR HUNDRED CARTONS ONLY.

SIGNATURE

图表 6-8 原产地证明书

ORIGINAL

1. Exporter FUJIAN GONGPING I/E CO., LTD. NO. 5 RENMIN ROAD, FUZHOU, P. R. CHINA	Certificate No. **CERTIFICATE OF ORIGIN** **OF** **THE PEOPLE'S REPUBLIC OF CHINA**
2. Consignee KEVIN FOOTWARE INC. NO. 1 CAT ROAD, LONDON, U. K.	
3. Means of transport and route FROM SHANGHAI, CHINA TO LONDON, U. K. BY VESSEL	5. For certifying authority use only
4. Country/region of destination U. K.	

6. Marks and numbers	7. Number and kind of packages; description of goods	8. H. S. Code	9. Quantity	10. Number and date of invoices
KEVIN KV8778 LONDON C/NO. 1-400	FOUR HUNDRED (400) CARTONS OF PAC BOOTS * * * * * * * * * * * * * * * *	64041900	2 400PAIRS	20GP0101 AUG. 5, 2020

11. Declaration by the exporter 　　The undersigned hereby declares that the above details and statements are correct, that all the goods were produced in China and that they comply with the Rules of Origin of the People's Republic of China. XIAMEN 20200813 Place and date, signature and stamp of authorized signatory	12. Certification 　　It is hereby certified that the declaration by the exporter is correct. XIAMEN 20200815 Place and date, signature and stamp of certifying authority

图表 6-9 装运通知

FUJIAN GONGPING I/E CO., LTD.
NO. 5 RENMIN ROAD, FUZHOU, P. R. CHINA
SHIPPING ADVICE

DATE: 20200816
S/C NO.: 20GP0101
L/C NO.: 980625

TO:
KEVIN FOOTWARE INC.
NO. 1 CAT ROAD, LONDON, U. K.

DEAR SIRS,
WE HEREBY INFORM YOU THAT THE GOODS UNDER THE ABOVE MENTIONED CREDIT HAVE BEEN SHIPPED, THE DETAILS OF THE SHIPMENT ARE STATED BELOW.

DESCRIPTION OF GOODS: PAC BOOTS
QUANTITY: 2 400PAIRS
NO. AND KIND OF PACKAGES: 400 CARTONS
SHIPPING MARKS: KEVIN/KV8778/LONDON/C/NO. 1-400
TOTAL G. W.: 6380KGS
B/L NO.: BL200101
PORT OF LOADING: XIAMEN, CHINA
PORT OF DESTINATION: LONDON, U. K.
OCEAN VESSEL: PRINCESS V. 045W
DATE OF DEPARTURE: 20200815

FUJIAN GONGPING I/E CO., LTD.
×××

课 堂 测 试

班级_____ 姓名_____ 学号_____ 日期_____ 得分_____

一、单项选择题(每小题6分,共30分)

1. 信用证项下审核单据的首要依据是( )。
   A. 信用证　　　B. 买卖合同　　　C. 往来函电　　　D. 商品资料

2. 关于结汇单据的出单日期,说法正确的是( )。
   A. 结汇单据的出单日期应晚于信用证的开立时间
   B. 银行不接受早于信用证开立时间出具的单据
   C. 结汇单据的出单日期不应晚于信用证的有效期
   D. 海运提单的出单日期应早于保险单的出单日期

3. 关于信用证项下开证行审核单据的责任,下列说法不正确的是( )。
   A. 银行审核单据时仅以单据为基础决定其表面是否相符
   B. 银行只需根据信用证的内容、国际贸易惯例以及实务标准审查单据表面记载的内容
   C. 银行应仔细核对单据的内容,探究单据背后的实际情况,以防受益人利用单据进行欺诈
   D. 银行无须探究单据背后的实际情况,对单据的真实性免责

4. 根据UCP 600的规定,银行审核单据的时限为( )。
   A. 自其收到提示单据的翌日起最多不超过5个银行工作日
   B. 自其收到提示单据的翌日起最多不超过7个银行工作日
   C. 自其收到提示单据的翌日起最多不超过5个日历日
   D. 自其收到提示单据的翌日起最多不超过7个日历日

5. 根据UCP 600的规定,关于银行审核单据出具人的标准,下列说法正确的是( )。
   A. 若信用证未规定单据的出具人,汇票的出具人将不予审核
   B. 若信用证未规定单据的出具人,商业发票的出具人将不予审核
   C. 即使信用证未规定单据的出具人,运输单据的出具人也应为承运人或其具名代理人
   D. 若信用证未规定单据的出具人,银行应与开证申请人沟通予以确定

二、多项选择题(每小题10分,共40分)

1. 关于商业发票的审核,下列说法正确的有( )。
   A. 如果信用证规定提交"发票",受益人可以提交商业发票、形式发票等任意类型

B. 发票的开立人是否为信用证的受益人

　　C. 发票的抬头人是否是信用证的开证申请人

　　D. 发票必须要有受益人的签署

　　E. 如果信用证规定了贸易术语的来源，发票也应显示相同的来源

2. 关于运输单据的审核，下列说法正确的有（　　）。

　　A. 运输单据的种类以及份数等应符合信用证的要求

　　B. 运输单据中的运费标记通常与贸易术语有关

　　C. 如果信用证要求提交海运提单，受益人可提交海运单替代

　　D. 如果海运提单中显示货物采用旧包装，此提单为不清洁提单

　　E. 如果信用证禁止转运，表明可能发生转运的运输单据将不被银行接受

3. 关于保险单据的审核，下列说法正确的有（　　）。

　　A. 如果信用证规定提交保险凭证，受益人可以提交保险单

　　B. 如果信用证规定加一成投保，保险单据显示为加两成投保，构成不符点

　　C. 保险单据中投保险别应符合信用证要求

　　D. 保险单据的出单日期应早于信用证规定的有效期

　　E. 保险单据的出单日期应晚于提单日期

4. 根据 UCP 600 的规定，银行的拒付通知有效的条件包括（　　）。

　　A. 拒付通知必须向交单人发出

　　B. 拒付通知应以电讯方式发出，如果不能，应采取其他快捷方式

　　C. 拒付通知应在不迟于自交单之翌日起第五个银行工作日结束前发出

　　D. 拒付通知必须明确表明银行拒绝承付或议付、银行凭以拒付的每一个不符点、银行对不符单据的处理

　　E. 拒付通知必须一次性发出

三、判断题（每小题 6 分，共 30 分）

1. 受益人如果提交了信用证中未要求的单据，银行应对其进行审核，一旦发现与信用证不相符的地方，银行应拒绝付款。　　　　　　　　　　　　　　　　　　（　　）

2. 海运提单货物描述条款中只列出商品名称，未列出具体规格，与商业发票不一致，属于实质性不符点。　　　　　　　　　　　　　　　　　　　　　　　　　（　　）

3. 纵向审单是指有关当事人以信用证条款为基础，对信用证规定的各项单据进行逐字逐句审核。　　　　　　　　　　　　　　　　　　　　　　　　　　　　（　　）

4. 若银行未规定单据的出具人，则银行将不予审核。　　　　　　　　　　（　　）

5. 如果信用证中包含某项条件而未规定需提交与之相符的单据，银行将认为未列明此条件，并对此不予置理。　　　　　　　　　　　　　　　　　　　　　　（　　）

项目七　报　关　单　据

> **知识导航**
>
> 报关单据
> ├─ 国际贸易单一窗口认知 ─┬─ 单一窗口的定义与作用
> │　　　　　　　　　　　　└─ 我国单一窗口的建设情况
> ├─ 报关单据种类与要求 ─┬─ 报关单据的种类
> │　　　　　　　　　　　└─ 报关单据的要求
> ├─ 进出口货物报关单的填制 ─┬─ 进出口货物报关单填制的一般要求
> │　　　　　　　　　　　　　├─ 进出口货物报关单表头栏目的填报
> │　　　　　　　　　　　　　└─ 进出口货物报关单表体栏目的填报
> └─ 进出口货物报关单的审核 ─┬─ 进出口货物报关单的审核技巧
> 　　　　　　　　　　　　　　└─ 进出口货物报关单常见错误

学习目标

1. 了解我国国际贸易单一窗口的建设情况及业务范围
2. 熟悉报关单据的种类与要求
3. 掌握报关单的填制技巧
4. 掌握报关单的审核方法

导入案例

大连德源贸易有限公司委托上海兆金国际货运代理有限公司,于2022年6月20日向海关申报从日本进口一般贸易项下云杉板材51 080千克,申报价格 CFR 989 520 日元,申报商品编号 4407120099;柳杉胶合板76 895千克,申报价格 CFR 808 275 日元,申报商品编号 4412390090,进口报关单号 222520221000140385。经查,实际进口货物为固体废物,上述事实已构成违反海关监管规定的行为。以上行为有海关进出口货物报关单证、海关进出境人工查验记录单、上海海关工业品与原材料检测技术中心鉴定报告、海关查问笔录、情况说明等为证。依照《中华人民共和国固体废物污染环境防治法》《中华人民共和国行政处罚法》的有关规定,海关对当事人作出 200 000 元行政处罚。

思考:进出口货物报关单的填制有何要求?

任务一 国际贸易单一窗口认知

一、单一窗口的定义与作用

(一) 单一窗口的定义与功能

根据联合国贸易便利化和电子业务中心(UN/CEFACT)第33号建议书中所述,单一窗口是使国际贸易和运输相关各方在单一登记点递交满足全部进口、出口和转口相关监管规定的标准资料和单证的一项措施。

单一窗口功能发展主要有五个层级,五个层级由低到高,单一窗口相关方从最简单的一个单独部门,到整合其他政府口岸管理部门,进一步整合口岸中介机构和物流机构,最终达到和多个国家和地区信息交互、互联互通。

(二) 单一窗口的建设条件

单一窗口建设通常要具备四个要素:

(1) 采用一次申报,也就是说贸易经营企业只需要一次性向贸易管理部门提交相应的信息和单证。

(2) 通过一个设施申报,该设施拥有统一的平台,对企业提交的信息数据进行一次性处理。

(3) 使用标准化的数据元,贸易经营企业提交的信息应为标准化的数据。

(4) 能够满足政府部门和企业的需要。

(三) 单一窗口的运作模式

国际上比较流行的单一窗口主要分为三种模式:

(1) 单一机构模式,是由一个机构来处理所有的进出口业务,该机构系统在收到企业进出口贸易申报数据后直接进行各项业务处理。

(2) 单一系统模式,是由一个信息系统处理所有的业务。

(3) 公共平台模式,通过大家建立的共同平台实现申报数据的收集和反馈,企业仅需填制一张电子表格就可以向不同的政府部门申报,申报内容经各政府部门业务系统处理后自动反馈结果到企业的计算机中。

二、我国单一窗口的建设情况

(一) 我国单一窗口的建设目标

我国单一窗口的建设目标主要体现在以下几个方面:

(1) 实现申报人通过电子口岸平台一点接入、一次性提交满足口岸管理和国际贸易相关部门要求的标准化单证和电子信息,相关部门通过电子口岸平台共享数据信息、实施职能管理,处理状态(结果)统一通过单一窗口反馈给申报人。

(2)通过持续优化整合使单一窗口功能范围覆盖到国际贸易链条各主要环节,逐步成为企业面对口岸管理相关部门的主要接入服务平台。

(3)通过单一窗口提高国际贸易供应链各参与方系统间的互操作性,优化通关业务流程,提高申报效率,缩短通关时间,降低企业成本,促进贸易便利化。

(二)我国单一窗口的建设现状

在国务院口岸工作部际联席会议统筹推进下,由国家口岸管理办公室牵头,公安部、交通运输部等25家口岸相关单位组成单一窗口建设工作组,统筹推进国际贸易单一窗口标准版建设并在全国推广应用。中国电子口岸数据中心作为技术承办单位负责中央层面的建设和运维工作。目前,单一窗口已经实现与25个部门的"总对总"系统对接和信息共享,建设完成16个功能模块,提供企业服务事项达598项,覆盖到水运、空运、公路、铁路等各类口岸,以及特殊监管区域、自贸试验区、跨境电商综试区等各类区域,服务于生产、贸易、仓储、物流、电商、金融等各类企业,基本满足企业"一站式"业务办理需求。

单一窗口将大通关流程由"串联"改为"并联",实现一点接入、一次提交、一次查验、一键跟踪、一站办理的"五个一"功能特色,有效促进了"减优提降"(减环节、优流程、提效率、降成本),持续改善口岸环境,促进贸易便利。

(三)我国单一窗口建设的主要成效

1. 减少通关环节

通过推进单一窗口建设,变有纸为无纸、线下为线上、串行为并行,让贸易更加简单自如。全国推行运输工具(船舶)"一单多报",一次性取消企业原申报所需44类、70余种、共计150页左右的纸质申报材料,船舶进出境全流程通关手续办理由原先的16小时压缩至2小时。

2. 优化通关流程

通过推进单一窗口建设,打通了企业通关贸易中的堵点、切中痛点、破除难点,让数据多跑路,企业少跑腿。单一窗口将转关单核销状态信息推送收货人及代理人,仅这一环节优化即节约0.5天时间。

3. 提高通关效率

通过推进单一窗口建设,将口岸各部门作业系统由"物理集中"到产生"化学反应"。企业无须频繁切换各部门作业系统,通过单一窗口全部搞定。企业一站式办结所有通关手续,节省大量人力和时间成本。

4. 降低通关成本

通过推进单一窗口建设,减少企业大量重复性录入申报工作,并且实行免费申报制度,大大减轻企业负担,实现普惠、共赢和公平,切实增强企业获得感。

(四)我国单一窗口的业务范围

我国国际贸易单一窗口目前设有三大业务模块:标准版应用、金融服务和航空物流。

标准版应用系统目前已实现货物申报、舱单申报、运输工具申报、企业资质办理、监管证件申请、原产地证明书申请、进口配额申请、出口退税申请、税费办理、加贸保税备案、跨境电商、物品通关、服务贸易、金融服务、检验检疫、口岸收费清单、口岸物流、综合服务、移动应用、海南自贸港、西部陆海新通道与上合经贸综合服务等22大类基本服务功能。

单一窗口金融保险服务是国际贸易单一窗口标准版的有机组成部分,通过与银行及保险机构对接,面向收发货人企业提供预约开户、国际结算、汇总征税保函申请、融资贷款、关税保证保险、出口信用保险及索赔功能等项服务,方便优秀企业与银行、保险机构开展合作,提升融资效率,降低融资成本。

国际贸易单一窗口建设的航空物流公共信息平台,旨在将航空物流领域各主体相连,简化系统对接、建立信息共享、互联互通的数据通道,以推进航空物流领域降本增效,促进航空物流业高质量发展。

任务二　报关单据种类与要求

一、报关单据的种类

进出境货物报关时所提交的单据,根据性质和用途的不同,大致可分为基本单据、货运单据、法定单据和备用单据四大类。

(一) 基本单据

基本单据是进出口货物报关的核心单据,通常包括报关单、商业发票、装箱单、代理报关委托书等。报关单是指进出口货物收发货人或其代理人,按照海关规定的格式对进出口货物的实际情况做出的书面申明,以此要求海关对其货物按适用的海关制度办理通过手续的法律文书。按照货物进出口流向的不同,报关单可分为出口货物报关单和进口货物报关单。商业发票是实际进出口货物的价目清单,装箱单是实际进出口货物包装情况的说明,两者是海关核对进出口货物以及有关数据的重要依据。根据性质不同,报关可分为自理报关和代理报关。自理报关是指进出口货物收发货人自行办理报关业务;代理报关是指受托人(通常为报关企业)接受进出口收发货人委托,代理其办理报关业务。在代理报关下,受托人在报关时需要提交代理报关委托书,该单据是托运人委托报关企业或承运人或其代理人办理报关等通关事宜,明确双方责任和义务的书面证明。

(二) 货运单据

货运单据是由承运人或其代理人签发的有关进出口货物运输的单据,有时也称为运输单据。运输方式不同,运输单据的名称也不相同,主要包括海运提单、不可转让海运单、多式联运提单、铁路运单、航空运单、快递单或邮政收据等。

(三) 法定单据

法定单据是指根据有关法律法规的要求,对于海关实施进出口监管的货物,报关时必须提交的单据,也称为监管证件。

近年来,我国口岸管理部门大力精简进出口环节的监管证件。截至 2021 年年底,进出口环节共有 41 种监管证件需验核,相较 2018 年,减少了 52.3%。除音像制品(版权引进)批准单、军品出口许可证、进口产品国外官方机构签发的证书 3 种证件未实现联网外,其余 38 种监管证件,已全部可通过单一窗口网上申请、网上办理,并实现联网核查。

(四)备用单据

备用单据是由进出口收发货人缮制或准备的单据,但这些单据在向海关申报时不要求必须提供,而是在海关审核需要的情况下由报关人提供。备用单据主要包括贸易合同、货物保险单、中华人民共和国海关进出口货物知识产权状况补充申请单。

为持续优化口岸营商环境,不断提升跨境贸易便利化水平,各地海关积极落实海关要求,推出精简报关单随附单证便利化措施,助力企业通关减负担提速度。根据海关精简报关单随附单证相关政策规定,进口申报环节可免于提交合同、装箱清单、载货清单(舱单),出口申报环节可免于提交合同、发票、装箱清单、载货清单(舱单)。

二、报关单据的要求

对于报关单据,进出口货物收发货人以及报关企业需要注意下列要求:

(1)申报环节不需要上传的单证请做好留存,海关审核时如有需要,企业仍需提交相关随附单证。

(2)简化随附单证并不意味着企业自身可以降低申报审核标准,申报时应仔细核对申报数据及单证,确保报关单数据的真实性、准确性、完整性、规范性,确保报关单据内容的相符性。

(3)进出口环节对于报关单据的要求是不同的,进口环节仍需提交发票,出口环节无须再提交发票。

任务三 | 进出口货物报关单的填制

一、进出口货物报关单填制的一般要求

进出口货物报关单是法律文件,其填制必须符合一国海关的规定。进出口货物报关单样表如图表 7-1 和图表 7-2 所示。中国海关对进出口货物报关填制的一般要求如下:

(1)进出口货物收发货人或其代理人应按照《中华人民共和国海关进出口货物申报管理规定》《报关单填制规范》《统计商品目录》《中华人民共和国海关进出口商品规范申报目录》等有关规定要求向海关申报,并对申报内容的真实性、准确性、完整性和规范性承担相应的法律责任。

(2)报关单的填报应做到"两个相符":一是单证相符,即所填报关单各栏目的内容必须

图表 7-1 进口货物报关单样表

中华人民共和国海关进口货物报关单

预录入编号：　　　　　　　　　　海关编号：　　　　　　　　　　页码/页数：

境内收货人		进境关别		进口日期		申报日期		备案号	
境外发货人		运输方式		运输工具名称及航次号		提运单号		货物存放地点	
消费使用单位		监管方式		征免性质		许可证号		启运港	
合同协议号		贸易国（地区）		启运国（地区）		经停港		入境口岸	
包装种类		件数		毛重（千克）		净重（千克）		成交方式		运费		保费		杂费	

随附单证　　　　　　　　　随附单证 2：
随附单证 1：
标记唛码及备注

项号	商品编号	商品名称及规格型号	数量及单位	单价/总价/币制	原产国（地区）	最终目的国（地区）	境内目的地	征免

特殊关系确认：　　　　价格影响确认：　　　　支付特许权使用费确认：　　　　自报自缴：

申报人员	申报人员证号	电话	兹申明对以上内容承担如实申报，依法纳税之法律责任	海关批注及签章
申报单位			申报单位（签章）	

图表 7-2 出口货物报关单样表

中华人民共和国海关出口货物报关单

预录入编号：　　　　　　　　海关编号：　　　　　　　　页码/页数：

境内发货人		出境关别		出口日期		申报日期		备案号	
境外收货人		运输方式		运输工具名称及航次号		提运单号			
生产销售单位		监管方式		征免性质		许可证号			
合同协议号		贸易国（地区）		运抵国（地区）		指运港			
包装种类		件数		毛重（千克）		净重（千克）		成交方式		运费		保费		杂费	

随附单证 1：　　　　　　　随附单证 2：

标记唛码及备注

项号	商品编号	商品名称及规格型号	数量及单位	单价/总价/币制	原产国（地区）	最终目的国（地区）	境内目的地	征免

特殊关系确认：　　　价格影响确认：　　　支付特许权使用费确认：　　　自报自缴：

申报人	申报人员证号		电话		兹申明对以上内容承担如实申报，依法纳税之法律责任	海关批注及签章
申报单位					申报单位（签章）	

205

与合同、发票、装箱单、提单及批文等随附单据相符;二是单货相符,即所填报关单各栏目的内容必须与实际进出口货物的情况相符,不得伪报、瞒报、虚报。

(3) 不同运输工具、不同航次、不同提运单、不同监管方式、不同备案号、不同征免性质的货物,均应分单填报。

同一份报关单上的商品不能同时享受协定税率和减免税。

一份原产地证明书,只能用于同一批次进口货物。含有原产地证明书管理商品的一份报关单,只能对应一份原产地证明书。

同一批次货物中实行原产地证明书联网管理的,如涉及多份原产地证明书应分单填报,如同时含有非原产地证明书商品,港澳 CEPA 项下应分单填报,但《海峡两岸经济合作框架协议》(ECFA)项下可在同一张报关单中填报。

(4) 一份报关单所申报的货物,须分项填报的情况主要有:商品编号不同的,商品名称不同的,计量单位不同的,原产国(地区)/最终目的国(地区)不同的,币制不同的,征免不同的等。

二、进出口货物报关单表头栏目的填报

(一) 预录入编号

预录入编号是指预录入报关单的编号,一份报关单对应一个预录入编号,由系统自动生成。

报关单预录入编号为 18 位,其中,第 1～4 位为接受申报海关的代码(海关规定的《关区代码表》中相应海关代码),第 5～8 位为录入时的公历年份,第 9 位为进出口标志("1"为进口,"0"为出口;集中申报清单"I"为进口,"E"为出口),后 9 位为顺序编号。

(二) 海关编号

海关编号是指海关接受申报时给予报关单的编号,一份报关单对应一个海关编号,由系统自动生成。

报关单海关编号为 18 位,其中,第 1～4 位为接受申报海关的代码(海关规定的《关区代码表》中相应海关代码),第 5～8 位为海关接受申报的公历年份,第 9 位为进出口标志("1"为进口,"0"为出口;集中申报清单"I"为进口,"E"为出口),后 9 位为顺序编号。

(三) 境内收发货人

境内收货人或境内发货人栏应填报在海关备案的对外签订并执行进出口贸易合同的中国境内法定代表人、其他组织名称及编码。编码填报 18 位法定代表人和其他组织统一社会信用代码,没有统一社会信用代码的,填报其在海关的备案编码。

特殊情况下填报要求如下:

(1) 进出口货物合同的签订者和执行者非同一企业的,填报执行合同的企业。

(2) 外商投资企业委托进出口企业进口投资设备、物品的,填报外商投资企业,并在标记唛码及备注栏注明"委托某进出口企业进口",同时注明被委托企业的 18 位法定代表人和其他组织统一社会信用代码。

（3）有代理报关资格的报关企业代理其他进出口企业办理进出口报关手续时，填报委托的进出口企业。

（4）海关特殊监管区域收发货人填报该货物的实际经营单位或海关特殊监管区域内经营企业。

（5）免税品经营单位经营出口退税国产商品的，填报免税品经营单位名称。

（四）进出境关别

根据货物实际进出境的口岸海关，本栏应填报海关规定的《关区代码表》中相应口岸海关的名称及代码。国家实行许可证管理的货物，按证件核准口岸限定进出口。加工贸易进出境货物，应填报主管海关备案时所限定或指定货物进出的口岸海关名称及其代码。限定或指定口岸与货物实际进出境口岸不符的，应向合同备案主管海关办理变更手续后填报。关区代码表部分节选如图表7-3所示。

特殊情况填报要求如下：

（1）进口转关运输货物填报货物进境地海关名称及代码，出口转关运输货物填报货物出境地海关名称及代码。按转关运输方式监管的跨关区深加工结转货物，出口报关单填报转出地海关名称及代码，进口报关单填报转入地海关名称及代码。

（2）在不同海关特殊监管区域或保税监管场所之间调拨、转让的货物，填报对方海关特殊监管区域或保税监管场所所在的海关名称及代码。

（3）其他无实际进出境的货物，填报接受申报的海关名称及代码。

图表7-3 关区代码表部分节选

关区代码	关区名称	关区简称
2200	上海海关	上海海关
2201	浦江海关	浦江海关
2202	吴淞海关	吴淞海关
2203	上海虹桥机场海关	虹桥机场
2204	闵开发区	闵开发区
2205	上海车站海关	车站海关
2206	上海邮局海关	邮局海关
2207	洋山海关	洋山海关
2208	宝山海关	宝山海关
2209	龙吴海关	龙吴海关
2210	浦东海关	浦东海关
2211	卢湾监管	卢湾监管
2212	奉贤海关	奉贤海关

(续表)

关区代码	关区名称	关区简称
2213	莘庄海关	莘庄海关
2214	漕河泾发	漕河泾发
2215	上海西北物流园区	西北物流
2216	上海浦东机场综合保税区	浦机综保
2217	嘉定海关	嘉定海关
2218	外高桥关	外高桥关
2219	杨浦海关	沪杨浦关
2220	金山海关	金山海关
2221	松江海关	松江海关
2222	青浦海关	青浦海关
2223	上海科创中心海关	沪科创关
2224	崇明海关	崇明海关
2225	外港海关	外港海关
2226	贸易网点	贸易网点
2227	普陀区站	普陀区站
2228	上海会展中心海关	沪会展关
2229	航交办	航交办
2230	徐汇海关	沪徐汇关
2231	洋山海关驻市内报关点	洋山市内
2232	上海嘉定综合保税区	嘉定综保
2233	浦东机场	浦东机场
2234	上海钻石交易所海关	沪钻交所
2235	上海松江综合保税区A区	松江综A
2236	洋山海关驻芦潮港铁路集装箱中心站监管点	洋山芦潮
2237	上海松江综合保税区B区	松江综B
2238	上海青浦综合保税区	青浦综保
2239	上海奉贤综合保税区	奉贤综保
2240	上海漕河泾综合保税区	漕河泾综
2241	黄浦海关	沪黄浦关
2242	沪业二处	沪业二处
2243	虹口海关	沪虹口关

(续表)

关区代码	关区名称	关区简称
2244	上海快件	上海快件
2245	上海金桥综合保税区	金桥综保
2246	上海外高桥港综合保税区	外高桥综
2247	上海海关驻化学工业区办事处	沪化工区
2248	洋山海关（港区）	洋山港区
2249	洋山特殊综合保税区	洋山特综
2250	驻空港区域办事处	沪空港办
2251	驻金桥办事处	沪金桥办
2252	虹桥商务区保税物流中心（B型）	虹桥B保

（五）进出口日期

进口日期填报运载进口货物的运输工具申报进境的日期。出口日期填报运载出口货物的运输工具办结出境手续的日期，在申报时免予填报。无实际进出境的货物，填报海关接受申报的日期。

进出口日期为8位数字，顺序为年(4位)、月(2位)、日(2位)。

（六）申报日期

申报日期是指海关接受进出口货物收发货人、受委托的报关企业申报数据的日期。以电子数据报关单方式申报的，申报日期为海关计算机系统接受申报数据时记录的日期。以纸质报关单方式申报的，申报日期为海关接受纸质报关单并对报关单进行登记处理的日期。本栏在申报时免予填报。

申报日期为8位数字，顺序为年(4位)、月(2位)、日(2位)。

（七）备案号

备案号栏填报进出口货物收发货人、消费使用单位、生产销售单位在海关办理加工贸易合同备案或征、减、免税审核确认等手续时，海关核发的《加工贸易手册》、海关特殊监管区域和保税监管场所保税账册、《征免税证明》或其他备案审批文件的编号。

一份报关单只允许填报一个备案号。具体填报要求如下：

(1) 加工贸易项下货物，除少量低值辅料按规定不使用《加工贸易手册》及以后续补税监管方式办理内销征税的外，填报《加工贸易手册》编号。

使用异地直接报关分册和异地深加工结转出口分册在异地口岸报关的，填报分册号；本地直接报关分册和本地深加工结转分册限制在本地报关，填报总册号。

加工贸易成品凭《征免税证明》转为减免税进口货物的，进口报关单填报《征免税证明》编号，出口报关单填报《加工贸易手册》编号。

对加工贸易设备、使用账册管理的海关特殊监管区域内减免税设备之间的结转，转入和转出企业分别填制进、出口报关单,在报关单"备案号"栏填报《加工贸易手册》编号。

(2)涉及征、减、免税审核确认的报关单,填报《征免税证明》编号。

(3)减免税货物退运出口,填报《中华人民共和国海关进口减免税货物准予退运证明》的编号;减免税货物补税进口,填报《减免税货物补税通知书》的编号;减免税货物进口或结转进口(转入),填报《征免税证明》的编号;相应的结转出口(转出),填报《中华人民共和国海关进口减免税货物结转联系函》的编号。

(4)免税品经营单位经营出口退税国产商品的,免予填报。

(八)境外收发货人

境外收货人通常指签订并执行出口贸易合同中的买方或合同指定的收货人,境外发货人通常指签订并执行进口贸易合同中的卖方。

境外收发货人栏应填报境外收发货人的名称及编码。名称一般填报英文名称,检验检疫要求填报其他外文名称的,在填报英文名称后,以半角括号分隔;对于 AEO 互认国家(地区)企业的,编码填报 AEO 编码,填报样式为"国别(地区)代码+海关企业编码"。例如,新加坡 AEO 企业填报"SG123456789012"(新加坡国别代码+12位企业编码);非互认国家(地区)AEO 企业等其他情形,编码免予填报。

特殊情况下无境外收发货人的,名称及编码填报"NO"。

(九)运输方式

运输方式包括实际运输方式和海关规定的特殊运输方式,前者指货物实际进出境的运输方式,按进出境所使用的运输工具分类;后者指货物无实际进出境的运输方式,按货物在境内的流向分类。

根据货物实际进出境的运输方式或货物在境内流向的类别,按照海关规定的《运输方式代码表》选择填报相应的运输方式。运输方式代码表如图表7-4所示。

图表7-4 运输方式代码表

运输方式代码	运输方式名称	运输方式代码	运输方式名称
0	非保税区	G	固定设施
1	监管仓库	H	边境特殊海关作业区
2	水路运输	L	旅客携带
3	铁路运输	P	洋浦保税港区
4	公路运输	S	特殊综合保税区
5	航空运输	T	综合试验区
6	邮件运输	W	物流中心
7	保税区	X	物流园区
8	保税仓库	Y	保税港区
9	其他运输	Z	出口加工区

1. 实际进出境货物特殊情况填报要求

(1) 非邮件方式进出境的快递货物,按实际运输方式填报。

(2) 进口转关运输货物,按载运货物抵达进境地的运输工具填报;出口转关运输货物,按载运货物驶离出境地的运输工具填报。

(3) 不复运出(入)境而留在境内(外)销售的进出境展览品、留赠转卖物品等,填报"其他运输"(代码9)。

(4) 进出境旅客随身携带的货物,填报"旅客携带"(代码L)。

(5) 以固定设施(包括输油、输水管道和输电网等)运输货物的,填报"固定设施运输"(代码G)。

2. 无实际进出境货物在境内流转时填报要求

(1) 境内非保税区运入保税区货物和保税区退区货物,填报"非保税区"(代码0)。

(2) 保税区运往境内非保税区货物,填报"保税区"(代码7)。

(3) 境内存入出口监管仓库和出口监管仓库退仓货物,填报"监管仓库"(代码1)。

(4) 保税仓库转内销货物或转加工贸易货物,填报"保税仓库"(代码8)。

(5) 从境内保税物流中心外运入中心或从中心运往境内中心外的货物,填报"物流中心"(代码W)。

(6) 从境内保税物流园区外运入园区或从园区内运往境内园区外的货物,填报"物流园区"(代码X)。

(7) 保税港区、综合保税区与境内(区外)(非海关特殊监管区域、保税监管场所)之间进出的货物,填报"保税港区/综合保税区"(代码Y)。

(8) 出口加工区、珠澳跨境工业区(珠海园区)、中哈霍尔果斯边境合作中心(中方配套区)与境内(区外)(非海关特殊监管区域、保税监管场所)之间进出的货物,填报"出口加工区"(代码Z)。

(9) 境内运入深港西部通道港方口岸区的货物以及境内进出中哈霍尔果斯边境合作中心中方区域的货物,填报"边境特殊海关作业区"(代码H)。

(10) 经横琴新区和平潭综合实验区(以下简称综合试验区)二线指定申报通道运往境内区外或从境内经二线指定申报通道进入综合试验区的货物,以及综合试验区内按选择性征收关税申报的货物,填报"综合试验区"(代码T)。

(11) 海关特殊监管区域内的流转、调拨货物,海关特殊监管区域、保税监管场所之间的流转货物,海关特殊监管区域与境内区外之间进出的货物,海关特殊监管区域外的加工贸易余料结转、深加工结转、内销货物,以及其他境内流转货物,填报"其他运输"(代码9)。

(十) 运输工具名称及航次号

运输工具名称及航次号栏填报载运货物进出境的运输工具名称或编号及航次号,填报内容应与运输部门向海关申报的舱单(载货清单)所列相应内容一致。

1. 运输工具名称具体填报要求

1) 非转关运输货物在进出境地办理报关手续的报关单填报要求

(1) 水路运输:填报船舶编号(来往港澳小型船舶为监管簿编号)或者船舶英文名称。

(2) 公路运输:启用公路舱单前,填报该跨境运输车辆的国内行驶车牌号,深圳提前报关模式的报关单填报国内行驶车牌号+"/"+"提前报关"。启用公路舱单后,免予填报。

(3) 铁路运输:填报车厢编号或交接单号。

(4) 航空运输:填报航班号。

(5) 邮件运输:填报邮政包裹单号。

(6) 其他运输:填报具体运输方式名称,如管道、驮畜等。

2) 转关运输货物的报关单填报要求

(1) 进口:①水路运输:直转、提前报关填报"@"+16位转关申报单预录入号(或13位载货清单号);中转填报进境英文船名。②铁路运输:直转、提前报关填报"@"+16位转关申报单预录入号;中转填报车厢编号。③航空运输:直转、提前报关填报"@"+16位转关申报单预录入号(或13位载货清单号);中转填报"@"。④公路及其他运输:填报"@"+16位转关申报单预录入号(或13位载货清单号)。⑤以上各种运输方式使用广东地区载货清单转关的提前报关货物,填报"@"+13位载货清单号。

(2) 出口:①水路运输:非中转填报"@"+16位转关申报单预录入号(或13位载货清单号);如多张报关单需要通过一张转关单转关的,运输工具名称字段填报"@";中转货物,境内水路运输填报驳船船名;境内铁路运输填报车名(主管海关4位关区代码+"TRAIN");境内公路运输填报车名(主管海关4位关区代码+"TRUCK")。②铁路运输:填报"@"+16位转关申报单预录入号(或13位载货清单号);如多张报关单需要通过一张转关单转关的,填报"@"。③航空运输:填报"@"+16位转关申报单预录入号(或13位载货清单号);如多张报关单需要通过一张转关单转关的,填报"@"。④其他运输方式:填报"@"+16位转关申报单预录入号(或13位载货清单号)。

3) 采用"集中申报"通关方式办理报关手续的报关单填报要求

采用"集中申报"通关方式办理报关手续的,报关单填报"集中申报"。

4) 免税品经营单位经营出口退税国产商品的填报要求

免税品经营单位经营出口退税国产商品的,免予填报。

5) 无实际进出境的货物的填报要求

无实际进出境的货物,运输工具名称为空。

2. 航次号的填报要求

1) 非转关运输货物直接在进出境地办理报关手续的报关单填报要求

(1) 水路运输:填报船舶的航次号。

(2) 公路运输:启用公路舱单前,填报运输车辆的8位进出境日期(顺序为年(4位)、月(2位)、日(2位),下同)。启用公路舱单后,填报货物运输批次号。

(3) 铁路运输:填报列车的进出境日期。

(4) 航空运输:免予填报。

(5) 邮件运输:填报运输工具的进出境日期。

(6) 其他运输方式:免予填报。

2) 转关运输货物的报关单填报要求

(1) 进口:①水路运输:中转转关方式填报"@"+进境干线船舶航次;直转、提前报关免予填报。②公路运输:免予填报。③铁路运输:"@"+8位进境日期。④航空运输:免予填报。⑤其他运输方式:免予填报。

(2) 出口:①水路运输:非中转货物免予填报;中转货物,境内水路运输填报驳船航次号;境内铁路、公路运输填报6位启运日期〔顺序为年(2位)、月(2位)、日(2位)〕。②铁路拼车拼箱捆绑出口:免予填报。③航空运输:免予填报。④其他运输方式:免予填报。

3) 免税品经营单位经营出口退税国产商品的填报要求

免税品经营单位经营出口退税国产商品的,免予填报。

4) 无实际进出境货物的填报要求

无实际进出境的货物,免予填报。

(十一) 提运单号

提运单号栏填报进出口货物提单或运单的编号。一份报关单只允许填报一个提单或运单号,一票货物对应多个提单或运单时,应分单填报。

1. 非转关运输货物在进出境地办理报关手续的报关单填制要求

(1) 水路运输:填报进出口提单号。如有分提单的,填报进出口提单号+"*"+分提单号。

(2) 公路运输:启用公路舱单前,免予填报;启用公路舱单后,填报进出口总运单号。

(3) 铁路运输:填报运单号。

(4) 航空运输:填报总运单号+"_"+分运单号;无分运单的填报总运单号。

(5) 邮件运输:填报邮运包裹单号。

2. 转关运输货物的报关单填制要求

1) 进口

(1) 水路运输:直转、中转填报提单号。提前报关免予填报。

(2) 铁路运输:直转、中转填报铁路运单号。提前报关免予填报。

(3) 航空运输:直转、中转货物填报总运单号+"_"+分运单号。提前报关免予填报。

(4) 其他运输方式:免予填报。

(5) 以上运输方式进境货物,在广东省内用公路运输转关的,填报车牌号。

2) 出口

(1) 水路运输:中转货物填报提单号;非中转货物免予填报;广东省内汽车运输提前报关的转关货物,填报承运车辆的车牌号。

(2) 其他运输方式:免予填报。广东省内汽车运输提前报关的转关货物,填报承运车辆的车牌号。

3. 采用"集中申报"通关方式的填报要求

采用"集中申报"通关方式办理报关手续的,报关单填报归并的集中申报清单的进出口起止日期(按年(4位)月(2位)日(2位)年(4位)月(2位)日(2位))。

4. 无实际进出境的货物的填报要求

无实际进出境的货物,免予填报。

(十二) 货物存放地点

货物存放地点栏填报货物进境后存放的场所或地点,包括海关监管作业场所、分拨仓库、定点加工厂、隔离检疫场、企业自有仓库等。

(十三) 消费使用单位/生产销售单位

消费使用单位填报已知的进口货物在境内的最终消费、使用单位的名称,包括自行进口货物的单位和委托进出口企业进口货物的单位。

生产销售单位填报出口货物在境内的生产或销售单位的名称,包括自行出口货物的单位、委托进出口企业出口货物的单位等。

此栏具体填报要求如下:

(1) 本栏可选填18位法定代表人和其他组织统一社会信用代码。无18位统一社会信用代码的,填报"NO"。

(2) 减免税货物报关单的消费使用单位/生产销售单位应与《中华人民共和国海关进出口货物征免税证明》(以下简称《征免税证明》)的"减免税申请人"一致;保税监管场所与境外之间的进出境货物,消费使用单位/生产销售单位填报保税监管场所的名称(保税物流中心(B型)填报中心内企业名称)。

(3) 海关特殊监管区域的消费使用单位/生产销售单位填报区域内经营企业("加工单位"或"仓库")。

(4) 进口货物在境内的最终消费或使用以及出口货物在境内的生产或销售的对象为自然人的,填报身份证号、护照号、台胞证号等有效证件号码及姓名。

(5) 免税品经营单位经营出口退税国产商品的,填报该免税品经营单位统一管理的免税店。

(十四) 监管方式

监管方式是以国际贸易中进出口货物的交易方式为基础,结合海关对进出口货物的征税、统计及监管条件综合设定的海关对进出口货物的管理方式。其代码由4位数字构成,前两位是按照海关监管要求和计算机管理需要划分的分类代码,后两位是参照国际标准编制的贸易方式代码。

根据实际对外贸易情况按海关规定的《监管方式代码表》选择填报相应的监管方式简称及代码。一份报关单只允许填报一种监管方式。监管方式代码表如图表7-5所示。

图表 7-5 监管方式代码表

代码	简称	全称
0110	一般贸易	一般贸易
0130	易货贸易	易货贸易
0139	旅游购物商品	用于旅游者 5 万美元以下的出口小批量订货
0200	料件销毁	加工贸易料件、残次品（折料）销毁
0214	来料加工	来料加工装配贸易进口料件及加工出口货物
0245	来料料件内销	来料加工料件转内销
0255	来料深加工	来料深加工结转货物
0258	来料余料结转	来料加工余料结转
0265	来料料件复出	来料加工复运出境的原进口料件
0300	来料料件退换	来料加工料件退换
0314	加工专用油	国营贸易企业代理来料加工企业进口柴油
0320	不作价设备	加工贸易外商提供的不作价进口设备
0345	来料成品减免	来料加工成品凭征免税证明转减免税
0400	边角料销毁	加工贸易边角料、副产品（按状态）销毁
0420	加工贸易设备	加工贸易项下外商提供的进口设备
0444	保区进料成品	按成品征税的保税区进料加工成品转内销货物
0445	保区来料成品	按成品征税的保税区来料加工成品转内销货物
0446	加工设备内销	加工贸易免税进口设备转内销
0456	加工设备结转	加工贸易免税进口设备结转
0466	加工设备退运	加工贸易免税进口设备退运出境
0500	减免设备结转	用于监管年限内减免税设备的结转
0513	补偿贸易	补偿贸易
0544	保区进料料件	按料件征税的保税区进料加工成品转内销货物
0545	保区来料料件	按料件征税的保税区来料加工成品转内销货物
0615	进料对口	进料加工（对口合同）
0642	进料以产顶进	进料加工成品以产顶进
0644	进料料件内销	进料加工料件转内销
0654	进料深加工	进料深加工结转货物
0657	进料余料结转	进料加工余料结转
0664	进料料件复出	进料加工复运出境的原进口料件
0700	进料料件退换	进料加工料件退换

(续表)

代码	简称	全称
0715	进料非对口	进料加工（非对口合同）
0744	进料成品减免	进料加工成品凭征免税证明转减免税
0815	低值辅料	低值辅料
0844	进料边角料内销	进料加工项下边角料转内销
0845	来料边角料内销	来料加工项下边角料内销
0864	进料边角料复出	进料加工项下边角料复出口
0865	来料边角料复出	来料加工项下边角料复出口
1039	市场采购	市场采购
1139	国轮油物料	中国籍运输工具境内添加的保税油料、物料
1200	保税间货物	海关保税场所及保税区域之间往来的货物
1210	保税电商	保税跨境贸易电子商务
1215	保税工厂	保税工厂
1233	保税仓库货物	保税仓库进出境货物
1234	保税区仓储转口	保税区进出境仓储转口货物
1239	保税电商A	保税跨境贸易电子商务A
1300	修理物品	进出境修理物品
1371	保税维修	保税维修
1427	出料加工	出料加工
1500	租赁不满1年	租期不满1年的租赁贸易货物
1523	租赁贸易	租期在1年及以上的租赁贸易货物
1616	寄售代销	寄售、代销贸易
1741	免税品	免税品
1831	外汇商品	免税外汇商品
2025	合资合作设备	合资合作企业作为投资进口设备物品
2210	对外投资	对外投资
2225	外资设备物品	外资企业作为投资进口的设备物品
2439	常驻机构公用	外国常驻机构进口办公用品
2600	暂时进出货物	暂时进出口货物
2700	展览品	进出境展览品
2939	陈列样品	驻华商业机构不复运出口的进口陈列样品
3010	货样广告品	进出口的货样广告品

(续表)

代码	简称	全称
3100	无代价抵偿	无代价抵偿进出口货物
3339	其他进出口免费	其他进出口免费提供货物
3410	承包工程进口	对外承包工程进口物资
3422	对外承包出口	对外承包工程出口物资
3511	援助物资	国家和国际组织无偿援助物资
3611	无偿军援	无偿军援
3612	捐赠物资	进出口捐赠物资
3910	军事装备	军事装备
4019	边境小额	边境小额贸易(边民互市贸易除外)
4039	对台小额	对台小额贸易
4139	对台小额商品交易市场	进入对台小额商品交易专用市场的货物
4200	驻外机构运回	我驻外机构运回旧公用物品
4239	驻外机构购进	我驻外机构境外购买运回国的公务用品
4400	来料成品退换	来料加工成品退换
4500	直接退运	直接退运
4539	进口溢误卸	进口溢卸、误卸货物
4561	退运货物	因质量不符、延误交货等原因退运进出境货物
4600	进料成品退换	进料成品退换
5000	料件进出区	料件进出海关特殊监管区域
5010	特殊区域研发货物	海关特殊监管区域与境外之间进出的研发货物
5014	区内来料加工	海关特殊监管区域与境外之间进出的来料加工货物
5015	区内进料加工货物	海关特殊监管区域与境外之间进出的进料加工货物
5033	区内仓储货物	加工区内仓储企业从境外进口的货物
5034	区内物流货物	海关特殊监管区域与境外之间进出的物流货物
5100	成品进出区	成品进出海关特殊监管区域
5200	区内边角调出	用于区内外非实际进出境货物
5300	设备进出区	设备及物资进出海关特殊监管区域
5335	境外设备进区	海关特殊监管区域从境外进口的设备及物资
5361	区内设备退运	海关特殊监管区域设备及物资退运境外
6033	物流中心进出境货物	保税物流中心与境外之间进出仓储货物
9500	特许权使用费后续征税	特许权使用费后续征税

(续表)

代码	简称	全称
9600	内贸货物跨境运输	内贸货物跨境运输
9610	电子商务	跨境贸易电子商务
9639	海关处理货物	海关变卖处理的超期未报货物、走私违规货物
9700	后续补税	无原始报关单的后续补税
9710	跨境电商B2B直接出口	跨境电子商务企业对企业直接出口
9739	其他贸易	其他贸易
9800	租赁征税	租赁期1年及以上的租赁贸易货物的租金
9810	跨境电商出口海外仓	跨境电子商务出口海外仓
9839	留赠转卖物品	外交机构转售境内或国际活动留赠放弃特批货物
9900	其他	其他

（十五）征免性质

根据实际情况按海关规定的《征免性质代码表》选择填报相应的征免性质简称及代码，持有海关核发的《征免税证明》的，按照《征免税证明》中批注的征免性质填报。一份报关单只允许填报一种征免性质，涉及多个征免性质的，应分单填报。征免性质代码表如图表7-6所示。

图表7-6 征免性质代码表

代码	简称	全称
101	一般征税	一般征税进出口货物
118	整车征税	构成整车特征的汽车零部件纳税
119	零部件征税	不构成整车特征的汽车零部件纳税
201	无偿援助	无偿援助进出口物资
299	其他法定	其他法定减免税进出口货物
301	特定区域	特定区域进口自用物资及出口货物
307	保税区	保税区进口自用物资
399	其他地区	其他执行特殊政策地区出口货物
401	科教用品	大专院校及科研机构进口科教用品
403	技术改造	企业技术改造进口货物
406	重大项目	国家重大项目进口货物
408	重大技术装备	生产重大技术装备进口关键零部件及原材料

(续表)

代码	简称	全称
412	基础设施	通信、港口、铁路、公路、机场建设进口设备
413	残疾人	残疾人组织和企业进出口货物
417	远洋渔业	远洋渔业自捕水产品
418	国产化	国家定点生产小轿车和摄录机企业进口散件
419	整车特征	构成整车特征的汽车零部件进口
422	集成电路	集成电路生产企业进口货物
423	新型显示器件	新型显示器件生产企业进口物资
499	ITA 产品	非全税号信息技术产品
501	加工设备	加工贸易外商提供的不作价进口设备
502	来料加工	来料加工装配和补偿贸易进口料件及出口成品
503	进料加工	进料加工贸易进口料件及出口成品
506	边境小额	边境小额贸易进口货物
510	港澳 OPA	港澳在内地加工的纺织品获证出口
601	中外合资	中外合资经营企业进出口货物
602	中外合作	中外合作经营企业进出口货物
603	外资企业	外商独资企业进出口货物
605	勘探开发煤层气	勘探开发煤层气
606	海洋石油	勘探、开发海洋石油进口货物
608	陆上石油	勘探、开发陆上石油进口货物
609	贷款项目	利用贷款进口货物
611	贷款中标	国际金融组织贷款、外国政府贷款中标机电设备零部件
698	公益收藏	国有公益性收藏单位进口藏品
701	部分进口饲料	部分进口饲料、矿物质微量元素舔砖
789	鼓励项目	国家鼓励发展的内外资项目进口设备
799	自有资金	外商投资额度外利用自有资金进口设备、备件、配件
801	救灾捐赠	救灾捐赠进口物资
802	慈善捐赠	境外捐赠人无偿向我境内受赠人捐赠的直接用于慈善事业的免税进口物资
888	航材减免	经核准的航空公司进口维修用航空器材

(续表)

代码	简称	全称
898	国批减免	国务院特准减免税的进出口货物
997	自贸协定	
998	内部暂定	享受内部暂定税率的进出口货物
999	例外减免	例外减免税进出口货物

（十六）许可证号

许可证号栏填报进(出)口许可证、两用物项和技术进(出)口许可证、两用物项和技术出口许可证(定向)、纺织品临时出口许可证、出口许可证(加工贸易)、出口许可证(边境小额贸易)的编号。免税品经营单位经营出口退税国产商品的，此栏免予填报。一份报关单只允许填报一个许可证号。

（十七）启运港

启运港栏填报进口货物在运抵我国关境前的第一个境外装运港。

报关人员应根据实际情况，按海关规定的《港口代码表》填报相应的港口名称及代码，未在《港口代码表》列明的，填报相应的国家名称及代码。货物从海关特殊监管区域或保税监管场所运至境内区外的，填报《港口代码表》中相应海关特殊监管区域或保税监管场所的名称及代码，未在《港口代码表》中列明的，填报"未列出的特殊监管区"及代码。其他无实际进境的货物，填报"中国境内"及代码。

（十八）合同协议号

合同协议号栏填报进出口货物合同(包括协议或订单)编号。未发生商业性交易的免予填报。免税品经营单位经营出口退税国产商品的，免予填报。

（十九）贸易国(地区)

在发生商业性交易的情况下，此栏应按海关规定的《国别(地区)代码表》填报相应的贸易国(地区)中文名称及代码。进口填报购自国(地区)，出口填报售予国(地区)。未发生商业性交易情况下，此栏填报货物所有权拥有者所属的国家(地区)。

（二十）启运国(地区)/运抵国(地区)

启运国(地区)填报进口货物启始发出直接运抵我国或者在运输中转国家(地区)未发生任何商业性交易的情况下运抵我国的国家(地区)。运抵国(地区)填报出口货物离开我国关境直接运抵或者在运输中转国(地区)未发生任何商业性交易的情况下最后运抵的国家(地区)。具体而言，此栏的填报包括以下几种情形：

（1）不经过第三国(地区)转运的直接运输进出口货物，以进口货物的装货港所在国(地区)为启运国(地区)，以出口货物的指运港所在国(地区)为运抵国(地区)。

（2）经过第三国(地区)转运的进出口货物，如在中转国(地区)发生商业性交易，则以中转国(地区)作为启运/运抵国(地区)。

(3) 经过第三国（地区）转运的进出口货物,如在中转国（地区）未发生商业性交易,则仍以进口货物的始发国（地区）为启运国（地区）填报,以出口货物的最终目的国（地区）为运抵国（地区）填报。

报关人员应按海关规定的《国别（地区）代码表》选择填报相应的启运国（地区）或运抵国（地区）中文名称及代码。无实际进出境的货物,填报"中国"及代码。

（二十一）经停港/指运港

经停港填报进口货物在运抵我国关境前的最后一个境外装运港。

指运港填报出口货物运往境外的最终目的港;最终目的港不可预知的,按尽可能预知的目的港填报。

报关人员应根据实际情况,按海关规定的《港口代码表》选择填报相应的港口名称及代码。经停港/指运港在《港口代码表》中无港口名称及代码的,可选择填报相应的国家名称及代码。无实际进出境的货物,填报"中国境内"及代码。

（二十二）入境口岸/离境口岸

入境口岸填报进境货物从跨境运输工具卸离的第一个境内口岸的中文名称及代码;采取多式联运跨境运输的,填报多式联运货物最终卸离的境内口岸中文名称及代码;过境货物填报货物进入境内的第一个口岸的中文名称及代码;从海关特殊监管区域或保税监管场所进境的,填报海关特殊监管区域或保税监管场所的中文名称及代码。其他无实际进境的货物,填报货物所在地的城市名称及代码。

离境口岸填报装运出境货物的跨境运输工具离境的第一个境内口岸的中文名称及代码;采取多式联运跨境运输的,填报多式联运货物最初离境的境内口岸中文名称及代码;过境货物填报货物离境的第一个境内口岸的中文名称及代码;从海关特殊监管区域或保税监管场所离境的,填报海关特殊监管区域或保税监管场所的中文名称及代码。其他无实际出境的货物,填报货物所在地的城市名称及代码。

入境口岸/离境口岸类型包括港口、码头、机场、机场货运通道、边境口岸、火车站、车辆装卸点、车检场、陆路港、坐落在口岸的海关特殊监管区域等。按海关规定的《国内口岸编码表》选择填报相应的境内口岸名称及代码。

（二十三）包装种类

包装种类栏填报进出口货物的所有包装材料,包括运输包装和其他包装,按海关规定的《包装种类代码表》选择填报相应的包装种类名称及代码。一般情况下,应以装箱单或提运单据所列的货物处于运输状态时的最外层包装或运输包装作为"包装种类"向海关申报,并相应计算包装件数。包装种类代码表如图表7-7所示。

图表7-7 包装种类代码表

代码	名称	代码	名称
00	散装	39	其他材料制桶

(续表)

代码	名称	代码	名称
01	裸装	41	中型散装容器
04	球状罐类	42	便携式罐体
06	包/袋	43	可移动罐柜
22	纸制或纤维板制盒/箱	92	再生木托
23	木制或竹藤等植物性材料制盒/箱	93	天然木托
29	其他材料制盒/箱	98	植物性铺垫材料
32	纸制或纤维板制桶	99	其他包装
33	木制或竹藤等植物性材料制桶		

（二十四）件数

件数栏填报进出口货物运输包装的件数。此栏不得为空，件数应大于或等于1，不得填报"0"。特殊情况填报要求如下：

（1）舱单件数为集装箱的，填报集装箱个数。

（2）舱单件数为托盘的，填报托盘数。

（3）散装、裸装货物此栏填报"1"。

（二十五）毛重

毛重栏填报进出口货物及其包装材料的重量之和，计量单位为千克，不足一千克的填报为"1"。报关人员应以合同、发票、提运单、装箱单等有关单据中"GROSS WEIGHT"栏所显示的重量确定进出口货物的毛重。但在航空运输方式下，货物计费重量并非实际毛重，而是根据体积计算出抛重。如果抛重大于实际毛重，则按抛重计费，反之则按毛重计费，企业应向海关申报最终计费重量。抛重的计算公式如下：

$$空运货物抛重(千克) = 货物长(厘米) \times 宽(厘米) \times 高(厘米) / 6\,000$$

（二十六）净重

净重栏填报进出口货物的毛重减去外包装材料后的重量，即货物本身的实际重量，计量单位为千克，不足一千克的填报为"1"。报关人员应以合同、发票、提运单、装箱单等有关单据中"NET WEIGHT"栏所显示的重量确定进出口货物的净重。根据有关单据不能确定净重的货物，可以估重填报。以毛重作为净重计价的，可填毛重。按照国际惯例以公量计价的货物，如羊毛、棉花等，应填报公量。

（二十七）成交方式

报关人员应根据进出口货物实际成交价格条款，按海关规定的《成交方式代码表》选择填报相应的成交方式代码。无实际进出境的货物，进口填报CIF或其代码，出口填报FOB或其代码。成交方式代码表如图表7-8所示。需要注意的是，报关单中的"成交方式"与国际货物买卖合同中的贸易术语内涵并非完全一致。FOB、CFR、CIF等常见的成交方式并不仅限于水路运输方式,此栏填写的差异主要体现成交价格构成要素的不同。INCOTERMS® 2020中贸易术语与报关单"成交方式"栏的一般对应关系如图表7-9所示。

图表7-8 成交方式代码表

成交方式代码	成交方式名称	成交方式代码	成交方式名称
1	CIF	5	市场价
2	CFR	6	垫仓
3	FOB	7	EXW
4	C&I		

图表7-9 INCOTERMS® 2020中贸易术语与报关单"成交方式"栏的一般对应关系

组别	E组	F组			C组				D组		
贸易术语	EXW	FCA	FAS	FOB	CFR	CIF	CPT	CIP	DAP	DPU	DDP
成交方式		FOB			CFR				CIF		

(二十八) 运费

在进口报关单中,运费栏填报进口货物运抵我国境内输入地点起卸前的运输费用;在出口货物报关单中,运费栏填报出口货物运至我国境内输出地点装载后的运输费用。运费可按运费单价、总价或运费率三种方式之一填报。在电子数据报关单中,运费项下包括运费标记、运费/率、运费币制三个栏目。

1. 运费标记

当按照运费率申报时,运费标记栏选择填报"1-率";当按照每吨货物的运费单价申报时,此栏选择填报"2-单价";当按照运费总价申报时,此栏选择填报"3-总价"。

2. 运费/率

当运费标记栏为"1-率"时,此栏填报运费率;当运费标记栏为"2-单价"时,此栏填报运费单价;当运费标记栏为"3-总价"时,此栏填报运费总价。

3. 运费币制

当运费标记栏为"1-率"时,此栏免予填报;当运费标记栏为"2-单价"或"3-总价",此栏应按照海关规定的《货币代码表》填报相应的币种代码。

(二十九) 保费

保费栏填报进口货物运抵我国境内输入地点起卸前的保险费用,出口货物运至我国境内输出地点装载后的保险费用。保费可按保险费总价或保险费率两种方式之一填报。电子数据报关单中保费项下有保险费标记、保险费/率、保险费币制三个栏目,填写方式与运费项相似。免税品经营单位经营出口退税国产商品的,此栏免予填报。

(三十) 杂费

杂费栏填报成交价格以外的、按照《中华人民共和国进出口关税条例》相关规定应计入完税价格或应从完税价格中扣除的费用,可按杂费总价或杂费率两种方式之一填报。电子数据报关单中杂费项下有杂费标记、杂费/率、杂费币制三个栏目,填写方式与运费、保费项相同。需要注意的是,应计入完税价格的杂费填报为正值或正率,应从完税价格中扣除的杂费填报为负值或负率。免税品经营单位经营出口退税国产商品的,此栏免予填报。

(三十一) 随附单证代码及编号

根据海关规定的《监管证件代码表》和《随附单据代码表》选择填报除"许可证号"栏规定的许可证件以外的其他进出口许可证件或监管证件、随附单据代码及编号。

本栏分为随附单证代码和随附单证编号两栏,其中代码栏按海关规定的《监管证件代码表》和《随附单据代码表》选择填报相应证件代码;随附单证编号栏填报证件编号。随附单证代码表如图表7-10所示。

例如,凭编号为"PEZ12345"的进口关税配额证申报进口货物,则应在随附单证代码栏填报"t",在随附单证编号栏填报"PEZ12345"。

图表7-10 随附单证代码表

代码	名称	代码	名称
♯	零关税申请单	S	农药进出口登记管理放行通知单
0	反制措施排除代码	T	提发货凭证
1	进口许可证	U	合法捕捞产品通关证明
2	两用物项和技术进口许可证	V	人类遗传资源材料出口、出境证明
3	两用物项和技术出口许可证	X	有毒化学品环境管理放行通知单
4	出口许可证	Y	原产地证明
5	纺织品临时出口许可证	Z	赴境外加工光盘进口备案证明
6	旧机电产品禁止进口	a	保税核注清单
7	自动进口许可证	b	进口广播电影电视节目带(片)提取单
8	禁止出口商品	c	内销征税联系单
9	禁止进口商品	d	援外项目任务通知函
@	准予担保通知书	e	关税配额外优惠税率进口棉花配额证
A	检验检疫	f	音像制品(成品)进口批准单
B	电子底账	g	技术出口合同登记证
D	毛坯钻石进出境检验	h	核增核扣表
E	濒危物种允许出口证明书	i	技术出口许可证

(续表)

代码	名称	代码	名称
F	濒危物种允许进口证明书	k	民用爆炸物品进出口审批单
G	两用物项和技术出口许可证(定向)	m	银行调运人民币现钞进出境证明
H	港澳OPA纺织品证明	n	音像制品(版权引进)批准单
I	麻醉药品精神药物进出口准许证	q	国别关税配额证明
J	黄金及黄金制品进出口准许证	r	预归类标志
K	深加工结转申请表	s	适用ITA税率的商品用途认定证明
L	药品进出口准许证	t	关税配额证明
M	密码产品和设备进口许可证	v	自动进口许可证(加工贸易)
O	自动进口许可证(新旧机电产品)	w	再生原料装运前检验证书
P	固体废物进口许可证	x	出口许可证(加工贸易)
Q	进口药品通关单	y	出口许可证(边境小额贸易)
R	进口兽药通关单	z	古生物化石出境批件

(三十二)标记唛码及备注

1. 标记唛码

标记唛码,即运输标志,此栏填报运输标志中除图形以外的文字、数字,应与商业发票、装箱单及运输单据中的相关栏目一致。无标记唛码时,此栏填报"N/M"。

2. 备注

备注是指除按报关单固定栏目申报进出口货物有关情况外,需要补充或特别说明的事项,包括关联备案号、关联报关单号,以及其他需要补充或特别说明的事项。

备注部分具体填报内容如下:

(1) 受外商投资企业委托代理其进口投资设备、物品的进出口企业名称。

(2) 与本报关单有关联关系的,同时在业务管理规范方面又要求填报的备案号,填报在电子数据报关单中"关联备案"栏。

保税间流转货物、加工贸易结转货物及凭《征免税证明》转内销货物,其对应的备案号填报在"关联备案"栏。

减免税货物结转进口(转入),"关联备案"栏填报本次减免税货物结转所申请的《中华人民共和国海关进口减免税货物结转联系函》的编号。

减免税货物结转出口(转出),"关联备案"栏填报与其相对应的进口(转入)报关单"备案号"栏中《征免税证明》的编号。

(3) 与本报关单有关联关系的,同时在业务管理规范方面又要求填报的报关单号,填报在电子数据报关单的"关联报关单"栏。

保税间流转、加工贸易结转类的报关单，应先办理进口报关，并将进口报关单号填入出口报关单的"关联报关单"栏。

办理进口货物直接退运手续的，除另有规定外，应先填制出口报关单，再填制进口报关单，并将出口报关单号填报在进口报关单的"关联报关单"栏。

减免税货物结转出口（转出），应先办理进口报关，并将进口（转入）报关单号填入出口（转出）报关单的"关联报关单"栏。

(4) 办理进口货物直接退运手续的，填报"<ZT"+海关审核联系单号或者《海关责令进口货物直接退运通知书》编号+">"。办理固体废物直接退运手续的，填报"固体废物，直接退运表××号/责令直接退运通知书××号"。

(5) 保税监管场所进出货物，在"保税/监管场所"栏填报本保税监管场所编码（保税物流中心（B型）填报本中心的国内地区代码），其中涉及货物在保税监管场所间流转的，在本栏填报对方保税监管场所代码。

(6) 涉及加工贸易货物销毁处置的，填报海关加工贸易货物销毁处置申报表编号。

(7) 当监管方式为"暂时进出货物"（代码2600）和"展览品"（代码2700）时，填报要求如下：

① 根据《中华人民共和国海关暂时进出境货物管理办法》（海关总署令第233号）（以下简称《管理办法》）第三条第一款所列项目，填报暂时进出境货物类别，如暂进六、暂出九。

② 根据《管理办法》第十条规定，填报复运出境或者复运进境日期，期限应在货物进出境之日起6个月内，如：20180815前复运进境，20181020前复运出境。

③ 根据《管理办法》第七条，向海关申请对有关货物是否属于暂时进出境货物进行审核确认的，填报《中华人民共和国××海关暂时进出境货物审核确认书》编号，如〈ZS海关审核确认书编号〉，其中，英文为大写；无此项目的，无须填报。上述内容依次填报，项目间用"/"分隔，前后均不加空格。

④ 收发货人或其代理人申报货物复运进境或者复运出境的：货物办理过延期的，根据《管理办法》填报《货物暂时进/出境延期办理单》的海关回执编号，如〈ZS海关回执编号〉，其中，英文为大写；无此项目的，无须填报。

(8) 跨境电子商务进出口货物，填报"跨境电子商务"。

(9) 加工贸易副产品内销，填报"加工贸易副产品内销"。

(10) 服务外包货物进口，填报"国际服务外包进口货物"。

(11) 公式定价进口货物填报公式定价备案号，格式为：公式定价+备案编号+"@"。对于同一报关单下有多项商品的，如某项或某几项商品为公式定价备案的，则备注栏内填报为：公式定价+备案编号+"#"+商品序号+"@"。

(12) 进出口与《预裁定决定书》列明情形相同的货物时，按照《预裁定决定书》填报，格式为：预裁定+《预裁定决定书》编号（如某份预裁定决定书编号为R-2-0100-2018-0001，则填报为"预裁定R-2-0100-2018-0001"）。

（13）含归类行政裁定报关单，填报归类行政裁定编号，格式为："c"＋四位数字编号，如c0001。

（14）已经在进入特殊监管区时完成检验的货物，在出区入境申报时，填报"预检验"字样，同时在"关联报检单"栏填报实施预检验的报关单号。

（15）进口直接退运的货物，填报"直接退运"字样。

（16）企业提供ATA单证册的货物，填报"ATA单证册"字样。

（17）不含动物源性低风险生物制品，填报"不含动物源性"字样。

（18）货物自境外进入境内特殊监管区或者保税仓库的，填报"保税入库"或者"境外入区"字样。

（19）海关特殊监管区域与境内区外之间采用分送集报方式进出的货物，填报"分送集报"字样。

（20）军事装备出入境的，填报"军品"或"军事装备"字样。

（21）申报HS编码为3821000000、3002300000的，属于下列情况的，填报要求为：属于培养基的，填报"培养基"字样；属于化学试剂的，填报"化学试剂"字样；不含动物源性成分的，填报"不含动物源性"字样。

（22）属于修理物品的，填报"修理物品"字样。

（23）属于下列情况的，填报"压力容器""成套设备""食品添加剂""成品退换""旧机电产品"等字样。

（24）申报HS编码为2903890020（入境六溴环十二烷），用途为"其他（99）"的，填报具体用途。

（25）集装箱体信息填报集装箱号（在集装箱箱体上标示的全球唯一编号）、集装箱规格、集装箱商品项号关系（单个集装箱对应的商品项号，半角逗号分隔）、集装箱货重（集装箱箱体自重＋装载货物重量，千克）。

（26）申报HS编码为3006300000、3504009000、3507909010、3507909090、3822001000、3822009000的，不属于特殊物品的，填报"非特殊物品"字样。特殊物品定义见《出入境特殊物品卫生检疫管理规定》（国家质量监督检验检疫总局令第160号公布，根据国家质量监督检验检疫总局令第184号、海关总署令第238号、第240号、第243号修改）。

（27）进出口列入目录的进出口商品及法律、行政法规规定须经出入境检验检疫机构检验的其他进出口商品实施检验的，填报"应检商品"字样。

（28）申报时其他必须说明的事项。

三、进出口货物报关单表体栏目的填报

（一）项号

项号栏分两行填报。第一行填报报关单中的商品顺序编号；第二行填报备案序号，专用于加工贸易及保税、减免税等已备案、审批的货物，填报该项货物在《加工贸易手册》或《征免

税证明》等备案、审批单证中的顺序编号。有关优惠贸易协定项下报关单填制要求按照海关总署相关规定执行。其中第二行特殊情况填报要求如下：

(1) 深加工结转货物，分别按照《加工贸易手册》中的进口料件项号和出口成品项号填报。

(2) 料件结转货物（包括料件、制成品和未完成品折料），出口报关单按照转出《加工贸易手册》中进口料件的项号填报；进口报关单按照转进《加工贸易手册》中进口料件的项号填报。

(3) 料件复出货物（包括料件、边角料），出口报关单按照《加工贸易手册》中进口料件的项号填报；如边角料对应一个以上料件项号时，填报主要料件项号。料件退换货物（包括料件、不包括未完成品），进出口报关单按照《加工贸易手册》中进口料件的项号填报。

(4) 成品退换货物，退运进境报关单和复运出境报关单按照《加工贸易手册》原出口成品的项号填报。

(5) 加工贸易料件转内销货物（以及按料件办理进口手续的转内销制成品、残次品、未完成品）填制进口报关单，填报《加工贸易手册》进口料件的项号；加工贸易边角料、副产品内销，填报《加工贸易手册》中对应的进口料件项号。如边角料或副产品对应一个以上料件项号时，填报主要料件项号。

(6) 加工贸易成品凭《征免税证明》转为减免税货物进口的，应先办理进口报关手续。进口报关单填报《征免税证明》中的项号，出口报关单填报《加工贸易手册》原出口成品项号，进、出口报关单货物数量应一致。

(7) 加工贸易料件销毁，填报《加工贸易手册》中相应的进口料件项号。

(8) 加工贸易副产品退运出口、结转出口，填报《加工贸易手册》中新增成品的出口项号。

(9) 经海关批准实行加工贸易联网监管的企业，按海关联网监管要求，企业需申报报关清单的，应在向海关申报进出口（包括形式进出口）报关单前，向海关申报"清单"。一份报关清单对应一份报关单，报关单上的商品由报关清单归并而得。加工贸易电子账册报关单中项号、品名、规格等栏目的填制规范比照《加工贸易手册》。

（二）商品编号

商品编号栏填报由 10 位数字组成的商品编号。前 8 位为《中华人民共和国进出口税则》和《中华人民共和国海关统计商品目录》确定的编码；第 9 位、第 10 位为监管附加编号。

（三）商品名称及规格型号

商品名称及规格型号栏分两行填报，第一行填报进出口货物规范的中文商品名称，第二行填报规格型号，具体填报要求如下：

(1) 商品名称及规格型号应据实填报，并与进出口货物收发货人或受委托的报关企业所提交的合同、发票等相关单证相符。

(2) 商品名称应当规范，规格型号应当足够详细，以能满足海关归类、审价及许可证件管理要求为准，可参照《中华人民共和国海关进出口商品规范申报目录》中对商品名称的要求进行填报。

(3) 已备案的加工贸易及保税货物，填报的内容必须与备案登记中同项号下货物的商品名称一致。

(4) 对需要海关签发《货物进口证明书》的车辆，商品名称栏填报"车辆品牌＋排气量（注明cc）＋车型（如越野车、小轿车等）"。进口汽车底盘不填报排气量。车辆品牌按照《进口机动车辆制造厂名称和车辆品牌中英文对照表》中"签注名称"栏的要求填报。规格型号栏可填报"汽油型"等。

(5) 由同一运输工具同时运抵同一口岸并且属于同一收货人、使用同一提单的多种进口货物，按照商品归类规则应当归入同一商品编号的，应当将有关商品一并归入该商品编号。商品名称填报一并归类后的商品名称；规格型号填报一并归类后商品的规格型号。

(6) 加工贸易边角料和副产品内销、边角料复出口，填报其报验状态的名称和规格型号。

(7) 进口货物收货人以一般贸易方式申报进口属于《需要详细列名申报的汽车零部件清单》（海关总署2006年第64号公告）范围内的汽车生产件的，按以下要求填报：

① 商品名称填报进口汽车零部件的详细中文商品名称和品牌，中文商品名称与品牌之间用"/"相隔，必要时加注英文商业名称；进口的成套散件或者毛坯件应在品牌后加注"成套散件""毛坯"等字样，并与品牌之间用"/"相隔。

② 规格型号填报汽车零部件的完整编号。在零部件编号前应当加注"S"字样，并与零部件编号之间用"/"相隔，零部件编号之后应当依次加注该零部件适用的汽车品牌和车型。汽车零部件属于可以适用于多种汽车车型的通用零部件的，零部件编号后应当加注"TY"字样，并用"/"与零部件编号相隔。与进口汽车零部件规格型号相关的其他需要申报的要素，或者海关规定的其他需要申报的要素，如"功率""排气量"等，应当在车型或"TY"之后填报，并用"/"与之相隔。汽车零部件报验状态是成套散件的，应当在"标记唛码及备注"栏内填报该成套散件装配后的最终完整品的零部件编号。

(8) 进口货物收货人以一般贸易方式申报进口属于《需要详细列名申报的汽车零部件清单》（海关总署2006年第64号公告）范围内的汽车维修件的，填报规格型号时，应当在零部件编号前加注"W"，并与零部件编号之间用"/"相隔；进口维修件的品牌与该零部件使用的整车厂牌不一致的，应当在零部件编号前加注"WF"，并与零部件编号之间用"/"相隔。其余申报要求同上条执行。

(9) 品牌类型。品牌类型为必填项目，可选择"无品牌"（代码0）、"境内自主品牌"（代码1）、"境内收购品牌"（代码2）、"境外品牌（贴牌生产）"（代码3）、"境外品牌（其他）"（代码4）如实填报。其中，"境内自主品牌"是指由境内企业自主开发、拥有自主知识产权的品牌；"境内收购品牌"是指境内企业收购的原境外品牌；"境外品牌（贴牌生产）"是指境内企业代工贴牌生产中使用的境外品牌；"境外品牌（其他）"是指除代工贴牌生产以外使用的境外品牌。上述品牌类型中，除"境外品牌（贴牌生产）"仅用于出口外，其他类型均可用于进口和出口。

(10) 出口享惠情况。出口享惠情况为出口报关单必填项目。可选择"出口货物在最终目的国（地区）不享受优惠关税""出口货物在最终目的国（地区）享受优惠关税""出口货物不能确定在最终目的国（地区）享受优惠关税"如实填报。进口货物报关单不填报该申报项。

(11) 申报进口已获3C认证的机动车辆时，填报以下信息：

① 提运单日期，填报该项货物的提运单签发日期。

② 质量保质期，填报机动车的质量保证期。

③ 发动机号或电机号，填报机动车的发动机号或电机号，应与机动车上打刻的发动机号或电机号相符。纯电动汽车、插电式混合动力汽车、燃料电池汽车为电机号，其他机动车为发动机号。

④ 车辆识别代码（VIN），填报机动车车辆识别代码，须符合国家强制性标准《道路车辆 车辆识别代号（VIN）》（GB 16735—2019）的要求。该项目一般与机动车的底盘（车架号）相同。

⑤ 发票所列数量，填报对应发票中所列进口机动车的数量。

⑥ 品名（中文名称），填报机动车中文品名，按《进口机动车辆制造厂名称和车辆品牌中英文对照表》（原国家质量监督检验检疫总局2004年52号公告）的要求填报。

⑦ 品名（英文名称），填报机动车英文品名，按《进口机动车辆制造厂名称和车辆品牌中英文对照表》（原国家质量监督检验检疫总局2004年52号公告）的要求填报。

⑧ 型号（英文），填报机动车型号，与机动车产品标牌上整车型号一栏相符。

(12) 进口货物收货人申报进口属于实施反倾销反补贴措施货物的，填报"原厂商中文名称""原厂商英文名称""反倾销税率""反补贴税率"和"是否符合价格承诺"等计税必要信息。

填报格式以"|<><><><><>"为例。"|""<"和">"均为英文半角符号。第1个"|"为在规格型号栏目中已填报的最后一个申报要素后系统自动生成或人工录入的分割符（若相关商品税号无规范申报填报要求，则需要手工录入"|"），"|"后面5个"<>"内容依次为"原厂商中文名称""原厂商英文名称（如无原厂商英文名称，可填报以原厂商所在国或地区文字标注的名称，具体可参照商务部实施贸易救济措施相关公告中对有关原厂商的外文名称写法）""反倾销税率""反补贴税率""是否符合价格承诺"。其中，"反倾销税率"和"反补贴税率"填写实际值，例如，税率为30%，填写"0.3"。"是否符合价格承诺"填写"1"或者"0"，"1"代表"是"，"0"代表"否"。填报时，5个"<>"为不可缺项，如第3项、第4项、第5项"<>"中无申报事项，相应的"<>"中内容可以为空，但"<>"需要保留。

（四）数量及单位

数量及单位栏分三行填报，具体如下：

(1) 第一行按进出口货物的法定第一计量单位填报数量及单位，法定计量单位以《中华人民共和国海关统计商品目录》中的计量单位为准。

(2) 凡列明有法定第二计量单位的，在第二行按照法定第二计量单位填报数量及单位。

无法定第二计量单位的,第二行为空。

(3) 成交计量单位及数量填报在第三行。

(4) 法定计量单位为"千克"的数量填报,特殊情况下填报要求如下:

① 装入可重复使用的包装容器的货物,按货物扣除包装容器后的重量填报,如罐装同位素、罐装氧气及类似品等。

② 使用不可分割包装材料和包装容器的货物,按货物的净重填报(即包括内层直接包装的净重重量),如采用供零售包装的罐头、药品及类似品等。

③ 按照商业惯例以公量重计价的商品,按公量重填报,如未脱脂羊毛、羊毛条等。

④ 采用以毛重作为净重计价的货物,可按毛重填报,如粮食、饲料等大宗散装货物。

⑤ 采用零售包装的酒类、饮料、化妆品,按照液体/乳状/膏状/粉状部分的重量填报。

(5) 成套设备、减免税货物如需分批进口,货物实际进口时,按照实际报验状态确定数量。

(6) 具有完整品或制成品基本特征的不完整品、未制成品,根据《商品名称及编码协调制度》归类规则按完整品归类的,按照构成完整品的实际数量填报。

(7) 已备案的加工贸易及保税货物,成交计量单位必须与《加工贸易手册》中同项号下货物的计量单位一致,加工贸易边角料和副产品内销、边角料复出口,填报其报验状态的计量单位。

(8) 优惠贸易协定项下进出口商品的成交计量单位必须与原产地证明书上对应商品的计量单位一致。

(9) 法定计量单位为立方米的气体货物,折算成标准状况(即摄氏零度及1个标准大气压)下的体积进行填报。

(五) 单价

单价栏填报同一项号下进出口货物实际成交的商品单位价格。无实际成交价格的,填报单位货值。

(六) 总价

总价栏填报同一项号下进出口货物实际成交的商品总价格。无实际成交价格的,填报货值。

(七) 币制

币制栏按海关规定的《货币代码表》选择相应的货币名称及代码填报,如《货币代码表》中无实际成交币种,须将实际成交货币按申报日外汇折算率折算成《货币代码表》列明的货币填报。

(八) 原产国(地区)

原产国(地区)依据《中华人民共和国进出口货物原产地条例》《中华人民共和国海关关于执行〈非优惠原产地规则中实质性改变标准〉的规定》以及海关总署关于各项优惠贸易协定原产地管理规章规定的原产地确定标准填报。同一批进出口货物的原产地不同的,分别填报原产国(地区)。进出口货物原产国(地区)无法确定的,填报"国别不详"。

此栏按海关规定的《国别(地区)代码表》选择填报相应的国家(地区)名称及代码。

(九) 最终目的国(地区)

最终目的国(地区)填报已知的进出口货物的最终实际消费、使用或进一步加工制造国家(地区)。不经过第三国(地区)转运的直接运输货物,以运抵国(地区)为最终目的国(地区);经过第三国(地区)转运的货物,以最后运往国(地区)为最终目的国(地区)。同一批进出口货物的最终目的国(地区)不同的,分别填报最终目的国(地区)。进出口货物不能确定最终目的国(地区)时,以尽可能预知的最后运往国(地区)为最终目的国(地区)。

此栏按海关规定的《国别(地区)代码表》选择填报相应的国家(地区)名称及代码。

(十) 境内目的地/境内货源地

境内目的地填报已知的进口货物在国内的消费、使用地或最终运抵地,其中最终运抵地为最终使用单位所在的地区。最终使用单位难以确定的,填报货物进口时预知的最终收货单位所在地。

境内货源地填报出口货物在国内的产地或原始发货地。出口货物产地难以确定的,填报最早发运该出口货物的单位所在地。

海关特殊监管区域、保税物流中心(B型)与境外之间的进出境货物,境内目的地/境内货源地填报本海关特殊监管区域、保税物流中心(B型)所对应的国内地区。

此栏按海关规定的《国内地区代码表》选择填报相应的国内地区名称及代码。境内目的地还需根据《中华人民共和国行政区划代码表》选择填报其对应的县级行政区名称及代码。无下属区县级行政区的,可选择填报地市级行政区。

(十一) 征免

征免是指海关依照《中华人民共和国海关法》《中华人民共和国进出口关税条例》及其他法律、行政法规,对进出口货物进行征税、减税、免税或特案处理的实际操作方式。同一份报关单上可以填报不同的征减免税方式。报关人员应按照海关核发的《征免税证明》或有关政策规定,对报关单所列每项商品选择海关规定的《征减免税方式代码表》中相应的征减免税方式填报。征减免税方式代码表如图表7-11所示。

加工贸易货物报关单根据《加工贸易手册》中备案的征免规定填报;《加工贸易手册》中备案的征免规定为"保金"或"保函"的,填报"全免"。

图表7-11 征减免税方式代码表

代码	名称	代码	名称
1	照章征税	6	保证金
2	折半征税	7	保函
3	全免	8	折半补税
4	特案	9	全额退税
5	征免性质		

(十二) 特殊关系确认

根据《中华人民共和国海关审定进出口货物完税价格办法》(以下简称《审价办法》)第十六条,此栏填报确认进出口行为中买卖双方是否存在特殊关系,有下列情形之一的,应当认为买卖双方存在特殊关系,应填报"是",反之则填报"否"。

(1) 买卖双方为同一家族成员的。

(2) 买卖双方互为商业上的高级职员或者董事的。

(3) 一方直接或者间接地受另一方控制的。

(4) 买卖双方都直接或者间接地受第三方控制的。

(5) 买卖双方共同直接或者间接地控制第三方的。

(6) 一方直接或者间接地拥有、控制或者持有对方5%以上(含5%)公开发行的有表决权的股票或者股份的。

(7) 一方是另一方的雇员、高级职员或者董事的。

(8) 买卖双方是同一合伙的成员的。

买卖双方在经营上相互有联系,一方是另一方的独家代理、独家经销或者独家受让人,如果符合前款的规定,也应当视为存在特殊关系。

出口货物免予填报,加工贸易及保税监管货物(内销保税货物除外)免予填报。

(十三) 价格影响确认

根据《审价办法》第十七条,价格影响确认栏填报确认纳税义务人是否可以证明特殊关系未对进口货物的成交价格产生影响,纳税义务人能证明其成交价格与同时或者大约同时发生的下列任何一款价格相近的,应视为特殊关系未对成交价格产生影响,填报"否",反之则填报"是"。

(1) 向境内无特殊关系的买方出售的相同或者类似进口货物的成交价格。

(2) 按照《审价办法》第二十三条的规定所确定的相同或者类似进口货物的完税价格。

(3) 按照《审价办法》第二十五条的规定所确定的相同或者类似进口货物的完税价格。

出口货物免予填报,加工贸易及保税监管货物(内销保税货物除外)免予填报。

(十四) 支付特许权使用费确认

根据《审价办法》第十一条和第十三条,支付特许权使用费确认栏填报确认买方是否存在向卖方或者有关方直接或者间接支付与进口货物有关的特许权使用费,且未包括在进口货物的实付、应付价格中。

买方存在需向卖方或者有关方直接或者间接支付特许权使用费,且未包含在进口货物实付、应付价格中,并且符合《审价办法》第十三条的,在"支付特许权使用费确认"栏填报"是"。

买方存在需向卖方或者有关方直接或者间接支付特许权使用费,且未包含在进口货物实付、应付价格中,但纳税义务人无法确认是否符合《审价办法》第十三条的,填报"是"。

买方存在需向卖方或者有关方直接或者间接支付特许权使用费且未包含在实付、应付价格中,纳税义务人根据《审价办法》第十三条,可以确认需支付的特许权使用费与进口货物无关的,填报"否"。

买方不存在向卖方或者有关方直接或者间接支付特许权使用费的,或者特许权使用费已经包含在进口货物实付、应付价格中的,填报"否"。

出口货物免予填报,加工贸易及保税监管货物(内销保税货物除外)免予填报。

(十五)自报自缴

进出口企业、单位采用"自主申报、自行缴税"(自报自缴)模式向海关申报时,填报"是";反之则填报"否"。

(十六)申报单位

自理报关的,填报进出口企业的名称及编码;委托代理报关的,填报报关企业名称及编码。编码填报18位法定代表人和其他组织统一社会信用代码。

报关人员填报在海关备案的姓名、编码、电话,并加盖申报单位印章。

(十七)海关批注及签章

海关批注及签章栏供海关作业时签注。

任务四 进出口货物报关单的审核

一、进出口货物报关单的审核技巧

为提高报关效率,实现快速通关,外贸企业或报关企业在向海关发送报关单电子数据或向现场海关交单前,应根据海关对进出口货物的管理要求以及报关单填制规范,对申报的报关单数据进行重点审核,保证报关单填制内容的正确性、合理性和规范性。进出口货物报关单的审核方法如下。

(一)依据有关单据对报关单相关栏目逐项审核

针对报关单各栏目逐一与商业发票、装箱单、海运提单等报关随附单据进行核对,力争做到单单一致、单证相符,这是报关单审核的最基本的方法。

(二)根据监管方式进行逻辑审核

监管方式是以国际贸易中进出口货物的交易方式为基础,结合海关对进出口货物的征税、统计及监管条件综合设定的海关对进出口货物的管理方式。报关单中的监管方式与征免性质、备案号以及征免等栏目存在对应关系,因此,通过逻辑审查可以快速验证相关栏目填写是否正确。

(三)根据货物收发货人进行逻辑审核

在进出口业务中,参与贸易的企业类型多样,有外贸型企业、生产型企业和工贸一体型企业等,因此,经常会发生签订进出口合同的企业与执行合同的企业不同的情形,报关单境内收发货人、消费使用单位/生产销售单位等栏目的填写会有所差异。报关人员可以通过检查境内收发货人与消费使用单位/生产销售单位栏目的逻辑关系,快速查处差错。

(四)根据成交方式与运费、保费的逻辑关系进行审核

报关单是进出口货物收发货人或其代理人对进出口货物的实际情况做出的书面申明,是海关监管、征税、统计以及开展稽查的重要依据。因此,报关单内容的填写必须保证海关可据以确定完税价格。这就是成交方式、运费、保费等栏目的逻辑关系所在。由于出口关税的完税价格是以 FOB 价格为基础计算得出,出口货物报关单成交方式、运费、保费栏的填写,应便于海关计算出 FOB 价格。例如,如果成交方式栏为 CIF,则总价栏目中的金额为 CIF 金额,该金额扣除运费和保费后可以得出 FOB 金额,需要填写报关单保费栏和运费栏。进口关税的完税价格通常为 CIF 价格,进口货物报关单成交方式、运费、保费栏的填写,应便于海关计算出 CIF 价格。例如,如果成交方式栏为 FOB,则总价栏目中的金额为 FOB 金额,该金额加上运费和保费后可以得出 CIF 金额,需要填写报关单保费栏和运费栏。报关单成交方式与运费、保费的逻辑关系如图表 7-12 所示。

图表 7-12 成交方式与运费、保费的逻辑关系表

业务类型	成交方式	运费	保费
出口	FOB	不填	不填
	CFR	填	不填
	CIF	填	填
进口	FOB	填	填
	CFR	不填	填
	CIF	不填	不填

(五)根据货物毛净重、集装箱信息进行逻辑审核

货物毛重为货物净重与皮重之和,毛重栏目填写的数量应不小于净重栏目填写的数量。此外,还需审核这两个栏目是否是以千克为单位输入。由于不同规格的集装箱载重量有所限定,可以通过审核货物毛重与标记唛码及备注栏的集装箱信息的逻辑关系是否正常,来判断报关单填写是否正确。

二、进出口货物报关单常见错误

报关单填制常见错误主要有以下几个方面。

(一)报关单栏目数据填制不齐全

根据海关对报关单填制差错的统计,经常出现漏填的项目有备案号、合同协议号、许可证号、规格型号、征免性质等十多项。漏填项目是简单低级的失误,初入职场的报关人员填制报关单时容易出现,随着填单技术的熟练掌握及责任心的加强,会逐步减少此类差错。

(二)报关单栏目数据填制错误

由于报关人员粗心大意造成报关单有关栏目数据填报错误的情况时有发生,主要表现

为数据错误、数字颠倒、字母颠倒、数据不符等,往往会引起海关计税错误,影响海关贸易管制和准确统计,延缓海关正常放行速度。常见的数据填制错误如下:

(1) 币制填写有误。例如,将日元错填成美元,如果数值较大,海关将视为重大统计差错,可能影响企业通关合规便利、企业信用等级,情节严重的还会面临行政处罚的风险。

(2) 集装箱号填写有误。集装箱号填制错误,将造成报关单的修改甚或删除,严重时进口无法提取货物,出口无法正常出运。

(3) 数量、总价等数值填写有误。数量、总价填制错误和币制填制错误一样,均可能引起行政处罚及降低企业信用等级。

(三) 专业术语概念不清造成的填制失误

在填制报关单前,报关人员应熟练掌握《报关单填制规范》的内容,对每个栏目的含义界定要相当清楚,否则概念不清,内涵及外延不能区分,往往造成错填。

(1) 监管方式错填。例如,外方赠送货物,应按"其他进出口免费"填报,代码为"3339",但却错填为"一般贸易"。

(2) 征免性质错填。征免性质和监管方式、经营单位、备案号等有很严格的对应关系,填制的征免性质需和监管方式匹配,如果概念不清,很容易填错。例如,鼓励类外商投资企业等利用投资总额外的自有资金,按照有关减免税政策进口的设备,填制进口货物报关单"征免性质"栏时,应按"自有资金"填报,不能填报为"鼓励项目"。

(3) 许可证号错填。例如,错将自动进口许可证号填在"许可证号栏"。

(4) 标记唛码及备注漏填。本栏填报的内容比较繁杂,报关人员需要牢记不同监管方式、业务类型需要填报不同内容。例如,办理进口货物直接退运、暂时进出境等业务时,需要在本栏填报不同的内容。

(5) 杂费错填。例如,对杂费的概念不清,分不清哪些费用属于杂费,哪些费用应在"运费"栏填报。

(6) 进境关别、出境关别错填。这种情况多发生在转关货物,或者不同海关特殊监管区域或保税监管场所之间调拨、转让的货物报关单的填制过程中。

(7) 经停港错填。在进口货物有转船的情况发生时,将经停港错填为境外起始发出的港口,按照规定本栏目应按进口货物在运抵我国关境前的最后一个境外装运港填制。

(8) 原产国(地区)错填。如果进口货物有两个以上国家参与生产,经常造成原产国(地区)错填。

(9) 运输方式错填。填制错误多发生在无实际进出境货物于境内流转时,混淆海关规定的特殊运输方式的代码。海关现行的特殊监管区域形式很多,如保税区、保税物流园区、保税物流中心、保税港区等,在填报时注意区分区域不同,运输方式也不相同。

思政课堂

进出口货物报关单的法律效力

《中华人民共和国海关法》规定:"进口货物的收货人、出口货物的发货人应当向海关如实申报,交验进出口许可证件和有关单证。"进出口货物报关单及其他进出境报关单(证)在对外经济贸易活动中具有十分重要的法律效力,是货物的收发货人向海关报告其进出口货物实际情况及适用海关业务制度、申请海关审查并放行货物的必备法律文书。它既是海关对进出口货物进行监管、征税、统计以及开展稽查、调查的重要依据,又是出口退税和外汇管理的重要凭证,也是海关处理进出口货物走私、违规案件及税务、外汇管理部门查处骗税、逃套汇犯罪活动的重要书证。因此,申报人对所填报的进出口货物报关单的真实性和准确性应承担法律责任。

根据《中华人民共和国海关行政处罚实施条例》(国务院令第420号)第十五条的规定,进出口货物的品名、税则号列、数量、规格、价格、贸易方式、原产地、启运地、运抵地、最终目的地或者其他应当申报的项目未申报或者申报不实的,分别依照下列规定予以处罚,有违法所得的,没收违法所得。

(1) 影响海关统计准确性的,予以警告或者处1 000元以上10 000元以下罚款;

(2) 影响海关监管秩序的,予以警告或者处1 000元以上30 000元以下罚款;

(3) 影响国家许可证件管理的,处货物价值5%以上30%以下罚款;

(4) 影响国家税款征收的,处漏缴税款30%以上2倍以下罚款;

(5) 影响国家外汇、出口退税管理的,处申报价格10%以上50%以下罚款。

根据《中华人民共和国海关企业信用管理办法》,海关根据企业信用状况将企业分为高级认证企业、一般认证企业、一般信用企业和失信企业,并实施动态调整。海关对不同企业分别采取相应管理措施:对于认证企业,海关采取具有一定激励性和便利性的管理措施;对于一般信用企业,海关采取常规性管理措施;对于失信企业,海关采取具有一定约束性和惩戒性的管理措施。如果外贸企业因报关单有关项目未申报或者申报不实被处行政处罚达到一定金额,海关将会下调该企业的信用等级,这将可能导致企业无法享受海关所提供的通关便利政策,影响通关的成本和效率。

思考:如实、准确、规范填写报关单对外贸企业有何重要意义?

 思政课堂

海关促进跨境贸易便利化取得实质性成效

近年来,海关对标国际先进水平,不断深化"放管服"改革。会同有关部委和各地政府围绕优流程、提效能、降成本等方面,开展了促进跨境贸易便利化专项行动。这方面有关工作取得了实质性的成效。相关成效主要表现在三个方面。

一是进出口货物整体通关的时间更短了。统筹促进通关便利,指导各地口岸办、各海关全面落实各项通关便利化措施。持续优化口岸通关的流程,推动重点港口公布作业时限,全面推广"提前申报""两步申报"等通关模式。在具备条件的港口,稳步推进进口货物"船边直提"和出口货物"抵港直装"的试点,推广机检集中审像作业模式,扩大智能审图作业范围,提升口岸管理智能化水平。2022年,全国进口、出口货物整体通关时间分别为32.02小时和1.03小时,较2017年同比分别压缩了67.13%和91.6%。

二是进出口环节费用更低了。推动规范和降低进出口环节合规成本,加强跨部门协同,推动实施《清理规范海运口岸收费行动方案》,督促各地认真落实口岸收费目录清单公示制度并动态更新,促进口岸收费公开透明。国家层面多部门密切协同,有效地推动了港口收费的降低。据有关部门测算,仅沿海港口引航机构减费这一项,每年可为有关企业节省大概3.2亿元费用。目前,我国港口收费水平低于日本、新加坡等周边国家,大大低于欧美国家的港口收费水平。

三是办理进出口手续更便利了。深化国际贸易单一窗口建设,持续推进跨境贸易数据和单证协调简化,推动部门间信息共享、业务协同和流程优化,打造"一站式"便企利民服务平台。上线进口关税配合联网核查、船舶联合登临等一批跨部门的应用,将作业流程由"串联"改为"并联",实现一窗受理,联合查验、全程跟踪反馈。截至目前,国际贸易单一窗口与30个部门系统对接,上线22大类819项服务,注册用户620余万家,日申报业务量多达1 700万票,基本实现口岸执法服务功能全覆盖,满足企业"一站式"业务办理需求。

下一步,海关总署将深入贯彻落实党的二十大精神,认真落实中央经济工作会议部署,充分发挥国务院口岸工作部际联席会议机制的作用,坚持稳中求进的工作总基调,持续优化口岸营商环境,加强与相关部委和地方的沟通,实施新一轮促进跨境贸易便利化专项行动,加快建设贸易强国。

思考:海关优化口岸营商环境的举措体现在哪些方面?对外贸企业有何影响?

项目实训

烟台蓝星进出口公司(91370602×××××××××U)向新西兰 ABC 公司(ABC INTERNATIONAL COMPANY LIMITED)以一般贸易方式出口一批太阳眼镜(商品编号:90041000),委托山东凯朗国际货运有限公司(91370600×××××××××U)代理报关。请根据图表 7-13 至图表 7-15 中的信息,填写图表 7-16 出口货物报关单。

图表 7-13 商业发票

ISSUER YANTAI BLUESTAR IMP. & EXP. CORPORATION NO. 123 HUANSHAN ROAD, YANTAI, CHINA	商业发票 COMMERCIAL INVOICE		
TO ABC INTERNATIONAL COMPANY LIMITED NO. 456 BRIARLEY STREET, TAURANGA SOUTH, TAURANGA, NEW ZEALAND	NO. 23ABC0301	DATE 20230301	
TRANSPORT DETAILS FROM YANTAI, CHINA TO TAURANGA, NEW ZEALAND BY VESSEL	S/C NO. 23ABC0120	L/C NO. LC2023005	
	TERMS OF PAYMENT L/C AT SIGHT		
Marks and Numbers	Description of goods	Quantity	Unit Price	Amount
ABC 23ABC0120 TAURANGA C/NO. 1-10				CIF TAURANGA
	SUN GLASSES ABC001 ABC002	1 200PAIRS 1 200PAIRS	USD5.00 USD6.50	USD6 000.00 USD7 800.00
	TOTAL:	2 400PAIRS		USD13 800.00
SAY TOTAL: U.S. DOLLARS THIRTEEN THOUSAND AND EIGHT HUNDRED ONLY				

图表 7-14　海运提单

Shipper		B/L No. BL20230315
YANTAI BLUESTAR IMP. & EXP. CORPORATION NO. 123 HUANSHAN ROAD, YANTAI, CHINA		
Consignee TO ORDER		
Notify Party ABC INTERNATIONAL COMPANY LIMITED NO. 456 BRIARLEY STREET, TAURANGA SOUTH, TAURANGA, NEW ZEALAND		**SINOTRANS** 中国外运运输总公司 **OCEAN BILL OF LADING**
Pre-carriage by	Port of loading YANTAI, CHINA	
Vessel PRINCESS V. 045W	Port of transshipment	
Port of discharge TAURANGA, NEW ZEALAND	Final destination	

Container No., seal No. or marks and Nos.	Number and kind of package Description of goods	Gross weight (kgs.)	Measurement (m³)
ABC 23ABC0120 TAURANGA C/NO. 1-10 MSCU3214999/2020456 CFS/CFS	SUN GLASSES 10CTNS LOADED ON BOARD YANTAI 20230315	120KGS	1.08m³

Freight and charges			REGARDING TRANSHIPMENT INFORMATION PLEASE CONTACT
FREIGHT PREPAID			

Ex. rate	Prepaid at	Freight payable at	Place and date of issue
			YANTAI, 20230316
	Total prepaid	Number of original Bs/L	Signed for or on behalf of the Master
		THREE(3)	
			As Agent

图表 7-15 装箱单

YANTAI BLUESTAR IMP. & EXP. CORPORATION
NO. 123 HUANSHAN ROAD, YANTAI, CHINA

PACKING LIST

To: ABC INTERNATIONAL COMPANY LIMITED　　　　　Invoice No.: 23ABC0301
　　　　　　　　　　　　　　　　　　　　　　　　Invoice Date: 20230301
　　　　　　　　　　　　　　　　　　　　　　　　S/C No.: 23ABC0120
From: YANTAI, CHINA　　　　　　　　　　　　　　To: TAURANGA, NEW ZEALAND
Letter of Credit No.: LC2023005　　　　　　　　Date of Shipment: ON OR BEFORE 20230320

Marks and Numbers	Number and kind of package Description of goods	Quantity	Package	G.W (kgs)	N.W (kgs)	Meas. (CBM)
ABC 23ABC0120 TAURANGA C/NO. 1-10	SUN GLASSES ABC001 ABC002	1 200PAIRS 1 200PAIRS	5CTNS 5CTNS	60 60	50 50	0.54 0.54
	TOTAL:	2 400PAIRSS	10CTNS	120	100	1.08

SAY TOTAL: TEN CARTONS ONLY.

SIGNATURE

图表 7-16 出口货物报关单

中华人民共和国海关出口货物报关单

预录入编号：　　　　　　　　　　海关编号：　　　　　　　　　　　　　　　　页码/页数：

境内发货人		出境关别		出口日期		申报日期		备案号	
境外收货人		运输方式		运输工具名称及航次号		提运单号			
生产销售单位		监管方式		征免性质		许可证号			
合同协议号		贸易国(地区)		运抵国(地区)		指运港			
包装种类		件数		毛重(千克)		净重(千克)		成交方式	运费	保费	杂费
随附单证 1：　　　　　　　　　　随附单证 2：									
标记唛码及备注									

项号	商品编号	商品名称及规格型号	数量及单位	单价/总价/币制	原产国(地区)	最终目的国(地区)	境内货源地	征免

特殊关系确认：	价格影响确认：	支付特许权使用费确认：	自报自缴	
申报人员	申报人员证号	电话	兹申明对以上内容承担如实申报，依法纳税之法律责任	海关批注及签章
申报单位			申报单位(签章)	

课堂测试

班级_____ 姓名_____ 学号_____ 日期_____ 得分_____

一、单项选择题(每小题3分,共30分)

1. 根据《报关单填制规范》的规定,进口日期是指( )。
   A. 申报货物办结海关进口手续的日期
   B. 向海关申报货物进口的日期
   C. 运载货物的运输工具申报进境的日期
   D. 所申报货物进入海关监管场地或仓库的日期

2. 烟台蓝星进出口公司与新加坡M公司签订一份出口合同。合同中订明,蓝星公司向M公司出售5 000件衬衫,于2022年4月10日在上海装船,途经我国香港运往新加坡。在签订合同时,蓝星公司得知M公司还要将该批货物从新加坡运往智利。根据上述情况填写出口货物报关单时,以下填写正确的是( )。
   A. 运抵国(地区)为"中国香港",最终目的国(地区)为"新加坡"
   B. 运抵国(地区)为"新加坡",最终目的国(地区)为"智利"
   C. 运抵国(地区)为"中国香港",最终目的国(地区)为"智利"
   D. 运抵国(地区)为"智利"、最终目的国(地区)为"智利"

3. 烟台海翔公司(3706××××××)委托烟台蓝星进出口公司(91370602×××××××××U)与日本三菱重工签约进口工程机械,并委托山东凯朗国际货运有限公司(91370600×××××××××U)代理报关。在填制进口货物报关单时,境内收货人一栏应填为( )。
   A. 烟台海翔公司 3706××××××
   B. 烟台蓝星进出口公司 91370602×××××××××U
   C. 山东凯朗国际货运有限公司 91370600×××××××××U
   D. 烟台蓝星进出口公司

4. 美国一家企业从烟台购买地毯,陆运至我国香港,再海运至美国旧金山,最后转售至墨西哥。出口货物报关单中最终目的国(地区)为( )。
   A. 中国香港　　B. 美国　　C. 墨西哥　　D. 中国

5. 烟台蓝星进出口公司从美国进口500吨散装小麦,该批小麦分装在一条船的三个船舱内,海关报关单上的"件数"和"包装种类"两个项目的正确填报应是( )。

A. 件数为500,包装种类为"吨" B. 件数为0,包装种类为"散装"
C. 件数为3,包装种类为"船舱" D. 件数为1,包装种类为"散装"

6. 如果进出口双方采用FCA贸易术语达成交易,则出口报关单中成交方式应填写( )。

   A. EXW   B. FCA   C. FOB   D. CFR

7. 进出口合同中贸易术语为( )时,报关单成交方式栏应填写为CIF。

   A. FAS   B. CPT   C. CFR   D. DDP

8. 烟台蓝星进出口公司从中国香港购进一批SONY牌电视机,该电视机为日本品牌,其中显像管为韩国生产,集成电路板由新加坡生产,其他零件均为马来西亚生产,最后由韩国组装成整机。该公司向海关申报进口该批电视机时,原产国(地区)一栏应填报为( )。

   A. 日本   B. 韩国   C. 新加坡   D. 马来西亚

9. 如果进口货物由天津新港口岸进境,进境关别应填报为( )。

   A. "天津关区"+"0200"   B. "天津海关"+"0201"
   C. "新港海关"+"0202"   D. 以上皆可

10. 出口货物报关单中指运港一栏应填报( )。

    A. 出口货物运往境外的任意一个经停港
    B. 出口货物运往境外的第一个港口
    C. 海关指定的目的港
    D. 出口货物运往境外的最终目的港

二、多项选择题(每小题5分,共50分)

1. 进出境货物报关时所提交的单据,根据性质和用途的不同,大致可分为( )。

   A. 基本单据   B. 货运单据
   C. 法定单据   D. 金融单据

2. 关于进出口货物报关单填制的一般要求,下列说法正确的有( )。

   A. 进出口货物收发货人或其代理人应按照有关规定要求向海关申报,并对申报内容的真实性、准确性、完整性和规范性承担相应的法律责任
   B. 报关单的填报的内容必须与合同、发票、装箱单、提单及批文等随附单据相符
   C. 报关单各栏目的内容必须与实际进出口货物的情况相符,不得伪报、瞒报、虚报
   D. 不同运输工具、不同航次、不同提运单、不同监管方式、不同备案号、不同征免性质、不同商品名称的货物,均应分单填报

3. 关于进出口货物报关单中进出口日期的说法正确的有( )。

   A. 进口日期填报运载进口货物的运输工具申报进境的日期
   B. 出口日期填报运载出口货物的运输工具办结出境手续的日期
   C. 进口日期填报海关接受进口收货人申报的日期

D. 出口日期填报海关接受出口发货人申报的日期

4. 运输方式包括实际运输方式和海关规定的特殊运输方式,下列属于实际运输方式的有(   )。
   A. 水路运输   B. 铁路运输   C. 公路运输   D. 固定设施

5. 关于报关单中监管方式说法正确的有(   )。
   A. 监管方式是以国际贸易中进出口货物的交易方式为基础,结合海关对进出口货物的征税、统计及监管条件综合设定的海关对进出口货物的管理方式
   B. 其代码由4位数字构成
   C. 一份报关单只允许填报一种监管方式
   D. 进料加工项下进口料件和出口成品,监管方式代码为0615,简称为进口加工

6. 根据《报关单填制规范》的规定,下列说法正确的有(   )。
   A. 对于裸装货物,"件数"栏填报"1"
   B. "毛重"栏计量单位为千克,不足1千克的填报"1"
   C. 0.3%的保险费率,币制是美元,填报"502/0.3/1"
   D. "杂费"栏为303/502/3,是指502英镑的杂费总额应计入完税价格

7. 下列说法正确的有(   )。
   A. 一份报关单只允许填报一个运输工具名称
   B. 一份报关单只允许填报一个提运单号
   C. 一份报关单只允许填报一种贸易方式
   D. 一份报关单只允许填报一个集装箱号

8. 进出口合同中贸易术语为CFR,关于进出口货物报关单填写说法正确的有(   )。
   A. 出口货物报关单中,运费栏填写,保费栏不填写
   B. 出口货物报关单中,运费栏不填写,保费栏填写
   C. 进口货物报关单中,运费栏填写,保费栏不填写
   D. 进口货物报关单中,运费栏不填写,保费栏填写

9. 我国单一窗口建设的主要成效主要体现在(   )。
   A. 减少通关环节   B. 优化通关流程
   C. 提高通关效率   D. 降低通关成本

10. 进出口货物的收发货人、受委托的报关企业应当对申报内容的(   )承担相应的法律责任。
    A. 完整性   B. 真实性   C. 规范性   D. 准确性

三、判断题(每小题2分,共20分)

1. 进出口货物报关单是海关对进出口货物进行监管、征税、统计和开展稽查、调查的重要依据,是加工贸易进出口货物核销、出口货物退税和外汇管理的重要凭证,也是查处进

出口货物走私、违规的重要书面依据。   （   ）
2. 烟台蓝星进出口公司从日本购得分属三份不同合同的同样规格、不同数量的精密仪器，并通过同一运输工具同时运达烟台。这些货物品种单一且数量不大，申报时可用一份进口货物报关单，准确、如实地向海关填报。   （   ）
3. 烟台蓝星进出口公司以进料加工贸易方式进口原料一批，进口货物报关单的"备案号"栏应填报为海关核发的《加工贸易手册》的编号。   （   ）
4. 同一张报关单上不允许填写不同商品编号的货物。   （   ）
5. 报关单上的"消费使用单位"应为进口货物在境内的最终消费、使用的单位，"生产销售单位"应为出口货物在境内的生产或销售单位。   （   ）
6. 如果进出口合同中贸易术语为DAP，报关单成交方式栏应填写"CIF"。   （   ）
7. 报关单数量及单位栏分三行填报，成交计量单位及数量填报在第一行。   （   ）
8. 如果进口货物报关单成交方式栏为FOB，则运费栏和保费栏都无须填写。   （   ）
9. 进出境旅客随身携带的货物，报关单运输方式栏填报"旅客携带"（代码L）。   （   ）
10. 同一份报关单上的商品可以同时享受协定税率和减免税。   （   ）